CRÓNICAS DE KRAKOZHIA

Armando Chaguaceda (La Habana, 1975). Politólogo e historiador. Profesor universitario en las universidades de La Habana, Veracruz y Guanajuato. Columnista de *La Razón* (Mexico) y *Havanatimes* (Cuba). Miembro de Amnistía Internacional.

Armando Chaguaceda

CRÓNICAS DE KRAKOZHIA

De la presente edición, 2018:

© Armando Chaguaceda
© Editorial Hypermedia

Editorial Hypermedia
www.editorialhypermedia.com
www.hypermediamagazine.com
hypermedia@editorialhypermedia.com

© Imagen de cubierta: Gerardo Vargas
© Prólogo de Rafael Rojas
© Epílogo de Pedro Manuel González Reinoso
Diseño de colección: Herman Vega Vogeler
Corrección y maquetación: Editorial Hypermedia

ISBN: 978-1-948517-00-3

PRÓLOGO

Uno de los fenómenos más interesantes y esperanzadores de la historia contemporánea de la cultura política cubana ha sido el surgimiento, en las primeras décadas del siglo XXI, de una nueva generación intelectual que, desde el entorno y los referentes de la izquierda latinoamericana, cuestiona el estancamiento y el autoritarismo del sistema político cubano. Armando Chaguaceda es una de las voces más reconocibles y convincentes de esa generación y su itinerario intelectual se lee en estas crónicas, escritas por un académico que alterna la docencia y la disertación universitarias con el ensayo político y el artículo de opinión.

Chaguaceda se formó en La Habana de los 90 y principios de los 2000 y completó sus estudios doctorales en México, entre el fin de la alternancia del Partido Acción Nacional (PAN) y la vuelta al poder del Partido de la Revolución Institucional (PRI). Al lector no le será difícil advertir que esa experiencia mexicana ha sido fundamental para la evolución de su mirada sobre Cuba y América Latina. La rápida desilusión del tránsito democrático, en México, con el ascenso de la violencia, la corrupción, la impunidad y el autoritarismo, en los últimos años, es un buen prisma para atisbar la trama regional.

Hablamos de un académico de las ciencias sociales y un intelectual público que, en La Habana, perteneció a la Cátedra Haydée Santamaría y el Observatorio Crítico y compartió con otros de sus contemporáneos, como Dmitri Prieto Samsonov, Erasmo Calzadilla e Isbel Díaz Torres, ideas cercanas a las tradiciones anarquistas y libertarias del socialismo. Desde esa orientación, aquellos jóvenes dialogaron y, a la vez, debatieron con la ideología oficial cubana y fueron introduciendo en el debate intelectual temas contemporáneos de muy bajo perfil en la esfera pública de la isla como el medio ambiente, los derechos de las comunidades LGTBI, el antirracismo y la autogestión local y comunitaria.

En los ensayos y artículos que conforman este volumen se observa una maduración intelectual en la que, de aquellas presiones juveniles en los bordes de las instituciones del Estado cubano, se pasa a una inscripción del sistema cuba-

9

no dentro de las modalidades no democráticas construidas por la derecha o la izquierda en el siglo XX latinoamericano. Esa perspectiva regional, que saca a Cuba de los enfoques excepcionalistas que predominan en todas las orillas del espectro, en Chaguaceda está garantizada por un trabajo investigativo, teórico y de campo, sobre algunos procesos políticos recientes como el del chavismo en Venezuela y la Nicaragua posterior a la Revolución Sandinista.

No solo el contexto latinoamericano, especialmente el de las izquierdas gobernantes del siglo XXI, sino el de la Rusia postsoviética y la Europa del Este de las últimas décadas, son aludidos en estas intervenciones. Hay en Chaguaceda y otros intelectuales de su generación una conciencia clara de las conexiones de Cuba con ese mundo perdido, a pesar de lo jóvenes que eran cuando la caída del Muro de Berlín y el inicio de las transiciones post-comunistas. Probablemente sea en esa generación, la de los nacidos en la isla entre los 70 y los 80, donde se encuentre la última experiencia directa del periodo soviético del socialismo cubano.

Estas coordenadas imprimen, en el pensamiento político del autor de *Crónicas de Krakhozia*, un sentido y una fisonomía invaluables en el debate político cubano actual. De hecho, hay en estos textos una visión raramente completa del campo intelectual y político cubano, que no borra a ningún actor —gobierno y oposición, sociedad civil autónoma o semi-autónoma, reformistas e inmovilistas, socialistas y liberales…y, a la vez, llama a una combinación de fisura y diálogo para recomponer una esfera pública largamente fragmentada.

La aparición de este libro es una excelente noticia para las ciencias sociales y para la opinión pública: dos dimensiones que no siempre saben ir de la mano. Y no podrían llegar estos ensayos en momento más oportuno, cuando el anti-intelectualismo y el anti-academicismo se instalan, abiertamente, en medios hegemónicos de la isla y la diáspora. Hay que leer este libro para imaginar nuevas formas de intervención pública, en la cuestión cubana, que ayuden a superar prejuicios y exclusiones entre los sujetos y las comunidades involucrados en un conflicto tan prolongado.

Ciudad de México, verano de 2017

Rafael Rojas

INTRODUCCIÓN

Hace casi una década, un (aún) joven doctorante merodeaba las calles del centro de Xalapa, la encantadora capital del estado mexicano de Veracruz. En una galería de la Universidad local, aquel estudiante —devenido escritor de este libro— fue seducido por la exposición de un artista plástico local. Por esa fascinante capacidad que tiene el arte de decir sin palabras y por la propensión de nuestra mente para reinterpretar y resignificar creaciones ajenas, conectándolas con el pasado y sentir propios, *Feudo*, de Gerardo Vargas, se me antojó familiar. Sentí que reflejaba la Cuba que, entonces temporalmente, había dejado atrás. Fue en ese momento que, en común acuerdo con el artista, decidimos que la obra fuese la imagen de portada al libro, dedicado a mi país natal, que alguna vez escribiría. El mismo que ahora tiene usted en sus manos.

A diferencia de anteriores volúmenes —compilaciones a mi cargo o pequeños cuadernos monotemáticos de autoría individual, todos dentro de una trayectoria académica[1]— en esta ocasión soy el absoluto responsable de las cosas que aquí se dicen. Y creo que *Crónicas de Krakozhia* tiene varias características, todas decididas más o menos *ex profeso*, que captará el lector atento.

La primera tiene que ver con la fuente de los textos que aquí aparecen. Al corresponder a la invitación de Hypermedia, decidí que una selección de mis columnas, publicadas con variable periodicidad en *Havanatimes* desde fines de 2009, formarían la mejor reunión de análisis, opiniones e incursiones en el debate público que podía aportar; por cuanto revelan las constantes y mutaciones de mi pensamiento político y formación académica, hijos ambos de circunstancias vitales. *Havanatimes* viene a ser no solo un medio alternativo donde compartir mis trabajos; sino una comunidad unida —no sin polémica— por lazos personales, profesionales y sobre todo,

---

[1]   Visible en https://ugto.academia.edu/ArmandoChaguaceda.

13

por un incombustible respeto a la libertad y la diversidad, bajo el timón de su editor y animador Circles Robinson. Así que hay una deuda con ellos —medio y editor— a la que deseo honrar con esta publicación.

En línea con lo anterior, los textos aquí reunidos muestran una diversidad y variación de perspectivas personales, sobre un fondo común de temas y obsesiones persistentes, que me interesaba especialmente visibilizar. Porque a menudo olvidamos que nunca *somos*, sino que *vamos siendo*. Que nuestra postura cívica —y la condición ciudadana, en tanto toma de partido e incursión en el debate— se forma más de los encontronazos, aprendizajes, temores y desencantos que de conocimientos racionalmente aprendidos. No me interesa revelarme como el «Chaguaceda de siempre», desde las claves de un presente de supuesta madurez intelectual; sino como alguien que transitó de la creencia en que su vida, carrera profesional e incidencia política tenían como espacio y objeto posible y deseable las fronteras internas del actual sistema político y social isleño, a otro que -aún manteniendo a Cuba como foco de buena parte de la reflexión y ansiedades- ubica en un espacio mayor –ideológico y geopolítico- el contexto de su ser y hacer.

Resumiendo: este texto muestra mi evolución desde el reformismo sistémico - sincero, pero autocontenido- en clave de *socialismo democrático* insular; a la *democracia sustantiva,* con fuerte acento social y perspectiva latinoamericana y, en cierto sentido, globalizada, que hoy sostengo.

Por ello, en el libro se cruzan las referencias y homenajes a intelectuales de disímil procedencia, los déficits y virtudes de las democracias con los errores y horrores del autoritarismo, las censuras de los represores y las resistencias de los activistas, las acuarelas del paisaje latinoamericano y lo surreal de sus intelectuales y políticos. La política, entendida en mayúscula como una esfera de la acción y preocupación humanas -y no como un coto específico de expertos o caudillos- constituye una columna vertebral de la obra.

Por su propia naturaleza, ajena a cualquier pretensión omnicomprensiva y marcada por el paso del tiempo, este libro tiene muchos padres y madres. Son los activistas, colegas, vecinos, amigos y familiares que han marcado con su cercanía y entrega, mi propia vida y obra. Son demasiados como para mencionarlos sin producir omisiones involuntarias. Son demasiado inocentes de mis traspiés cómo para implicarlos en mis andanzas. No obstante, agradezco enormemente a Rafael Rojas y Pedry Roxana, villareños ilustres que acompañan con sus palabras -y su ejemplo- las ideas que vierto en este libro. Y a Alexei Padilla y Lennier López, su apoyo solidario en la revisión final del manuscrito, en plenas jornadas navideñas.

Torpe y desorientado, como Viktor Navorski en *La Terminal*, me siento a menudo. Sin mapas para orientarme en este mundo que gira y muta, a ritmos terribles y vertiginosos. Por eso esbozo, en mis textos, croquis para sobrevivir y caminar. Apenas eso les comparto aquí. Ojalá no se extravíen.

León, diciembre de 2017

Armando Chaguaceda

DEBATIENDO LA DOXA

¿POR QUÉ EL SOCIALISMO?

Hace unos días, mientras compartía una velada con una joven pareja de compatriotas, debatíamos sobre los colores ideológicos de la Cuba futura. Gente sensible y bien formada, hijos del (buen) legado educacional de la Revolución Cubana, mis amigos se mostraban pesimistas sobre las oportunidades de una opción socialista, como solución a los problemas cubanos.

«No hay chance —me decían—, aunque traiga costos parece que la solución será tocar fondo, acelerar las reformas capitalistas, para resolver el desorden y atraso acumulados».

Semejante reflexión, en personas que admiro y respeto por sus valores y por un compromiso social demostrado en empeños bonitos y cotidianos —que van desde la ecología al *software* libre—, me puso a pensar sobre el descrédito de la idea socialista, en buena parte de nuestro pueblo.

Viviendo (y padeciendo) los rigores de un modelo estatista —que dura ya medio siglo—, es entendible que al vecino de Marianao o Placetas le horrorice la posibilidad de darle, a ese *ismo*, una nueva oportunidad.

Junto a tal perspectiva, un sector no despreciable de la población (envejecido, resignado) asume la decisión de seguir viviendo bajo el patrón actual, por el temor a un cambio que, como evidenció la experiencia esteuropea, no dejara de ser traumático. Neoliberales o neoestalinistas: esas parecen ser las opciones restringidas del menú antillano.

Sin embargo, habida cuenta de los problemas del presente —que abarcan desde las carencias materiales acumuladas al menoscabo de libertades y derechos humanos— y las que se avecinan —incremento de las desigualdades, de todo signo— creo que, lejos de rendirnos, hay que dar la batalla por el futuro de la opción socialista.

Ello es, ciertamente, algo difícil de sostener bajo una expansiva hegemonía capitalista como la que enseñorea la isla; hegemonía que abarca los consumos culturales, la devaluación de la solidaridad auto-organizada y el visible protagonismo de los sectores economicistas y tecnocráticos de la academia y política cubanas.

Pero si queremos que Cuba no sea —como vaticinó, con triste profetismo, un prestigioso intelectual cubano— un mercado sin república, me parece que habrá que dar la pelea.

Hacerlo supone, lejos de lo que algunos pregonan, abandonar los utopismos abstractos. Se trata de defender propuestas viables de gestionar los servicios sociales, de regular las empresas fundamentales y de someter a discusión —a todo nivel— los gastos del estado. Implica impulsar el cooperativismo, los presupuestos participativos y los sindicatos independientes. Demostrando con ejemplos —que existen, como archipiélagos de autodeterminación, dentro de este mundo capitalista— que lo colectivo no equivale a lo estatal, lo participativo no es un mero disfraz de lo autoritario, y que la ineficiencia «socialista» no se supera con privatizaciones.

Recuperando experiencias reales y virtuosas, como los sistemas de cobertura social nórdicos, las redes de economía social uruguaya y las políticas públicas del actual gobierno ecuatoriano.

En el campo específicamente político, se trata de construir una democracia sustantiva (representativa, participativa, deliberativa) donde no existan exclusiones por motivos ideológicos y donde las hegemonías se ganen a golpe de razón y debate y no de porrazos acompañados por su (irreversible) congelamiento institucional.

Una democracia transinstitucional, de organizaciones políticas y sociales, donde la ciudadanía mande y la soberbia de los burócratas no sea sustituida por la autoreferencia de (nuevas o recicladas) elites partidistas y empresariales. Y donde las Batallas de Ideas no se suplanten por Campañas de Mercadeo.

La historia de la Cuba prerrevolucionaria fue una larga secuencia de gobiernos autoritarios, que arrancaron en la colonia y abarcaron dos férreas dictaduras anticomunistas, apoyadas por Washington.

Sin embargo, no faltan hoy liberales cubanos, demócratas y patriotas —parte ineludible de la nación— que recuperan el legado de una prensa plural (como la republicana) y un constitucionalismo progresista (1940) para seguir pugnando en pro de la instauración de un Estado de derecho —con tripartición de poderes y pluripartidismo— afín a los cánones clásicos de la democracia representativa.

Entonces, si otros tienen todas las fuerzas y el derecho para soñar un futuro distinto ¿por qué nos negaremos, desde la izquierda, a intentar un socialismo diferente, como alternativa al régimen vigente y a sus sucedáneos neoliberales?

En pocas semanas se cumplirán cinco años de aquel primero de mayo cuando, pese a las amenazas represivas, un grupo de compañeros salimos a la Plaza de la Revolución, a desfilar en el día de los trabajadores con una manta que decía: «Abajo la burocracia, vivan los trabajadores. Más socialismo».

A la luz del presente, no puedo sino reconocer la pertinencia de aquella acción, donde nos sobrepusimos al temor para defender —sin sesgo alguno— la soberanía nacional y popular.

Recuerdo que entonces vislumbramos —en la alegría, sorpresa y complicidad de la gente— una posibilidad para el futuro.

Porque si algo (creo) debe distinguir a un socialista no es la búsqueda de un mundo irreal y puro; sino la construcción, razonada, libre y colectiva, de mejores formas y espacios para convivir, aquí y ahora, como seres humanos.

Búsqueda en la que necesitaremos acompañar (y acompañarnos) de las luchas y aportes de todos los movimientos prodemocráticos, ambientalistas, feministas, antiimperialistas.

Todo lo que atente contra el feliz advenimiento de esta pluralidad emancipadora —sea el verbo de un mesías o la prédica de mercaderes— es, en el más raigal sentido de la palabra, profundamente reaccionario.

SOBRE LA DEMOCRACIA Y LOS PARTIDOS: CONTRIBUCIÓN A UN DEBATE IMPOSTERGABLE

En días recientes se ha iniciado en *Havanatimes* —a partir de un excelente artículo del amigo Erasmo Calzadilla— un valiosísimo debate en torno a los contenidos de la democracia y el rol que deben ocupar en esta los partidos.

El intercambio, que ha involucrado tanto a columnistas como lectores, no se asimila esencialmente a una polémica teórica ya que las reflexiones de los participantes tienen como foco la realidad de Cuba y no las páginas de un tratado de filosofía política.

Y es que abordar el tema de la democracia y los partidos resulta algo imprescindible si queremos escapar de debates esotéricos y exponer, en términos concretos y propositivos, nuestra visión sobre el futuro deseable de la nación.

Erasmo ha cuestionado tanto el monopartidismo vigente en la isla como el pluripartidismo de corte liberal, apostando al autogobierno gestado desde abajo. También ha defendido una idea con la que concuerdo plenamente: que cualquier concentración de poder en manos del Estado, un partido o empresarios privados sería otra forma de «clausurar el futuro».

Por su parte, nuestro hermano Isbel Díaz postula que las visiones binarias (mono/pluri) remiten a un esquema en el cual aquel que gana las elecciones termina imponiendo, por X años, sus designios al resto de los actores sociales. Y aunque reconoce que en la realidad cubana la limitación de períodos sería un avance con respecto al orden actual, confunde mi postura (expresada en comentarios al *post* de Erasmo) como un mal menor para poder avanzar en la democratización que todos queremos.

Como creo que lo mejor es decir, en poco espacio y tiempo, algunas cosas claves, expondré mis ideas en una serie de puntos, tratando de aclarar posibles confusiones. Un desarrollo más exhaustivo de la problemática democrática será publicado en abril por una prestigiosa revista mexicana, y para entonces me encargaré de difundirlo desde este mismo espacio. Mis «tesis» son las siguientes:

1. Las sociedades contemporáneas, tanto por su extensión territorial en los marcos del Estado Nación, como por la complejidad de su estructura (conformada por clases, grupos e identidades sociales diversas) y por los procesos de regulación que le son inherentes, suponen la necesidad de instancias que canalicen las demandas de los ciudadanos y organicen la respuesta a estas, lo que presupone el carácter mediador de las mismas, ubicadas entre la ciudadanía y las instancias administrativas del estado

2. A nivel mundial se constata la pérdida de calidad de dichas instancias (como los parlamentos controlados por poderes mediáticos o empresariales y los partidos autorreferentes que representan grupos de poder por encima de ideologías y militancias, etc.) todo lo cual debe considerarse como amenazas a las capacidades de la gente para canalizar su opinión y participar en los asuntos que afectan su vida. Así, la política institucionalizada con frecuencia secuestra y asesina lo político de cada ciudadano.

3. Pero una cosa es criticar los déficits de las mediaciones políticas existentes y otra muy diferente apostar a una ilusoria (y peligrosa) sustitución de los espacios que abrigan dichos procesos por difusos mecanismos de democracia directa o participativa (dentro del estado) o por un poder comunitario y desde abajo (sustituto de los partidos).

4. Respecto a los partidos, estos son agrupaciones de intereses amplios, que rebasan la representación/defensa de identidades particulares típicas de sindicatos y movimientos sociales; por lo que permiten articular agendas políticas. Son la plataforma de alianzas sociales amplias y de proyectos políticos de alcance nacional y global.

5. Los partidos están en crisis (por pérdida de ideologías, militancias y sentidos) en todo el mundo pero no puede concebirse un sistema político en sociedades complejas sin su existencia; por lo que se impone refundarlos como instancias de real expresión de proyectos políticos, con contenidos de clase y agendas de gobierno específicas y diferenciadas.

6. Los partidos no pueden desecharse al capricho pues, como producto de sociedades complejas, multiculturales, plurales, no solo remiten a una preferencia ideológica sino que expresan una realidad sociológica con la cual no hay nada que hacer (salvo intentar exterminar a los oponen-

tes). Solo en comunidades reducidas sería posible sustentar —lo cual es dudoso en estos tiempos— la ausencia de mediaciones para expresar la diversidad y demandas de sus miembros. Y una nación no es una aldea, un barrio o un grupo de amigos.

7. El pluripartidismo ultraliberal (que centra toda la representación de las diversidades y demandas sociales en la formula partidaria bajo el comando de elites políticas profesionales) y el monopartidismo (el absoluto de tipo soviético o el hegemónico como el del viejo PRI mexicano) son dos posturas extremas y superadas por la historia. Ni siquiera bajo regímenes formal, o forzosamente, monopartidistas se puede suponer la inexistencia de otros partidos... solo que estos conviven ocultos en el seno del partido oficial o, como decía de forma magistral Trotsky, operan dentro de un sistema multipartidista donde hay «un partido en el poder y los demás en la cárcel».

8. Pero los partidos, como vehículos de y para la democracia, son insuficientes. Las asimetrías de tipo social (en perjuicio de los pobres, desempleados, mujeres, inmigrantes, sexualidades discriminadas, etc.) se trasladan permanentemente al campo político —aunque estos desfavorecidos logren «representarse» a través de algún partido— por lo que resultan necesarios la acción de los movimientos y protestas sociales y la existencia de instancias de rendición de cuentas y control ciudadano.

9. La ruta —al mismo tiempo utópica y posible— para la emancipación y democratización en el siglo XXI pasa, simultáneamente, por expandir los movimientos sociales y otros espacios/organizaciones que permiten a la gente presionar/vigilar/sancionar a los políticos y ampliar la política más allá de los espacios actuales y de la esfera específicamente institucional. Ello supone complementar la democracia representativa con formatos participativos y deliberativos, rediscutir los contenidos socioeconómicos de la democracia y plantear en serio la cuestión de las autonomías.

10. No debemos caer en la postura de defender una emancipación en abstracto, creyendo que «desde abajo» por generación espontánea o apelando en exclusiva a la micropolítica del cotidiano vendrá un mundo mejor. Tenemos que generar nuevos espacios y modos de ser políticos (llevando la experimentación democrática a fábricas, calles, aulas, etc.) y a la vez disputar los espacios del sistema a los poderes tradicionales: partidistas, mercantiles, eclesiásticos, etc.

11. Debemos superar muchos fantasmas: a) la apología del comunitarismo (que nos abstrae del debate y problemas nacionales), b) las miserias de una «democracia popular» donde el líder —una vez que ha licuado las

instancias mediadoras donde la gente se conoce y dialoga sin intermediarios ni discursos únicos— tiende cada vez más a emanciparse de las
masas (y no a la inversa) y, c) la absoluta pobreza de contenidos y horizontes de las democracias minimalistas (neo)liberales donde se confunde acción política con show y mercado, participación con gestión
tecnocrática e ideología como algo demodé que debemos ocultar para
«cautivar» a un inexistente votante medio.

12. Para el caso concreto de nuestro continente y país, si en la izquierda antiautoritaria y antineoliberal nos contentamos con proponer una vida virtuosa
de anclaje comunitario, desdeñando los niveles macro y las mediaciones,
estaremos siendo —cuando menos— poco responsables. Tenemos que
plantearnos en serio y sin demora esos asuntos, porque si no los llamados a
la «autogestión y autonomía desde abajo» se quedan como un discurso con
swing frente a los respectivos *status quo* (neoliberales y estalinistas) pero sin
proponer una alternativa a los sistemas dominantes.

13. Para Cuba, si llegase el hipotético caso de que pudiésemos exponer
a nuestros conciudadanos nuestras agendas e implementarlas total o
parcialmente ¿qué haremos con nuestros compatriotas que no acepten
—por incredulidad, rechazo, cansancio o desconocimiento respecto
al socialismo que han conocido— nuestras propuestas sociopolíticas
apartidarias? ¿Cómo representarían aquellos sus intereses y dialoga-
rían con nosotros y con los otros grupos e identidades que conforman
el país? ¿Y cómo podríamos dar a las políticas públicas —educación/
salud/empleo, etc.— la orientación que queremos —desde nuestras
coordenadas ideológicas y prácticas— si no disputamos espacios en las
instituciones? ¿Nos conformaremos con ser una (o)posición testimonial frente al terrible cansancio producido por las prácticas autoritarias
y a la apología neoliberal que ya tenemos encima?

14. Un tema a definir dentro del debate es la capacidad del Partido Comunista de Cuba (PCC) para encarnar las necesarias reformas que
han defendido en su discurso tanto las autoridades como ciudadanos en foros y publicaciones dentro y fuera del país. En ese punto
mi mirada emana de una experiencia de trece años de militancia,
formidable escuela política en la que conocí las maravillas y miserias
del alma humana y los efectos de la política y ejercí una participación
tan soberana como soberana fue la decisión de no transitar al partido, afrontando sin subterfugios las consecuencias de mi elección. Por
eso me siento autorizado para referirme a la organización que rige los
destinos de mis compatriotas, sean o no miembros de sus filas.

15. Algunos amigos insisten en la factible renovación del PCC; para calzar su tesis refieren ejemplos como el de ciertos núcleos de intelectuales (Unión Nacional de Escritores y Artistas de Cuba —UNEAC—, Universidad de La Habana), cuya beligerancia conozco y respeto. Sin embargo, resulta que esa militancia abnegada queda impotente ante el inmovilismo de la máxima dirección, cuando su potencial para impulsar demandas y cambios es bloqueado por el filtro de los burócratas municipales, interesados en «no buscarse problemas» con los órganos superiores de dirección.

Por otro lado, la fórmula de renovar al Partido abriendo a su interior tendencias o democratizando la discusión —esperanzas de honestos comunistas y estrategia que cuestiona el monopolio oficial sin sufrir retaliaciones— ha sido convertida en retórica vacua tras los desempeños del Congreso y la Conferencia y la críptica letanía machadista sobre «los nuevos métodos y estilos de trabajo» repetida en las reuniones provinciales. Eso no quiere decir que no exista un potencial formal de innovación —debe atenderse al respecto la casi solitaria agenda de transformaciones propuestas por Marlene Azor y algunas de las propuestas programáticas de Pedro Campos y su equipo— sino que la tendencia de los acontecimientos históricos (pérdida de oportunidades en 1991, 1997, 2011 y 2012) o la tozudez del dato sociológico (significativamente ninguno de los reformistas jóvenes que conozco es hoy miembro del PCC) cuestionan la factibilidad de tal curso democratizador.

He puesto todas mis esperanzas en que este debate tribute al necesario replanteo de los rumbos y estrategias de eso que algunos estudiosos han llamado «la nueva izquierda cubana», a la que me digno pertenecer por ser el único espacio —físico y virtual, político y afectivo— donde siento que mis ideas, acompañadas por las de mis amigos, hallan sentido. Pero para que nuestro cometido tenga algún fin concreto debemos atender la lúcida alerta que nos hiciera nuestro compañero Sam Farber «La política, como la naturaleza, aborrece el vacío, y si una nueva izquierda revolucionaria y democrática no responde a la crisis y necesidades populares de la transición, fuerzas nefastas, como se ha visto en muchas otras partes del mundo, ocuparán ese espacio político para promover sus propósitos». Pongamos nuestras ideas y actos a la altura de esta demanda —ignorando los cantos de sirena que buscan dividirnos o intimidarnos—, conectemos las neuronas con «el reino de este mundo» y persistamos en la defensa renovada de la justicia social y la democracia política como rasgos inseparables del socialismo.

SABER EXPERTO

Volver a Buenos Aires siempre es agradable, se trata de una hermosa ciudad, con una elegancia nada estridente y bellas construcciones de estilo neoclásico. Una urbe cuyo metro (*subte* le llaman) parece salido de un filme de 1915, excelentes librerías (con eruditos libreros que puede disertar sobre Ranciere o Zizek) y sitios donde tomar, al mejor estilo italiano, un café *espresso* como el que nos gusta a los cubanos. La movida porteña es, probablemente, la más agradable de las que he conocido, y esa opinión la comparten no pocos amigos del campo artístico e intelectual.

Hace unas semanas regresé a esta ciudad invitado al evento Gobernanza Económica Global: Los posibles roles de América Latina, que la revista *Nueva Sociedad* organizó con la participación de académicos, políticos y representantes del mundo sindical internacional.

En el foro se procuraba debatir si el grupo conocido como G20 habría reemplazado eficazmente al G8 como foro global para la coordinación de políticas económicas y si podría ser visto como la expresión de un nuevo balance global del poder resultante de la crisis financiera.

Además, considerar como su incidencia habría modificado (o no) la agenda mundial y las políticas resultantes de la coordinación de la política económica global, para incorporar las necesidades del Sur.

Los debates, que se extendieron por dos jornadas, fueron extensos e intensos. Algo que quedó claro en las discusiones fue que la agenda del G20 parece haber estado dominada —aunque no limitada— por el objetivo de aumentar el poder y la influencia de algunos países emergentes en la gobernanza económica global y en las relaciones internacionales en general; por ejemplo, exigiendo cupo y voz en el FMI y en el Banco Mundial.

Además, que se habían podido distinguir dos fases principales del accionar del Grupo (y en especial de países líderes como China, India o Brasil) con orientaciones de política económica (y por ende sesgos ideológicos) diferenciados.

En un primer momento se trató de obtener más presencia de estas naciones, aplicar políticas de corte neokeynesiano y mecanismos de coordinación globales capaces de poner en su sitio la prepotencia e irresponsabilidad de actores como el Fondo Monetario Internacional.

Pero posteriormente, pasado lo peor de la crisis en 2009, la hegemonía del pensamiento y recetas neoliberales, abanderados por Bancos Centrales del Primer Mundo, volvieron a conducir la agenda ante unos «nuevos socios» más preocupados en lograr mejores cuotas de poder para sus economías.

Algo curioso que me sucedió fue sostener un intenso debate cuando, con el apoyo de colegas sindicalistas, expresé la necesidad de que la ciudadanía (en la figura de movimientos sociales y organizaciones civiles), en asuntos como los derechos laborales o el medioambiente, tuviera una presencia sustantiva y no meramente decorativa y testimonial en los nuevos espacios de concertación económicos.

A esa demanda un destacado experto me respondió que no creía en tal cosa, que lo que se necesitaba eran buenos decisores que aplicaran políticas bien fundamentadas, lejanas a la ortodoxia neoliberal y que produjesen crecimiento y redistribución. Algo así como un elitismo «buena onda» keynesiano, que concibe la participación de la gente como algo irrelevante.

Por supuesto que ello me espantó y enseguida comencé a enumerar experiencias en el seno de organizaciones como el Mercosur o el ALBA con diferente grado de madurez y autonomía. Allí las comunidades y colectivos sociales organizados pueden presentar demandas a los gobiernos y representar aquellos intereses alejados de las lógicas gubernamentales, para incluirlos en la formulación de políticas públicas.

Aunque falta mucho por avanzar —y casos como el de Cuba las organizaciones representadas en la instancia de Movimientos Sociales del ALBA representan posiciones demasiado ligadas (en retórica y agendas) a las del gobierno— creo que hay allí experiencias a considerar, para ver las posibilidades y distorsiones a una incidencia social en políticas de estados.

Si traigo a colación esta historia es porque cada día me parece más importante rescatar, junto al saber experto (que no puede desdeñarse peyorativamente como simple y nefasta tecnocracia) una visión de Economía Política y la posibilidad de la gente de incidir, en formatos bien pensados y nada simbólicos, en los procesos que afectan las economía y sociedades globales, nacionales y locales.

Experiencias organizativas, procedimientos legales y medios de comunicación existen y pueden ser utilizados en la celebración de referéndums o el establecimiento de consejos consultivos donde la gente tenga una voz más allá de los políticos profesionales.

¿O acaso la gente, aunque no sepa los detalles sobre tasas de interés, planes contracíclicos y otras exquisiteces de la economía, no es afectada con decisiones que se toman en las alturas y no tiene nada que decir y aportar para corregir rumbos que impactan sus vidas?

Se me podrá decir que es utopía, pero solo deseo recordar que hace apenas un siglo el derecho al voto de las mujeres era un sueño en la mayoría de nuestros países y hoy constituye una realidad incuestionable.

Frente a los expertos que quieren administrar nuestra felicidad, al igual que los mercaderes que desean privatizarla, solo podemos proponer la presencia, organizada y consciente, de la ciudadanía.

(RE)PENSANDO LA EMANCIPACIÓN AÑOS DESPUÉS

Un amigo me cuenta que asistió hace varios meses a un evento sobre Paradigmas Emancipatorios, celebrado en La Habana. Conozco ese foro, pues varios de sus animadores son conocidos, unos pocos amigos y yo mismo fui invitado a él en un par de ocasiones.

Resulta un espacio valioso en tanto permite el diálogo con activistas y movimientos sociales de todo el mundo, cuyas luchas y discursos son poco conocidos dentro de las matrices, estadocéntrica y liberal, que hegemonizan la sociedad y el sentido común cubanos. Y guardo buenos recuerdos de mis debates en aquellos parajes.

Sin embargo, mi amigo me confía su frustración (también la mía), por un cierto desconecte del foro de las realidades y problemas cubanos, amén de algunas alusiones interesantes hechas desde la Educación Popular, las identidades sexuales o el trabajo comunitario. «Tal parece que la emancipación solo la necesitan los otros, pero aquí no hace falta pues vivimos en 'un mundo feliz'» me dijo con sorna, jugando con el recuerdo de la obra homónima de Aldous Huxley.

Las referencias de mi amigo me han hecho repensar el tema de lo emancipatorio. Un destacado intelectual latinoamericano ha definido la emancipación de una forma extensa que valdría la pena traer a colación ahora, asumiéndola como «(…) un proceso ideológico e histórico de liberación de comunidades políticas o de grupos sociales, de la dependencia, tutela y dominación en las esferas económicas, sociales y culturales. Emanciparse significa librarse del poder ejercido por otros, conquistando, al mismo tiempo, la plena capacidad civil y la ciudadania en el Estado democrático de derecho» reflejando todo esto «(…) la capacidad de conocer y reconocer las normas sociales y morales independientemente de criterios externos impuestos y equivocadamente representados como naturales»[1].

Metido en este asunto me dio por revisar varios textos escritos por mí hace algunos años donde abordé ese problema en clave cubana. Terminé releyendo un trabajo publicado[2] en aquellos memorables años donde un grupo de jóvenes colegas buscábamos impulsar un debate de izquierdas aletargado en medio de la precariedad material, la contrarreforma iniciada en 1996 y los rumbos oníricos de la Batalla de Ideas.

El texto en cuestión fue presentado en sendos eventos organizados por una organización de cuya directiva formé parte y que promovió foros de discusión y análisis de la realidad con algunos de los mejores intelectuales de la isla. Recuerdo que en una exposición provocó la airada diatriba de una colega, quien asumió como algo personal la defensa del socialismo estatista, generando un apasionado debate. Me parece interesante traer al ruedo las ideas centrales de aquel «viejo» texto, para ver cuánto podrían decirnos (¡o no!) sobre los rumbos de nuestra realidad ligando las reflexiones con algunas de las ideas expuestas en mis dos crónicas anteriores.

En esa ocasión (2004) definí como idea central de mi ensayo explorar cuáles serían los desafíos de un pensamiento emancipador, y, por tanto, de izquierdas, creativo y plural, dentro de la Cuba actual, insertado en el movimiento alter-globalizador del siglo XXI.

Considero que semejantes interrogantes poseen plena vigencia, dado el impacto cruzado que las persistencias (socialismo de estado) y mutaciones (avance de reforma promercado) tienen sobre unas izquierda(s) cubana(s) que aún necesitamos definir propuestas más concretas y operativas en término de defensa de derechos, propuesta de formas alternativas de participación, expansión de la autogestión y postura ante el mercado y el estado, etc.

Son estos problemas mayúsculos sobre los que, sin embargo, aún tenemos que adelantar posiciones consensuadas y radicalmente sostenibles y realistas que permitan rescatar el socialismo como una alternativa deseable para buena parte de la población cubana.

Si no lo hacemos podremos seguir debatiendo en circuitos cerrados de comunicación, integrados por algunos iniciados, con alta dosis de esoterismo y escasa capacidad de resonancia en los públicos más amplios.

---

[1]   Ver «Emancipación social» de Antonio David Cattani, Pág. 130-135, insertado en *La otra economía*, Veraz Editores, Porto Alegre, 2003, compilado por el mismo autor.

[2]   El texto se titula «Pensar la emancipación : una visión desde Cuba» y fue insertado en *Cultura, fe y solidaridad alternativas emancipatorias frente al neoliberalismo*, una compilación preparada por quien escribe estas líneas junto al colega Gabriel Coderch, que fuera publicada por la Editorial Félix Varela en La Habana, 2005.

No se trata de refugiarnos en un ensayismo sin anclaje real o de apostar a estudios excesivamente focalizados que huyen de las miradas macro y los compromisos sociales; sino aplicar para nuestro contexto la propuesta de actualizar las grandes preguntas permanentes de la Filosofía Política (enfocadas en las formas y fines de un régimen virtuoso, los objetivos y valores de la justicia, sus nexos con el bien común y la vida buena) vinculándolas con una cartografía precisa y propositiva de los regímenes políticos, procesos de cambio y agendas de políticas públicas realmente existentes.

En aquel trabajo insistí en que, cito «Los retos de la intelectualidad progresista y en general de todas las fuerzas de izquierda dentro de Cuba son complejos, porque se insertan en una lógica de doble dimensionalidad, al tener que tributar a la lucha global, estratégica, anticapitalista, pero desde las experiencias directas del contexto nacional, donde ser de izquierda implica un enfrentamiento militante al pensamiento y praxis dogmático-burocráticos».

Me parece desacertado cuando en la isla se celebran foros donde se habla del pensamiento único neoliberal, montado sobre la mercantilización de la vida y el conocimiento, y no se hace un balance (y sobre todo una superación) del legado estalinista que estructuró el otro pensamiento único aún vigente en las instituciones y sociedad cubanas.

Considero cuando menos incongruente que quienes cuestionan la censura en los grandes medios capitalistas y condenan las agresiones en Iraq o los genocidios de las transnacionales en Africa no señalen con igual insistencia el blindaje de espacios y publicaciones educativos y culturales de la isla a parte del mejor pensamiento social progresista y, sobre todo, a extraer de este consecuencias prácticas para la transformación de nuestra realidad. En otro momento del trabajo señalé que «El pensamiento emancipador cubano tiene que responder a los nuevos desafíos sociales incorporando aquellos retos y discursos emancipatorios (de género, culturales, ecológicos, generacionales, etc.) que pueden tributar a la reproducción del proyecto socialista y lograr mayor identificación y armonía con las experiencias de los movimientos internacionales».

Aquí solo tendría que añadir, con cierto gozo, que los últimos tiempos hemos avanzado en ese sentido, con la pluralización de iniciativas sociales y virtuales que buscan rescatar el activismo y representar identidades silenciadas (ambientalistas, de género y orientación sexual, culturales, etc.), sin acudir a las formulas de «participación autorizada» ni la fragmentación multiculturalista y postmoderna. Y que se reclaman parte de una sensibilidad multicolor de izquierdas.

El problema reside en el hecho que estas iniciativas siguen siendo vistas como extrañas o adversarias por el estado y se sigue penalizando su accionar, lo cual evidencia dos cosas: que el poder constituido quiere seguir monopolizando la imagen de que él es la única izquierda posible y deseable en Cuba y que hará todo lo posible por reducir al mínimo aquellas voces y acciones que se atrevan a disputar, sin pedirle permiso, semejante monopolio autoasignado.

Quizás estas mismas razones reorientan los Paradigmas Emancipatorios, enfocándolos fuera de las fronteras nacionales. Por ello, solo la persistencia, creatividad y solidaridad autónomas e innegociables harán posible que aquellas ideas que escribí y hoy se encarnan en «políticas del cotidiano» arriben a buen puerto, ante el tsunami mercantil y autoritario que se nos avecina.

CON EL DEMOS; CONTRA EL LEVIATÁN

Yo participo, tú participas, él participa,
nosotros participamos; ellos deciden.
Grafiti anónimo

En una publicación anterior, al abordar el tema del movimiento 15M, señalé las demandas de los manifestantes por una democracia participativa y sus críticas a la política dominante. Son reclamos que comparto. Sin embargo, sobre este punto (y sus confusiones) deseo hacer algunas alertas que me parecen necesarias no solo a raíz de la actual coyuntura, sino también para una recomposición de una agenda radicalmente sostenible de las izquierdas.

Con frecuencia se insiste (creo que con razón) en los déficits de la política dominante; sin embargo, debemos analizar los contextos y contornos que sirven de marco a dicha política. Las democracias contemporáneas habitan territorios extensos (en las fronteras del Estado Nación moderno) y poseen una estructura conformada por clases, grupos e identidades sociales diversas.

Tamaña complejidad supone procesos de regulación de la vida colectiva nada simples (ni simplificables) y conlleva la necesidad de instituciones capaces de canalizar las demandas y acción de los ciudadanos y que organicen la respuesta a estas desde las instancias del poder estatal. Nada, que no vivimos en el *oikos*[3] de Odiseo ni en un bucólico cantón suizo del siglo XVII.

Como las noticias nos recuerdan, existe una real pérdida de calidad de dichas instancias y de la democracia en que se asientan, pues todos los días sabemos de parlamentos controlados por poderes mediáticos o empresariales, de

---

[3] El *oikos* era el micromundo de la Grecia homérica, donde las propiedades y en especial la casa vivienda, así como sus moradores, bienes, cultura y mitos formaban un todo indivisible y comunitario.

partidos que representan grupos de poder por encima de ideologías y militancias, de empresarios convertidos en presidentes.

No importa que sean Ortega o Putin, Bush o Berlusconi, Gadaffi o Donald Trump; lo cierto es que hay un tipo de «hombre público» dispuesto a tratar a los ciudadanos como espectadores de telenovelas, a los votantes como clientes, a las voces críticas como chinches incómodas. Se trata de personajes soberbios, que echan paja al ideal de una política democrática.

Pero una cosa es criticar los déficits existentes en las formas de representación política existentes y otra muy diferente apostar a una ilusoria (y peligrosa) sustitución de los espacios que abrigan dichos procesos por difusos mecanismos de democracia directa o participativa.

Aprecio que una parte del movimiento en pro de una democracia participativa y de un cambio dentro del sistema capitalista (varios de cuyos integrantes son amigos) comparte esas peligrosas ilusiones, que suelen pagarse caro.

Todavía más nocivo resulta cuando se confunde la posibilidad de ejercer la democracia directa de forma voluntaria en una pequeña asamblea y durante un tiempo determinado, con concentraciones masivas de partidarios afines a una opción política, organizaciones sociales bloqueadas a la participación autónoma o mecanismos de aprobación en foros públicos (por simple mano alzada y sin una mínima deliberación digna de ese nombre) de leyes y otras iniciativas de gran complejidad.

Entre el ideal de participación liberadora de activistas sociales y la manipulación participacionista de los gobiernos (incluidos los denominados progresistas) hay un largo y peligroso trecho que los defensores de una nueva izquierda no deberían pasar por alto.

Con frecuencia el justo reclamo por superar los «problemas de la democracia liberal» apela a la participación pero al licuar las instancias de representación termina por consagrar el autoritarismo. Por tal cosa entendemos un tipo de régimen político donde se privilegia el mando ante el consenso, se concentra el poder en un hombre, órgano o camarilla, se resta valor a las instituciones representativas y a la autonomía de los subsistemas políticos y las organizaciones sociales, se asedia o elimina a la oposición política y el activismo social.

El autoritarismo puede asumir ropajes ideológicos diversos —y en ocasiones contrapuestos— y emerger en contextos históricos múltiples, como demuestra la experiencia de los dos siglos pasados: puede ser fascista, estalinista, corporativo, católico, modernizador, neoliberal, así hasta un largo etcétera.

Pero en su seno la gente siempre termina siendo un tornillito en la maquinaria del Leviatán estatal, dirigida por los que «saben cómo hacer las cosas».

Creo que debemos defender una ampliación de los espacios y formas institucionales y sociales donde la gente común (y no solo expertos o ladrones profesionales) pueda participar, a partir de reglas claras y abiertas a su desarrollo.

La deliberación informada y vinculante, la rotación de cargos y los consejos ciudadanos para políticas públicas, la transparencia presupuestal y la rendición de cuenta son mecanismos necesarios que no tienen por qué sustituir a parlamentos y partidos, si estos son efectivamente representativos de sus poblaciones, militantes y electores.

Los contenidos y la calidad de la participación y la representación (del mismo modo que la acción estatal y social) se presuponen mutuamente en cualquier lugar de este mundo, lo demás es falacia inocente o perversa, tanto si la propugnan liberales convencidos, comunitaristas ingenuos o nostálgicos del socialismo de estado. Eso debemos tenerlo claro para evitar que, en nuestra defensa del demos frente a la oligocracia, terminemos abrazando un nuevo Leviatán.

LA GENTE DEL SOCIALISMO

He leído «El socialismo está en la gente», de Dilbert Reyes, texto publicado en el diario *Granma*. Concuerdo con el periodista que «la cotidianidad nos da las mejores versiones de cómo, medio siglo después, la gente sigue construyendo su Isla y su propio socialismo» pero no sé si los testimonios que expone en su crónica son hoy los más representativos entre mis compatriotas, cuando se deciden a hablar, públicamente, de la sociedad en que viven.

Me parece que lo que pudo ser un buen intento de desmontar, con la voz de los protagonistas, las campañas que codifican la realidad cubana presentándola como el reino de lo oscuro, lo triste, lo opresivo y lo fracasado, peca del mismo error de sus oponentes: la simplona unilateralidad.

En su texto, abnegados trabajadores recuerdan los beneficios sociales, el empleo estable, las prácticas de solidaridad que caracterizaron el socialismo cubano en las décadas pasadas. La muestra parece tomada de un reportaje del diario, pero hecho en 1981, 1982, 1983.

No aparecen las conocidas insatisfacciones con el deterioro de servicios de educación y salud, la insuficiencia del salario estatal, la emergencia del egoísmo (por suerte aún no victorioso) como resultado de la crisis económica y moral de los últimos años.

No cuestiono aquí la autenticidad de los entrevistados y su testimonio, pero sí llamo la atención sobre el aparentemente escaso interés del entrevistador para presentar un cuadro más complejo de nuestra realidad.

Mientras leía la crónica recordé cuando nos reuníamos cada jueves un grupo de amigos, en torno a las cervezas calentonas del bar habanero «El Carmelo». para debatir sobre la autogestión y el socialismo. Nos hacíamos llamar la Red Propuestas y logramos con trabajo abrir varias mesas de discusión sobre ese tema en eventos académicos, justo cuando el tema de lo no-estatal estaba virtualmente satanizado (corría el año 2004) y con una «Batalla de Ideas» en plena pujanza.

Una tarde un hombre, que cada semana coincidía con nosotros en el bar, se nos acercó y nos dijo en su lúcida (y lúdica) embriaguez «coño, mis respetos..., yo oigo to esa muela que ustedes hablan del socialismo y esas cosas..., la ciencia, ustedes están escapaos, es más yo creo que tienen razón, yo quiero al socialismo porque es bueno... lo malo que es muy seguío».

Podremos reírnos y banalizar el asunto, o decir con la soberbia de los «cultos» que se trata de una lectura marginal de la realidad. Sin embargo, considero que se trata de otra apropiación, también popular y muy extendida, que identifica «el socialismo» con los desempeños del socialismo de estado que ha prevalecido por medio siglo en la isla.

Contestando desde ahora a los apologistas y a los que traten de ridiculizar al pícaro beodo, creo que en todo caso no se puede culpar a la «gente común» de ese «error» porque tanto su experiencia de vida cotidiana como el discurso oficial le «recuerdan» cada día que ese «es el socialismo posible», y todo lo demás (cooperativas, autogestión, solidaridad no regimentada) es «capitalismo».

No por gusto una vecina de mi barrio de Alamar, al verme discutir con una funcionaria del Poder Popular sobre la torpe erradicación de los vendedores de alimentos en el verano y ante la inexistente oferta estatal en esa zona de playa, me comentó «ay, Chagua, eso que tú dices de armar cooperativas no funciona, cuando todo sea privado el problema se resuelve».

Traigo a colación las viñetas por una razón fundamental: nuestro pueblo es uno, en su viva contradictoriedad, y no es honesto asumirlo como una masa siempre heroica y luminosa ni banda de holgazanes o carneros. Suele descreer del estado pero le exige el cumplimiento de sus promesas justicieras, puede abrigar ilusiones infantiles con el mercado, pero esquiva sus golpes y brega duro con él.

Conoce y sufre la conversión de la solidaridad en internacionalismo (política de estado que le quita inconsultamente recursos) pero no abandona las redes de reciprocidad de vecinos, familiares y amigos ni deja de enviar su sangre las víctimas de un terremoto a miles de kilómetros de distancia.

Puede ser ligero y a la vez persistente, desmemoriado y leal, irreverente y sensible. Ha hecho lo que ha podido y lo que le ha dejado hacer en estos años duros, cumpliendo con la primera misión de cualquier comunidad humana: garantizar la sobrevivencia de las personas y los valores que la conforman.

Enfrentando desafíos

Su alegría, su dignidad, su ingenio e inventiva son directamente proporcionales a los desafíos que ha enfrentado (una formidable combinación de hostilidad imperialista y desgobierno burocrático) e inversamente proporcional a la falta de imaginación de quienes, desde cualquier postura ideológica o profesional, tratan de caricaturizar —o juzgar— sus móviles y desempeños.

Para quienes piensan, con magnanimidad de ilustrados, que pueden codificar o juzgar la virtud popular desde moldes prehechos (y hasta servirse de ella con fines propios) vale la pena recordar estos versos de Bertold Brecht, escritos tras la (aplastada) sublevación popular berlinesa del 17 de junio de 1953.

La solución

Tras la sublevación del 17 de Junio,
La Secretaria de la Unión de Escritores
Hizo repartir folletos en el Stalinallee
Indicando que el pueblo
Había perdido la confianza del gobierno
Y podía ganarla de nuevo solamente
Con esfuerzos redoblados.
¿No sería más simple
En ese caso para el gobierno
disolver el pueblo Y elegir otro?

En estos días un grupo de hombres, reunidos en La Habana, deciden sobre los rumbos de la nación y tomaran decisiones que afectarán a la «gente del socialismo». Solo deseo que las invocaciones al pueblo sean menores que la responsabilidad y respeto que demuestren para con sus demandas y esperanzas.

INVOCANDO DERECHOS, PARA SER HUMANOS

Después de un prolongado reposo, impuesto por una de esas temibles «enfermedades profesionales» (tendinitis) retomo esta columna de *Havana Times*, deseoso de compartir ideas y experiencias.

Algunas nacen de mis primeros pasos por el curso *Los derechos humanos (DDHH) desde abajo: aportes de los movimientos sociales contra—hegemónicos hacia la construcción de paradigmas alternativos*, una feliz iniciativa de formación virtual del Consejo Latinoamericano de Ciencias Sociales (CLACSO) donde desde hace un mes comparto saberes con académicos y activistas del Caribe, Centro y Sudamérica.

Como cubano, provengo de un país donde el tema DDHH es objeto de miradas demasiado sesgadas —y manipuladas— por parte del gobierno y sus oponentes; y resulta materia de ignorancia de una población a la cual solamente mencionarle la frase Derechos Humanos en un lugar público le provoca reacciones de temor y sospecha.

Por ello me sedujo la idea de «alfabetizarme» en un foro que combinara la apelación básica a los DDHH —tan necesaria a los cubanos— con las experiencias de luchas sociales en contextos donde la legitimidad alcanzada por el discurso de los DDHH choca con los resultados reales deshumanizantes de las políticas neoliberales.

Los DD.HH pueden definirse como conjunto de derechos básicos que definen la condición de la persona y su dignidad como tal, son formas jurídicas y culturales que evolucionan en dependencia del contexto, la militancia, los valores y cosmovisiones del sujeto y su sociedad.

Pueden legitimar la exclusión de grandes mayorías —mediante discursos y prácticas que instrumentalizan o restringen derechos en beneficio de los poderosos— o trascender las instituciones y dominantes.

40

Como campo de confrontación entre proyectos emancipadores y dominantes, los DDHH se plasman en instrumentos como la «Declaración Universal de los Derechos Humanos» (ONU, 1948) o la «Declaración Universal de los Derechos de los Pueblos» (Argel, 1976) que son fruto de las luchas de liberación populares y nacionales de los últimos doscientos años y parte del patrimonio cultural de la civilización.

Los debates del curso han sido fascinantes. En nuestras pláticas hemos comprendido que «El Sur» no se reduce hoy a una localización geográfica, porque abarca múltiples formas de subordinación (explotación económica; opresión ética, racial o de género y similares) asociadas con la globalización neoliberal.

Que tanto los estados como los pueblos son sujetos de los numerosos derechos civiles, políticos y derechos económicos, sociales, culturales y ambientales que rebasan la ley formal y escrita, que «se hace derecho al andar y que aquellos procesos, colectivos y líderes sociales trascendentes (como la revolución haitiana, los movimientos sociales: Gandhi, Luther King) han generado nuevas normas y prácticas.

Históricamente se ha ido definiendo desde arriba una visión de derechos universales que desconoce contextos diferentes, desiguales y culturalmente diversos, con un Estado que asumió el monopolio de la redacción, orientación e interpretación de las normas jurídicas nacionales e internacionales, a través de una «racionalidad legal» basada en supuestos de legitimidad, neutralidad, igualdad y universalidad.

Este derecho moderno, con su idea de coerción y control estatizados, alejó a los movimientos sociales del derecho y valoró la justicia como factor con pocas posibilidades transformadoras. Y hasta entrado el siglo XX se encarnó en una matriz liberal, que consideraba de facto ciudadanos —titulares efectivos de derechos— solo a hombres, blancos, propietarios y alfabetos, desconociendo los demás sectores subalternos en la sociedad.

Las instituciones de la llamada gobernanza global (Ej. La ONU y sus dependencias) siguen siendo espacios poco aptos para el debate constructivo y simétrico entre los actores. Este enfoque confía en una solución de los problemas de la globalización a través de redes de colaboración entre empresas y asociaciones civiles, ignorando las asimetrías de poder entre estos actores y considerando la cacareada esfera pública como un espacio despolitizado que ocluye la acción colectiva de los excluidos.

Una globalización contrahegemónica supone construir una legalidad cosmopolita subalterna, unión de teoría y práctica que testimonie y reúna expresiones no estatales de regulación social, basadas en la multiplicidad de actores: comunidades marginadas, movimientos, intelectuales herejes.

Este enfoque llama a sustituir las instituciones y discursos dominantes e implica tanto un esfuerzo analítico (estudiar los sistemas jurídicos oficiales junto a las normas jurídicas alternativas) y otro político que potencia la voz de las víctimas de la globalización neoliberal: indígenas, campesinos sin tierra, mujeres pobres, trabajadores e inmigrantes indocumentados.

Los instrumentos jurídicos son un espejo del orden que buscan defender y desarrollar, en tanto el derecho es resultado de la correlación de fuerzas en la sociedad y reflejan (junto al sistema institucional) los intereses de las clases dominantes.

Pero, rehuyendo falsos radicalismos, no es posible clasificar todo derecho como burgués ya que este también refleja las tensiones entre clases y sectores en la sociedad y adquieren un valor importante para denunciar la falta de garantías y libertades en sociedades sometidas a procesos autoritarios y represivos, bajo dictaduras militares, oligárquicas o burocráticas.

Aun con sus déficits el sistema internacional de los DDHH existente se ha convertido en un marco jurídico para la acción contrahegemónica y sus instrumentos pueden utilizarse creadoramente para profundizar acciones emancipadoras, siempre que estas sean complemento a la organización y movilización social.

La lucha actual por una verdadera contrahegemonía la hacemos para que el capital trasnacional no domine sobre nuestras vidas (controlando el acceso al agua, la alimentación o el conocimiento) y para que los Estados (sus aliados) pierdan el monopolio de otorgar o defender derechos, ya que demasiadas veces incumplen y violan los derechos de sus poblaciones.

La construcción del nuevo paradigma de DDHH entiende que «la soberanía» está constantemente cuestionada por la indefinición de las fronteras geográfico—institucionales y por la globalización de las culturas, y es manipulada por poderes globales y nacionales contra los movimientos contestatarios.

Eso no significa expresamente hacer oposición permanente a cualquier gobierno, pero sí defender un campo de actuación diferenciado y autónomo de los movimientos sociales para impedir que la lucha por la contrahegemonía derive en la instauración de una nueva hegemonía «vanguardista» en nombre de «las masas». Pero ella será tema de próximas entregas.

MIRADAS GLOBALES

¿PODEMOS? MIRADAS ANTE UN TRIUNFO JACOBINO

Terminada la más reciente jornada electoral europea, tengo pocas certezas y muchas dudas. Entre las primeras, la impresión de que buena parte de la ciudadanía del Viejo Continente —descontenta con los efectos de la crisis, el incremento de la pobreza y las trastadas de su clase política— ha decidido votar por partidos de extrema derecha. Y que estos, con más incontinencia verbal que capacidad para resolver los complejos problemas acumulados en estas sociedades, constituyen hoy la amenaza principal a una democracia con inclusión social, tan duramente conquistada durante décadas de luchas y reformas en el entorno europeo.

Motivado por estos acontecimientos, he leído con calma y cuidado la plataforma del partido de izquierda radical de España, Podemos, y los discursos de su joven líder Pablo Iglesias. Imposible no compartir muchos de sus planteos progresistas, que recuperan buena parte del malestar y la crítica ciudadanos frente a los (malos) gobiernos del PSOE y el PP, a la corruptela político—empresarial y a las injerencias e insensibilidades de la burocracia de Bruselas. Me identifico con sus propuestas de fortalecer el sector y regulación públicos frente a las agendas privatizadoras y de reducción del gasto social de los neoliberales. Hasta ahí todo va bien.

Sin embargo, los problemas empiezan cuando, en sus discursos, prometen satisfacer las demandas de los desempleados y de la clase trabajadora española sin aclarar cómo administrarán la plata y gestionarán los consensos para impulsar tan ambiciosa agenda. Ahí las cosas adquieren otros matices, porque una cosa es salir a putear a Zapatero o Rajoy, acampando en la Puerta del Sol y resistir, valientemente, las arremetidas de la policía; y otra muy diferente dirigir la Moncloa o conducir a buen puerto una deliberación en el Palacio de las Cortes.

Para colmo, en el discurso oficial de Podemos (léase: de sus dirigentes) se asoma cierto sesgo nihilista contra todo el proceso de la transición española —que a veces se despacha con frases simples como el «régimen del 78»— y apelaciones un tanto ingenuas y sobredimensionadas a la democracia participativa como maná proveedor de todas las soluciones.

Todo esto tiene un tufillo anti-político y refundacional del que, al menos en Latinoamérica, ya conocemos sus magros desenlaces. Porque una cosa es el radicalismo plural y espontáneo del movimiento social —al estilo del 15M— , con su demanda de mejores servicios y denuncias del (tardo) franquismo y otra muy diferente la cristalización de un proyecto de toma del poder en organizaciones y liderazgos donde el distanciamiento frente al vivo legado de una «izquierda» autoritaria brilla por su ausencia. Al primero lo apoyo sin reservas, el segundo me espanta por los errores no asimilados y las oportunidades perdidas.

Aunque estamos frente a un proceso en curso, no puedo evitar una conclusión preliminar. Si este avance de fuerzas como Podemos significa un sacudión a la clase política española y una suerte de contrapeso a la extrema derecha pues muy bien. Pero si termina encumbrando a radicales poco sensibles a la lógica compleja del proceso democrático y creyentes de representar, ellos mismos, toda la virtud y diversidad ciudadana —rémora del izquierdismo histórico— auguro nuevos problemas para la ya atribulada sociedad española.

En suma, que España (como toda Europa) bien podría estar a las puertas de nuevas y complejas coyunturas, entre el avance de una derecha impresentable —que hoy es el problema principal— y las apuestas arriesgadas de los nuevos jacobinos.

LASA Y EL EJERCICIO DE LA AUTONOMÍA INTELECTUAL

Los congresos de la Latin American Studies Association (LASA) son como un bazar persa, donde hay de todo: sabios y charlatanes, gendarmes y bufones, joyas y baratijas. Realidad que pude corroborar cuando asistí, en calidad de ponente, al pasado encuentro, realizado en Washington DC, a fines de mayo.

Fue una oportunidad para comprobar el cariño y lealtad de viejos amigos, encontrar nuevos camaradas y observar, en toda su extensión, las luces y miserias del *homo academicus*.

En especial estas últimas, que abarcan la mediocridad disfrazada de radicalismo, el dogma camuflado como ciencia, y la unión de lógicas mercuriales —la academia, no olvidarlo, es también un mercado— y autoritarias —hijas de la razón de estado—, las cuales resaltan al ser asumidas, entusiasta o vergonzantemente, por algunos colegas.

En mi caso, la pasada edición me dejó la experiencia de dos realidades contrastantes. Como miembro de la sección venezolana de LASA, pude compartir las discusiones organizativas de una comunidad plural —en sus referentes disciplinarios, ideológicos y vivenciales— pero nucleada alrededor de la idea de empujar el trabajo de la sección a mejores horizontes.

Con un intercambio fluido, sin las tensiones que suelen contaminar los asuntos ligados al hermano país, la historiadora Margarita López Maya, una conocida estudiosa de la protesta social y la historia contemporánea venezolanas, condujo la reunión con el concurso de los presentes, entre ellos varios jóvenes académicos.

La búsqueda de fórmulas para la gestión de fondos, el impulso a la investigación —incluida la institución de un Premio de la Sección, dotado de recursos aportados por sus miembros—, la difusión de los resultados del trabajo de los colegas: esos eran los ejes de la jornada.

Todo aderezado por la informalidad caribeña que hace a la academia venezolana mucho más amena, en modos y tonos, que otras homólogas de la región, demasiado presas de rituales y talantes aristocráticos.

Como contraste, la participación colectiva de mis compatriotas de la isla fue, cuando menos, distinta en sus dinámicas y móviles.

Si bien es cierto que la idea de delegación fue algo explícitamente rechazado —con sospechosa insistencia— por académicos cubanos asistentes al foro y que la presencia de nuevas voces (procedentes de la academia oficial, la disidencia o el activismo autónomo de la isla) dieron un contenido más fresco y plural a la representación de La Habana, lo cierto es que aún flotaba en el ambiente cierto tufillo a Guerra Fría.

Se expresó en la realización, torpe y ridícula, de una suerte de acto de repudio de baja intensidad en contra del académico Ted Henken, en castigo a su osadía de promover, dentro y fuera de la Sección Cuba, posicionamientos en temas álgidos como la exclusión (años atrás) de voces disidentes y la no asistencia, por veto institucional, del economista cubano Omar Everleny a los debates de LASA 2013.

Por suerte, las buenas ideas, los diálogos emergentes y las nuevas caras impiden que se caricaturice, en bloque, todo el aporte isleño a la cita: Cuba es más que sus funcionarios, aunque algunos persistan en lo contrario.

Pero estos últimos, burósofos más o menos sofisticados o simples rancheadores del pensamiento, continúan haciendo daño a nuestra esfera pública y comunidad intelectual, de facto trasnacionalizadas.

Por eso, lo preocupante es que quienes diseñan la participación cubana parecen no percatarse que los tiempos han cambiado, dentro y fuera del país. Y que ya no existen públicos cautivos, a los que es posible bajarle un teque sobre el Bloqueo, que disculparán cualquier desactualización/imprecisión/ manipulación de la ciencia social en nombre de una «particularidad cubana» donde, como sabemos, todo lo realmente importante y polémico es despachado con la muletilla de que «es complejo».

Deberán asimilar, si quieren mantener un espacio medianamente creíble —y convocante— en congresos como LASA, la urgencia de aprender a debatir, a reconocer al otro y dar cabida a la diversidad y el pluralismo. Deberán, en suma, abandonar las prácticas pseudopoliciales y comprender qué quería decir el marxista Antonio Gramsci cuando hablaba de construir hegemonía.

El mero contraste de ambas situaciones revela dos posturas diferentes de los intelectuales cubanos y venezolanos, residentes en sus países de origen y asistentes a LASA, respecto a sus roles y posicionamientos dentro de sus respectivas realidades nacionales y frente a los estados que las rigen.

Curiosamente, lejos de lo que algunos podrán suponer, la situación económica de ambas academias no es, cualitativamente, tan divergente: si bien es cierto que el salario de los cubanos persiste anclado en el inframundo, los colegas venezolanos han visto desplomarse sus ingresos a niveles inéditos, todo ello en un país, además, tan o más caro que la isla.

Tampoco es el estatus migratorio lo decisivo, pues las agradecibles reformas implementadas en la isla permiten, como opción, que quienes tengan algo que decir viajen a los foros globales, más allá de cualquier veto o padrinazgo institucional. Y créanme que los amigos caraqueños, larenses o zulianos pasan las de Caín para obtener viáticos y boletos, acudiendo a las agencias de cooperación internacional, las mismas que financian a buena parte de la delegación cubana.

No es, por tanto, la base material o el entorno legal de ambos gremios lo que les diferencia: es su sentido de la autonomía, de lo que pueden y deben hacer, sin más permiso que el que emana de su conciencia y responsabilidad.

Los cubanos, lentamente, vamos asimilando la experiencia de que, si queremos ser respetados como intelectuales y ciudadanos, debemos explorar lo que existe allende los muros impuestos por Papá Estado; recuperando el secuestrado sentido de la libertad.

Los venezolanos, conscientes de su situación, defienden el derecho a pensar y decir, sin cortapisas ni lastres, como única forma de ser, verdaderamente, gente pensante, progresista y democrática.

LA COHERENCIA DE SER SOLIDARIOS

Nos han jodido. La decisión de no conceder visa a varios activistas y académicos cubanos, ponentes inscritos a la conferencia de Latin American Studies Association, ha condenado al naufragio, cuando menos, a una sesión de debates.

Impidiendo no solo lo que prometía ser una oportunidad de intercambiar perspectivas plurales en torno a los problemas de la sociedad y cultura cubanas.

También postergó más de un reencuentro entre viejos amigos, un descubrir de colegas físicamente desconocidos. Y eso duele.

Las lógicas burocráticas son, como decía un escritor, infranqueables: crean a cada solución un problema. Ni siquiera tendríamos que ponernos conspiranoicos, ya que así suelen operar las autoridades consulares en buena parte de este mundo, máxime en los países dominantes de la arena mundial.

Presuponer —con la superficialidad de cuatro preguntas— que alguien es un posible emigrante o candidato al visado es una lógica de maquinaria, demasiado frecuente. Al menos a mi me ha tocado sufrirla varias veces.

Si a eso agregamos que ciertos criterios *ad hoc* —raza, aparente nivel cultural o de ingreso— son tomados en cuenta por el entrevistador en el momento de su faena, tenemos como resultado un coctel impresionante, lleno de subjetividad, discriminación y casuística.

Lo que sí no es entendible es que quienes compartimos los campos, intereses y, en algunos casos, las luchas por una academia, un país y un mundo más libres, cerremos los ojos ante tamaña desmesura. Porque la mirada del ciudadano se sitúa, por esencia, en las antípodas de la del funcionario.

Demandar que sea corregida una mala decisión institucional —de la empleomanía del State Departament estadounidense o de los agentes de Migración y Extranjería cubanos— debería ser suficientes para unir(nos) a muchos en ese empeño.

Da igual si es un connotado disidente, un académico oficialista o un activista autónomo: todos tienen el derecho al intercambio de ideas, al contacto con otras realidades, al encuentro con sus pares.

En otros momentos, desde las filas de una izquierda autónoma, algunos hemos reclamado —no sin debates internos y enfrentando incomprensiones ajenas— los derechos a la voz y la existencia de aquellos que no comparten nuestras filiaciones ideológicas y propuestas políticas.

Hoy valdría la pena que, desde la acera del frente —y desde todos los rincones de la esfera pública criolla— expresásemos en una sola voz la solidaridad con nuestros colegas vetados.

Porque sí, como decía una comunista inmortal, la libertad es solo la libertad para el que piensa diferente, debemos empujar para que las diversas interpretaciones de ese noble credo se junten, dialoguen, crezcan en la fecundidad del debate cívico. En Washington como en La Habana.

RESPUESTAS DE UN HOMBRE LIBRE AL CONSERVADURISMO AMERICANO

No acostumbro a responder a los comentarios que algunos lectores comparten, en el espacio dedicado a tal efecto, a continuación de mis artículos en *Havana Times*.

Pero en mi pasado post alguien dedicó duros calificativos a mis ideas sobre la sociedad estadounidense, señalándome en sus juicios como un ser desinformado, confundido, presa de mi ausencia de libertad y mis opiniones socialistas.

Este hecho fue seguido, en la misma semana, por un mensaje anónimo —que estoy seguro no pertenece al comentarista, dada la transparencia con que este hizo gala de su derecho a expresarse en HT—; un mensaje con contenidos amenazantes, fascistas y xenófobos dirigido a una de mis cuentas de correo personal.

Ante tales hechos creo prudente y legitimo compartir esta reflexión y respuesta.

Comenzaré recordando algo que he dicho anteriormente: que mi postura frente a EEUU sigue siendo afín a aquella que defendió José Martí, demócrata y patriota cubano, en las dos últimas décadas del siglo XIX.

La admiración por el progreso técnico, la defensa de derechos y garantías civiles y el fomento y disfrute de las artes que llevaron a Martí a mostrar público respeto a W. Whitman, R. W. Emerson y H D Thoureau.

De ese mismo modo quien escribe estas líneas «se confiesa» seguidor de Woody Allen y Ray Bradbury, Charles W. Mill y Howard Zinn, Luther King y Cindy Shehan. Y prefiere la América multicultural y pluriétnica antes que la exclusividad de la nación blanca, anglosajona y protestante, escondida tras el código WASP.

Y defiendo la vibrante República que conforma y sustenta el carácter del pueblo estadounidense mientras rechazo el Imperio que proyecta el unilateralismo imperialista allende los mares, expansionismo que tributa al antiamericanismo de humillados y agredidos por las estrategias fraguadas en las riberas del Potomac.

Ni el Ku Klux Klan, ni las milicias supremacistas ni quienes defienden las políticas excluyentes y represivas que convierten las cárceles de EEUU en el mayor gueto de mano de obra cautiva del planeta son ni serán objeto de mi consideración.

Por demás, cuando se me «acusa» de mis devaneos socialistas, siempre explico que ser de izquierda no es algo que me ofenda, por cuanto todo lo que he hecho en mi vida intelectual y política se relaciona con agendas y movimientos que se identifican con tal perspectiva ideológica, en sus plurales expresiones.

Promover un mayor control y participación ciudadanos en la economía y la política, apoyar las luchas de movimientos de mujeres, por la diversidad sexual y el ambientalismo, cuestionar las dominaciones de todo signo (mercadocéntrico o estatista, neoliberal o totalitario) que convierten a las personas en apéndices de sistemas autorreferentes y dehumanizantes son cosas de las cuales no puedo menos que enorgullecerme.

Por eso me considero libre, a pesar de mis humanos errores, dudas y temores: por defender las causas del progreso, la justicia y la libertad humanas en cada lugar que he transitado y a partir de los hechos que han ido poblando mi vida.

También me reconforta tener, entre mis buenos y fieles amigos, a activistas y académicos que acompañan o participan en luchas tan disímiles como los indignados estadounidenses y europeos, los movimientos sociales sudamericanos y centroamericanos y los valientes demócratas de numerosos países de este desigual mundo.

Pues como sabemos verbigracia la tozuda Historia, no hay dominaciones preferibles a otras —aunque las posibilidades de enfrentarlas por métodos legales y pacíficos difieran cualitativamente en los regímenes dictatoriales y democráticos— ya que todas atentan contra la dignidad e integridad humanas en sus expresiones más esenciales.

Así que, amigo comentarista, espero haberle aclarado mejor mis posiciones, de lo cual podrá inferir que no hay en ellas un ápice de antiamericanismo, salvo que desde su óptica personal, nación, pueblo y gobierno se fusionen del mismo modo en que ello sucede en la lógica y propaganda totalitarias.

Encontrará, eso sí, mucho respeto a la democracia y los derechos conquistados por la lucha de tanta gente, respeto equivalente en su intensidad al rechazo que profeso a la filosofía del racismo y el despojo auspiciada por representantes de la élite del poder estadounidense.

Ante situaciones como esta siempre me gusta recordar la congruencia de Nelson Mandela, quien luchó contra el Apartheid y denunció el apoyo de los gobiernos occidentales sin rechazar las instituciones y virtudes de la democracia representativa.

Por último, para aquellos que buscan intimidar escondidos en el anonimato de una diatriba amenazante, aconsejo que no pierdan más su tiempo ni dilapiden sus escasas neuronas.

Les reservo el más sereno desprecio y la más firme determinación de persistir en el curso de mis ideas y acciones, las únicas cosas realmente importantes que ameritan hoy la entrega de mis mejores energías.

ELECCIONES EE.UU., RAZONES PARA VOTAR

Hace unas semanas, en el marco de un evento en mi universidad, una pareja de jóvenes estudiantes —mexicano él, estadounidense ella— compartían sus testimonios con el auditorio.

Con emoción y sencillez explicaban los intrincados trasfondos de la lucha por los derechos de los migrantes en EEUU, las políticas represivas implantadas por varios gobiernos estaduales y los intentos de regularización enmarcados en la Ley de fomento para el progreso, alivio y educación para menores extranjeros, más conocida por su nombre en inglés: *Dream Act*.

Dicha ley, en los marcos de una postergada Reforma Migratoria —que justifica el encono latino con tamaña deuda de la administración Obama— abriría el camino a la ciudadanía a estudiantes indocumentados que hubiesen llegado, siendo menores de edad, a Estados Unidos.

Abierto el turno de los debates, otro joven estadounidense, oriundo de Arizona, interpeló a los ponentes sobre las razones por las que él debía, con sus impuestos, financiar políticas federales de apoyo a los migrantes.

Por más que los estudiantes intentaron convencerlo, argumentando el aporte de los «ilegales» a la economía estadounidense —con sus trabajos, compras e impuestos indirectos— y valoraron su contribución cultural a la formación de la cultura estadounidense, aquel chico no daba su brazo a torcer.

En ese momento intervine, recordando que no se trataba solo de la reticencia de algunos WASP a ayudar a sus vecinos oscuritos, sino de la indisposición de un sector de la sociedad gringa a aportar a la construcción de un estado de bienestar a la usanza europea, con cobertura universal y de calidad.

Y ejemplifiqué con la agónica saga de la reforma de salud de Obama; un *affaire* que da cuenta de la existencia de un individualismo posesivo capaz de atentar contra formas de solidaridad públicas y organizadas, necesarias en una sociedad moderna.

Semejante individualismo posesivo —tan bien descrito por C. B. Macpherson en su crítica a los sustratos mercantilizadores del liberalismo clásico— vuelve a asomar su peluda oreja en los debates presidenciales, de la mano del candidato republicano.

Reducir gastos sociales, eliminar agencias de prevención y recuperación frente a desastres, priorizar los ingresos de los ricos frente a los empleos y pequeños negocios de millones de ciudadanos son parte sustancial de la agenda de una derecha convencida en volver a la Casa Blanca.

No importa que sean los mismos que metieron a EEUU (y al mundo) en la más grave crisis desde la Gran Depresión, con sus políticas de compadrazgo neoliberal. O que sus planteos fundamentalistas, homofóbicos, racistas o irrespetuosos sobre los derechos de la mujer provoquen nauseas a cualquier ciudadano pensante. Quieren regresar y, lo peor, sienten que su país los necesita.

Tomar nota de esta amenaza no significa exculpar por su desempeño cuatrienal al presidente Obama. El inquilino de la oficina oval demostró tibieza al abordar el tema migratorio, continuó con políticas cuestionables que violan la soberanía de otros países —como los asesinatos con drones — y mantuvo en su discurso una retórica dirigida a la mítica clase media, que invisibiliza los millones de trabajadores y pobres que hoy viven en EEUU. Perturba ver el temor frente a la Asociación Nacional del Rifle y su sacrosanta invocación a la enmienda constitucional que, supuestamente, justificaría la tenencia de armas; fenómeno que es parte sustancial de tanta violencia criminal, dentro y fuera del país.

Sin duda, muchos de quienes en 2008 lo creyeron —por su condición de afroamericano, hijo de emigrante y demócrata— un candidato de la esperanza tienen razón para sentirse frustrados.

Sin embargo, ante la coyuntura del 6 de noviembre, el realismo no deja muchas opciones para elegir. Frente al unilateralismo armado de los republicanos, el multilateralismo preventivo de Obama resulta menos costoso en vidas y deja abierta una puerta al arreglo pacífico de los conflictos.

Imaginen que habría pasado en la época Bush frente a la actual crisis en Oriente Medio y los roces con Irán. En la arena interna, en vez del individualismo posesivo que condenó a su suerte a los afectados de las quiebras de 2008/2009, los planes de ayuda federal —a negocios y personas— marcaron la diferencia en la vida de gente común y concreta y hoy hacen su presencia ante el paso del huracán Sandy.

Sobre Latinoamérica ninguno de los dos candidatos nos dice mucho: el Oriente Medio, la región Asia-Pacífico y, en tercer lugar, Europa son —junto a la sempiterna guerra al terrorismo— los temas puntera de la política exterior de Romney y Obama.

Resuena una promesa republicana de «ampliar el comercio» —con la mira puesta en aliados como Chile, México y Colombia— y advertencias a los gobiernos de Cuba y Venezuela, con retórica electorera de Guerra Fría. Por su parte, las declaraciones del actual presidente —desestimando la supuesta amenaza venezolana— y sus contactos con gobernantes de la región —como Argentina, México y Brasil— tornan presumible una relación relajada y no prioritaria.

Cuba puede esperar de Obama una política de gestos distensivos —relacionados con el mantenimiento de los viajes y remesas de cubanoamericanos y el reconocimiento de medidas tomadas por La Habana, como los recién anunciados cambios migratorios— ; todo esto acompañado de cuestionamientos sobre la legitimidad del gobierno cubano y la situación de los Derechos Humanos en la isla.

Solo quienes no parecen comprender la diferencia entre un miembro del Tea Party y un liberal neoyorquino pueden mostrar indiferencia ante el eventual triunfo de uno u otro candidato.

Respeto profundamente a quienes, entre mis amigos, se declaran abstencionistas o descreen en la democracia estadounidense: los conozco y sé que darán lo mejor de sí en marchas, trabajos comunitarios y campañas nacionales, sosteniendo el espíritu de la República frente a las asechanzas del Imperio.

Pero ante la posibilidad de una presidencia abiertamente oligárquica y militarista —de la mano de Mitt Romney—, creo que la defensa y ampliación de los derechos y libertades que conforman lo mejor del alma estadounidense merecen una nueva oportunidad en la figura de Barack Hussein Obama II.

LAS PUSSY RIOT Y LA (LARGA) LUCHA CONTRA EL DESPOTISMO EN RUSIA

Se ha cumplido, en Moscú, la crónica de una infamia anunciada. La fiscalía rusa ha condenado a dos años de cárcel a las integrantes del grupo de punk político Pussy Riot.

Tras su *performance* en la Catedral de Cristo Salvador, en marzo pasado, tres chicas del grupo fueron arrestadas, acusadas de vandalismo e irrespeto a la religión, y encausadas en un meteórico proceso carente de plenas garantías.

Las han condenado pese a los llamados de decenas de artistas y millares de personas de todo el mundo, que alertaron a la opinión pública sobre la injusticia que se fraguaba. Ignorando la angustia de varios jerarcas ortodoxos, preocupados por la conversión de las jóvenes en iconos del activismo social.

A despecho del calculado amago del presidente Putin de pedir clemencia —como si su voluntad no dibujase, desde el principio, los contornos de esta sentencia— mientras aconsejaba, como padre regañón, que las chicas aprendiesen la lección.

Este suceso se suma a una larga cadena de acontecimientos —acoso a ONGs, agresiones a activistas sociales y defensores de los derechos humanos, grosero ventajismo oficial en las pasadas elecciones generales— que va convirtiendo a Rusia en un régimen híbrido (ni totalitario ni democrático) donde el respeto y ejercicio de las libertades públicas se ve cada día acosado por la fuerza de una presidencia imperial.

Presidencia que recoge el más oscuro legado del aparato de seguridad soviético y la corrupción de los desgobiernos neoliberales de la transición postcomunista. Y que medra con el ansia de seguridad, estabilidad y progreso del noble pueblo ruso.

Nadezhda Tolokonnikova, Yekaterina Samutsevich y Maria Alyokhina no son —como las presentan las campañas del putinismo— unas vándalas o rebeldes sin causa. Tampoco son renegadas de la cultura y la identidad rusas.

Estudiantes universitarias, luchadoras feministas, ambientales y por los derechos LGTB, forman parte de una generación que se ha sacudido el fardo de la decepción y el conformismo, sembrados por dos décadas de capitalismo mafioso.

Y que hoy sale a las plazas y al ciberespacio a despertar la conciencia, adormecida y conservadora, de buena parte de la sociedad rusa; de esa misma sociedad que hoy mira con sorpresa y rechazo a tres jóvenes que luchan por la libertad de todos.

La batalla global por la democracia, la justicia y la libertad tiene en estas muchachas un ejemplo de consecuencia, creatividad y convicción.

Son dignas herederas de Herzen y los decembristas, de María Spiridónova y los socialistas revolucionarios, de Sajárov y los miembros del Comité de Helsinki. Sirva como botón de muestra el alegato que una de ellas, Yekaterina Samutsevich, expuso hace pocos días ante el tribunal que emitió sentencia.

En su declaración final, se espera que la acusada se lamente y se arrepienta de sus actos, o enumere las circunstancias atenuantes. Tanto en mi caso como en el de mis compañeras de grupo, esto es totalmente innecesario. En vez de eso, quiero expresar mi percepción de las causas por las que nos ha ocurrido esto.

La importancia simbólica de la catedral de Cristo Redentor en la estrategia política del poder resultó obvia para muchas cabezas pensantes cuando el antiguo compañero [de la KGB] de Vladimir Putin, Kirill Gundyaev, tomó el relevo como cabeza de la iglesia Ortodoxa rusa.

Desde entonces, la catedral de Cristo Redentor empezó a usarse abiertamente como un ostentoso escenario para la política de los servicios de seguridad, que son la principal fuente del poder [en Rusia].

¿Por qué Putin siente la necesidad de explotar la religión Ortodoxa y su estética? Después de todo, podría haber empleado sus propias herramientas de poder, mucho más seculares. Por ejemplo, las corporaciones nacionales, o su amenazante sistema policial, o su propio y obediente sistema judicial. Puede que las severas y poco eficaces políticas del gobierno de Putin: el incidente con el submarino Kursk, los bombardeos a civiles a plena luz del día y otros momentos desagradables en su carrera política le hayan forzado a considerar que ya iba siendo hora de rendirse; o si no, la ciudadanía rusa le acabaría obligando a hacerlo.

Aparentemente, fue entonces cuando surgió su necesidad de utilizar la estética de la religión ortodoxa, históricamente asociada al apogeo de la Rusia imperial, en la que el poder no surgía de manifestaciones terrenales, como son las elecciones democráticas y la sociedad civil, sino de dios en persona.

¿Cómo consiguió hacer esto? Después de todo, todavía vivimos en un estado laico y ¿acaso no debería tratarse toda interferencia de las esferas religiosa y política con severidad por parte de nuestra vigilante y crítica sociedad?

Aquí, aparentemente, las autoridades se aprovecharon de cierto déficit de estética ortodoxa durante la época soviética, cuando la religión ortodoxa tenía el aura de una historia perdida, de algo aplastado y herido por el régimen totalitario soviético y era, por lo tanto, una cultura de la oposición. Las autoridades decidieron apropiarse de esta sensación histórica de pérdida y presentar su nuevo proyecto político como una restitución de los valores perdidos de Rusia, un proyecto que poco tiene que ver con una preocupación genuina por conservar la historia y la cultura de la Ortodoxia rusa.

Era también bastante lógico que la iglesia ortodoxa rusa, que desde hace mucho tiempo tiene una conexión mística con el poder, apareciese en los medios como la principal ejecutora de este proyecto.

Además, estaba implícito que la iglesia ortodoxa rusa, a diferencia de la era soviética, cuando la iglesia se oponía, sobre todo, a la crudeza con que las autoridades tratan la historia, debería hacer frente a todas las funestas manifestaciones de la cultura de masas contemporánea con su propio concepto de diversidad y tolerancia.

Aplicar este proyecto político tan interesante en todos sus aspectos ha requerido cantidades considerables de equipos de iluminación y video profesionales, espacio en los canales nacionales de TV durante horas de emisión en directo y numerosos planos de fondo con reportajes edificantes moral y éticamente en los que, de hecho, se escuchan los discursos perfectamente construidos del Patriarca, para ayudar a los fieles a tomar la elección política adecuada durante la campaña electoral, un tiempo difícil para Putin.

Es más, el rodaje tiene lugar constantemente. Las imágenes necesarias deben clavarse en la memoria y actualizarse constantemente para crear la impresión de algo natural, constante y obligatorio.

Nuestra inesperada aparición musical en la catedral de Cristo Redentor con la canción «Madre de dios, líbranos de Putin» violó la integridad de esta imagen mediática, creada y mantenida por las autoridades durante mucho tiempo, y desveló su falsedad.

En nuestra *performance* nos atrevimos, sin la bendición del Patriarca, a combinar la imagen visual de la cultura ortodoxa y de la cultura de protesta, dando a entender a la gente inteligente que la cultura ortodoxa no pertenece únicamente a la Iglesia Ortodoxa rusa sino que también puede ponerse del lado de la desobediencia civil, la rebelión y la protesta en Rusia. Quizás este efecto incómodo y a gran escala que ha provocado nuestra intrusión en la catedral haya sido una sorpresa incluso para las autoridades. Primero intentaron presentar nuestra actuación como una broma, una inocentada, de unas ateas militantes sin corazón.

Pero cometieron un error garrafal, dado que por entonces ya éramos conocidas como la banda de punk feminista anti-Putin que realizaba sus mediáticos asaltos en los principales símbolos políticos del país.

Al final, teniendo en cuenta todas las pérdidas simbólicas y políticas irreversibles que causó nuestra inocente creatividad, las autoridades decidieron proteger al público de nosotras y nuestro pensamiento inconformista. Así acabó nuestra complicada aventura punk en la catedral de Cristo Redentor.

Ahora tengo sentimientos encontrados respecto a este juicio. Por un lado, contamos con que el veredicto nos declare culpables. Comparadas con la maquinaria judicial, no somos nadie y hemos perdido.

Por otro lado, hemos ganado. Ahora el mundo entero puede ver que la causa criminal contra nosotras ha sido un montaje. El sistema no puede ocultar la naturaleza represiva de este juicio.

Una vez más, Rusia aparece ante los ojos del mundo como algo totalmente diferente a lo que Putin trata de presentar a diario en los encuentros internacionales.

Todos los pasos hacia un estado justo y gobernado por la ley, obviamente no se han dado. Y su declaración de que nuestro caso será juzgado con objetividad y de que el veredicto será justo es otro engaño al país entero y a la comunidad internacional.

Esto es todo. Gracias.[1]

---

[1]   Tomado de: http://www.rebelion.org/noticia.php?id=154708

LA SONRISA DE VERÓNICA

Verónica no podrá sonreír, tomar helado o ir al cine con sus padres y amigos. Una bala asesina le arrebató el futuro el viernes pasado, cuando un joven de 24 años, armado de dos armas largas y sendas pistolas, cometió una masacre en Denver, Colorado.

James Holmes abrió fuego indiscriminado en la sala de cine justo cuando se estrenaba la última película de la saga de Batman, *El caballero oscuro: la leyenda renace*. Y cobró la vida de 12 personas, e hirió a más de 50 espectadores.

El hecho se suma a la larga (y al parecer indetenible) lista de hechos luctuosos que de cuando en cuando impactan a la sociedad estadounidense. Las matanzas de Waco (1993), Columbine (1999) y ahora la de Aurora son caras de una misma moneda.

Expresiones macabras de una sociedad donde el culto a la violencia — institucional y privado— se tiñe de colores religiosos y conservadores y se confunde con el sacrosanto respeto a la libertad.

En un país donde los poderosos lobbystas de la National Rifle Association vetan cualquier intento de regulación del mercado de armas de fuego con la misma pasión con la que el Tea Party atacó, durante meses, a la moderada reforma de salud de B. Obama.

Coletazos domésticos de una lógica imperial y ultracapitalista cuyas credenciales externas bien conocemos los latinoamericanos.

Será porque al vivir en México conozco (y sufro) cada día los efectos del incontrolable tráfico de armas provenientes del Norte, que alimentan la ola de violencia que inquieta nuestros vecindarios.

O porque, como pude constatar hace semanas, con el trágico deceso del hijo de unos amigos, nada me parece más absurdo que la muerte de un niño.

También porque crecí en una isla donde —aunque la crispación y la pobreza crecen— la violencia armada no es asunto cotidiano y donde se rechaza su encumbramiento mediante los efectos de la educación y la regulación de la tenencia de armas.

Lo que hoy me estremece, cada vez que enciendo las noticias, es ver la sonrisa de Verónica Moser—Sullivan y saberla trunca. Y tener el convencimiento de que tales desgracias se repetirán, allende la momentánea indignación de la opinión pública global.

A fin de cuentas, en una sociedad vibrante como la estadounidense, han logrado enraizarse los huevos de serpiente del fanatismo, el individualismo extremo y el culto a la violencia.

Que amenazan el legado vital (liberal y progresista) de sus fundadores y ciudadanos, porque su utopía conservadora es clara: se basa en la defensa de un mercado sin república y en la privatización, racista y provinciana, del bien común.

CARLOS SALADRIGAS Y EL DIÁLOGO ENTRE CUBANOS

«¿Qué tendré yo que ver con este hombre?» fue la idea que cruzó por mi mente —de forma casi inmediata— cuando conocí, hace un par de meses, a Carlos Saladrigas.

Era un evento sobre la problemática cubana y los organizadores habían dispuesto una dinámica de intercambio y presentación por parejas, donde cada quien debía —tras una breve conversación— informarse sobre su interlocutor y presentarlo en público.

Evidentemente la distribución de las parejas no había sido casual: se apostaba a la interacción de personas diferentes por su trayectoria, procedencia y horizontes políticos. En cuanto a diversidad de historia y perspectivas, nuestro caso no podría ser más emblemático.

Saladrigas es uno de los llamados «Peter Pan», notable empresario cubano americano y fundador de una organización de activismo y análisis sobre asuntos cubanos (The Cuba Study Group), cuya mirada ha ido evolucionando de las posturas confrontativas—típicas del exilio tradicional, a perspectivas de diálogo afines al catolicismo nacionalista y social de los animadores del proyecto Espacio Laical.

En cuanto a mi postura y experiencia (socialista, de familia trabajadora y perteneciente a la generación que creció en la Cuba de los 80) tengo poco que añadir a lo ya contado en *Havanatimes*.

Sin embargo, en aquellos días rápidamente Carlos y yo remontamos las barreras de la desconfianza y el extrañamiento.

El común amor por lo cubano y por nuestras familias, las anécdotas y los chistes —aliñados con igual sabor criollo— hicieron fácil y agradable un diálogo que se prolongó, hasta bien entrada la noche, en un acogedor bar que parecía escondido en las cavernas de Alí Baba.

Desde entonces, he seguido las entrevistas y actividades públicas de Carlos, sean en CNN, en el sitio web de su organización o, más recientemente, en su conferencia habanera. Y en general me dejan un buen sabor.

La pasada semana, aprovechando el viaje que realizó a Cuba para asistir a las ceremonias relacionadas con la visita de Benedicto XVI, Saladrigas impartió una conferencia en La Habana, bajo el sugerente título *Cuba y su Diáspora: Actitudes y políticas que debe adoptar la diáspora para reintegrarse en Cuba.*

Organizada por los amigos del proyecto Espacio Laical, el encuentro reunió en un entorno ecuménico a intelectuales oficialistas, diplomáticos y corresponsales de prensa extranjera, disidentes y público en general, quienes pudieron escuchar de boca del conferencista un mensaje claro, balanceado en cuanto a críticas y proposiciones y transparente en sus horizontes. Algo que se extraña en los foros de debate sobre Cuba, reales o virtuales, dentro y fuera de la Isla.

En su plática, Carlos abordó la naturaleza y contextos de la migración en Cuba y el mundo, señalándolos claramente como un fenómeno de aristas no solo económicas sino también políticas, que en nuestro caso sufre los impactos de las restricciones impuestas a ambos lados del estrecho de la Florida.

Mencionó el rol activo que juegan disímiles comunidades emigradas en los destinos de sus países originarios, no solo como inversores de capital y emisores de remesa, sino como contribuyentes a la organización y reconstrucción del tejido social.

Y recordó —y ello creo que es lo más importante— que los problemas de Cuba son grandes pero nuestros, y debemos resolverlos entre cubanos.

Obviamente, entre los deseos de Carlos, y las realidades, existe un largo trecho. No todos los que quisieran aportar son invitados a hacerlo, ni todos los que aportarán lo harán por motivos virtuosos que liguen el interés individual con el beneficio colectivo.

Aún existen mecanismos y posturas que se benefician de esa especie de «aduana del odio» que han erigido y usufructuado las élites políticas de La Habana y del exilio, estas últimas con el apoyo activo de grupos derechistas estadounidenses.

Tampoco creo que son exactamente coincidentes los llamados a construir un capitalismo nacional y un socialismo participativo como el que algunos defendemos: habrá diferencias sobre el uso y distribución de la renta, los mecanismos de participación, el fin último de nuestros respectivos proyectos de sociedad.

Pero espero que la «tarea de edificar una Cuba nueva, una Cuba libre,- soberana, incluyente, próspera, diversa, rica, justa, equitativa, y generosa con los sectores mas débiles de nuestra sociedad» a la que nos convoca Carlos permita a los cubanos el encuentro de ciertos puntos comunes frente al abuso y la expoliación que sufrimos.

Legados bastardos de una Guerra Fría que es preciso enterrar, de una vez y por todas.

AVES DE RAPIÑA

Las agencias de prensa se hacen eco de las amargas declaraciones de Reina Luisa Tamayo, madre del difunto Orlando Zapata, muerto en Cuba en una huelga de hambre en 2010. En su testimonio[2] la señora ha expuesto la desatención y carencias que sufren ella y su familia tras una estancia de siete meses en EEUU.

Y denuncia aquellas promesas que, con bombo y platillo y sin escatimar detalles sobre los «abundantes recursos» puestos —supuestamente— en disposición de los arribantes, hicieran personeros de la política cubanoamericana del exilio, afincados en la ciudad de Miami.

Cuando uno lee estas noticias no puede menos que recordar los abrazos, las fotos y los encendidos discursos con los que tantos ilustres usufructuarios de la industria del «anticastrismo» pretendieron hacer méritos y ganancias a costa del sufrimiento de Reina Luisa.

El comprensible dolor, aturdimiento e ira de una madre herida —cuya postura política era más hija de las trágicas circunstancias que de cualquier sofisticada elección ideológica— fueron cotizados insumos de los que se valió la maquinaria propagandística de una elite política cuyo éxito e influencia son directamente proporcionales al mantenimiento en el poder del gobierno de La Habana.

Ahora, una vez que estos señores sienten que han extraído el jugo mediático a la familia Tamayo, se aprestan a retirarse de la escena con una especie de «ojos que te vieron ir…».

Semejante actitud es reveladora de cierta politiquería barata y activismo de café con leche acrisolados en los conciliábulos de la Calle 8, heredera de las peores tradiciones de la Cuba prerrevolucionaria.

---

[2] http://www.youtube. com/watch?v=M5XxzdVf4M8&feature=player_embedded

Es el vivo legado de quienes prometían puentes en poblados sin río, quienes cambiaban camas de hospital por cédulas electorales, quienes lanzaban —por cualquier causa— discursos cursis y rimbombantes con infaltables evocaciones a la República y los Padres de la Patria.

Son los mismos que hablan de honradez y democracia pero lucran con los fondos destinados a «la causa» y se han aliado —durante medio siglo— con los peores personajes de la política latinoamericana, incluidos dictadores como Trujillo, Somoza y Pinochet.

Los representantes de esta especie hegemonizan la política en esta ciudad de la Florida, con una retórica e intereses que resultan cada vez más ajenos a las nuevas oleadas de migrantes, y constituyen una falsa alternativa al régimen político de la isla.

Por su incapacidad para sentir de forma desinteresada el dolor ajeno, su afición al show y la mentira y su poco disimulable interés en que se perpetúe en nuestro país un orden de cosas que tributa —de forma directa— al mantenimiento de su especial status dentro de la política estadounidense, esos seres son cada vez menos humanos.

Son de la estirpe de los buitres, aves de rapiña que no deben tener cabida en la política democrática de una Cuba presente y futura.

RÉQUIEM POR CHRISTA WOLF

Por estos días intento cerrar el año alternando los infaltables paseos por callejones de mi ciudad con la lectura de algún buen libro.

En este último caso el candidato elegido es *De Alemania a Alemania. Diario, 1990*, libro de Günter Grass —autor del ya clásico *El tambor de hojalata*— publicado por Alfaguara en 2011.

Grass forma parte, junto a Heiner Müller y Christa Wolf, de un selecto grupo de escritores germanos contemporáneos, autores de obras que me atraparon desde hace tiempo y cuya trayectoria artística y política —reunida en torno a la defensa común de la diversidad cultural alemana, las causas sociales, el pacifismo y la apuesta por una izquierda democrática— acompaño con tozuda lealtad.

Por esas razones me impactó la noticia del deceso de Christa, ocurrido el pasado 1 de diciembre en Berlín, a la edad de 82 años.

Nacida en una familia de clase media, Christa Wolf debutó a la fama con la novela *El cielo dividido* (1962) abordando los problemas de la división de Alemania.

La obra obtuvo el premio Heinrich Mann, que sería acompañado en 1980 por el Georg Buchner, el lauro literario más importante en lengua germana.

Candidata al Nobel, Christa Wolf fue una figura polémica por su defensa del plural legado de la República Democrática Alemana y por haber sido en su juventud colaboradora de la STASI —seguridad del estado germanoriental— cuyos métodos de espionaje y presión sobre la gente han sido mundialmente conocidos (y repudiados) a partir del éxito de filmes como *La vida de los otros*.

Aunque se conoce que Christa fue rápidamente desechada por la STASI —pues ofreció ex profeso información irrelevante— y sufrió una estrecha vigilancia personal por casi 30 años, el fardo de este oscuro nexo le persiguió durante las últimas dos décadas de vida.

Aquella breve relación la abordó en su novela *Lo que queda* (escrita en 1979 y publicada once años después) generando una crisis existencial que le acompañó durante prácticamente toda su vida y de la que se aprovecharon —con sesgo manifiesto de oportunismo y linchamiento— algunos medios germanoccidentales.

La virulencia de los ataques motivó que autores como Müller y el propio Grass —críticos del régimen comunista que había censurado parte de sus obras— expresaran su solidaridad con la autora, hecho que consta en el libro que ahora leo.

Como honesta militante del gubernamental Partido Socialista Unificado de la RDA, Christa mantuvo una voz crítica de los autoritarismos y censura del régimen, desde una postura de identificación con el socialismo que nunca abandonó.

Fue oradora en aquella memorable tarde de noviembre donde medio millón de berlineses, concentrados en la Alexanderplatz, exigieron el fin sin violencia de la dictadura de Honecker.

Su última novela, publicada el año pasado, fue *Ciudad de los* ángeles *o el abrigo del Dr. Freud* en la que abordaba la historia de los intelectuales alemanes exiliados en Estados Unidos en pleno gobierno nazi, régimen cuyos rigores conoció de niña.

Hoy, cuando su obra constituye parte del patrimonio común de la humanidad y su vida un ejemplo de los desgarramientos y esperanzas que el siglo pasado trajo a la nación, memoria y pueblo alemanes, solo podemos decir: Descansa en paz, Christa Wolf.

TALIBANES Y COCA COLAS: LA INSOPORTABLE IMPUNIDAD DEL PODER

Hace algunos años, en pleno apogeo de la campaña política conocida como Batalla de Ideas, La Habana se paralizaba con inusitada frecuencia, al movilizarse cientos de miles de personas —con todos los recursos del estado— hacia las conocidas Marchas del Pueblo Combatiente y Tribunas Abiertas. Después de la lucha por el regreso del niño Elián González, cuya justeza concitó apoyo de amplios sectores de la población y en la opinión pública mundial, se fue generando una dinámica rutinaria, donde cada semana se convocaban nuevas marchas por causas que estaban lejos de las reales motivaciones de la gente y de las posibilidades de sustentación de una maltrecha economía.

Semejantes acciones se decidían en una suerte de Puesto de Mando, dirigido por Fidel e integrado por los llamados *talibanes*, dirigentes de la Unión de Jóvenes Comunistas (UJC), cuya capacidad para asentir, simular y corromperse resultaron inversamente proporcionales a su calidad humana, compromiso político y honestidad administrativa.

Recuerdo una tarde en la Universidad de La Habana cuando, ante mi crítica a la insostenibilidad de semejante ajetreo, un dirigente de aquella camada me espetó «no es esa la lógica, profesor».

Y seguramente aquel personaje tenía razón, sobre todo porque no había estado junto a la anciana que lloraba, en la parada de autobús del barrio de Alamar, porque la marcha de ese día había secuestrado todo el transporte público. Y—nos decía— al no tener dinero para un taxi privado perdería el turno médico que había demorado meses en conseguir.

Pero no solo en el reino de la burocracia suceden esas cosas, pues la lógica de un mercado sin cortapisas reproduce la indefensión de la gente común. Esta tarde he recordado la impunidad con que los poderosos operan, al paralizarse la ciudad donde vivo (Xalapa) por la clamorosa irrupción de la Caravana de Coca Cola.

Bloqueando por varias horas la normal circulación vial —con el apoyo diligente de los agentes de Tránsito, que hacían caso omiso a nuestros reclamos— los inmensos camiones impidieron que los autobuses circularan por sus rutas, cerraron la salida de mercados y afectaron a los ciudadanos en un horario en que muchos se ocupan —después de su jornada laboral— de llevar las compras a casa.

Con ruido y confetis, los alegres caravanistas armaron un caos, con hileras de personas plantadas en las cunetas de las calles o inmovilizados, por horas, en los portones de los centros comerciales y demás dependencias privadas o de gobierno.

Pero lo peor fue ver la gente, mientras aquello sucedía, viajaba hipnotizada al encuentro del colorido aquelarre. Ignorando (¿¡), en sus quince minutos de ruido y confetis, todo la afectación que la centenaria empresa —con visible apoyo institucional— generaba no ya a un grupo específico de ciudadanos sino a la misma noción de lo público, burlada por el secuestro de nuestras vías, tiempos y dinero. Así, sin autoridad a quien encomendarse y con los paquetes a cuesta, volvimos muchos a nuestras casas, molestos y agotados.

Cuando eso pasa uno se pregunta las razones por las que gobiernos y empresas, que tanto hablan del «bien común» y dicen representar «la opinión pública,» irrespetan —con independencia de los sesgos ideológicos— los derechos de la gente.

La respuesta es clara: porque la soberbia y la manipulación de los poderosos se refuerzan con la impunidad que cubre, con demasiada frecuencia, cada uno de sus actos. Y porque la ciudadanía —o sea cada uno de nosotros— se lo permitimos.

PONGAMOS QUE HABLO DE MADRID: LECTURAS DEL 15 M

Que nos gobiernen las putas, ya que sus hijos nos fallaron
Grafiti anónimo, repetido en varias protestas sociales.

Prometí este *post* a varios amigos, deseosos de que hablara sobre las manifestaciones españolas, ya conocidas como «Movimiento 15 M». Como no les dije cuanto demoraría en escribirlo, me tomé el tiempo necesario para hacer varias cosas perdonables, como persistir en mi nociva costumbre de unas cervezas domingueras y ver una película de adrenalina y efectos especiales. De antemano me disculpo con ellos por no dedicar todas mis horas y neuronas al cultivo de lo «alto, lo profundo y lo sublime».

También pido excusas, pues de seguro mi «música» los dejará insatisfechos, en el ritmo de los acordes y las notas de la partitura que esperan: no les cantaré una *Marsellesa*. Pero espero valoren que, por el respeto que siento por ellos y por los manifestantes, esta crónica se escribe cumpliendo con dos requisitos: acceder durante una semana a la mayor y más plural cantidad de fuentes (desde *El País* y Kaosenlared hasta bitácoras personales y el testimonio de dos amigos participantes) y exponer una mirada personal, incapaz de convertirse en canon de nada y para nadie.

He visto como dos formas de conservadurismo (el de la derecha y el de ciertos «marxistas» dogmáticos) coinciden, sorprendentemente, en su incomprensión/distorsión interesadas del fenómeno 15 M.

Los fachas han insistido en el carácter antipolítico del movimiento, en su potencial sesgo terrorista y su incitación al desorden que justifica la intervención policial, mientras que los estalinos insisten en que el clamor por una democracia participativa se equipara a las luchas obreras del los siglos pasados, con lo cual la necesidad de una vanguardia organizada e iluminada (que seguramente aportarán gustosos) está al orden del día.

Lamentablemente, para unos y otros, en las plazas españolas hay mucho más que auténticos (o potenciales) etarras o asaltantes del Palacio de Invierno, hay un clamor diverso, responsable, creativo y vibrante por corregir los déficits de la democracia representativa, desde el cual se intenta hacer las cosas, al mismo tiempo, diferente y mejor. No se rechaza lo político en sí, sino las prácticas de la política dominante.

Los protestantes son ciudadanxs que cuestionan las obscenidades de la clase política (llámese de derecha o izquierda) y quieren ampliar la democracia más allá de partidos, encuestas y elecciones, pero sin necesariamente renunciar a estos. Exigen espacios de economía social, convivencia comunitaria y cultura no mercantilizada, sin dejar de defender un estado benefactor que proteja a sus ciudadanos, sin distingo de razas, sexo, edad y status migratorio.

Ello no excluye la existencia, dentro de la amplia gama de identidades lanzadas a las plazas, de algunas poses exóticas o de infiltrados de toda laya, pero creo que estos no bastan para cualificar (o pervertir) un movimiento que combina la volatilidad, la esperanza y la energía.

Estas acciones prueban que hay una democracia (imperfecta pero realmente existente) que reúne un conjunto de valores e ideales, un proceso socio—histórico y un régimen político con prácticas y reglas institucionalizadas, que permiten hacer efectivos los derechos, la participación y la representación de la gente.

Semejantes democracias contemporáneas, construidas a partir de sucesivos aportes de luchas sociales e innovaciones institucionales, son hijas de diferentes épocas y contextos y reguardan un crisol donde se mezclan los aportes liberales (conjunto de derechos como la libertad de asociación, expresión y la limitación de injerencia estatal), republicanos (énfasis en la formación y acción cívicas y la participación) y socialistas (promoción de políticas sociales, defensa de la equidad como condición para la calidad de cualquier democracia, expansión de esta última a procesos más allá de la política).

Estos legados se entrecruzan (y a menudo enfrentan) en un patrimonio democrático común, que hoy se defiende y amplia en las calles de la nación ibérica. No me parece que los congregados en Madrid, Barcelona o Valencia estén llamando a «abandonar la democracia». Al menos, no en sus contenidos muy concretos, cuyos déficits y virtudes conocen y ponen a prueba en las nuevas ágoras. No plantean un retorno a la servidumbre; solo quieren dejar de ser consumidores del show/mercado de la política neoliberal para devenir ciudadanos plenos.

Así que, aunque al analizar el 15 M alguien repita como Joaquín Sabina «pongamos que hablo de Madrid», creo que bien podemos suscribir y enarbolar los reclamos de los protestantes hispanos como parte de nuestras luchas cotidianas, en cualquier parte del mundo.

SOLIDARIDAD CON LOS CINCO

En la primavera de 2004, mientras ocupaba mi cátedra de Historia del Pensamiento Político en la Universidad de La Habana, sugerí a varios colegas realizar una sesión de discusión y homenaje sobre el legado del filósofo político y jurista Norberto Bobbio, fallecido en enero de aquel año.

Bobbio pertenecía, junto a Rosa Luxemburgo, Cornelius Castoriadis, Hannah Arendt y Agnes Heller, a un legado crítico y plural de izquierdas —socialistas o social liberales—, enemigo de las dominaciones de todo cuño, que nutrió nuestra búsqueda autodidacta de caminos renovadores para el marxismo y el socialismo.

Aquella iniciativa tuvo una ambigua acogida, pues mientras algún colega alegaba el carácter manualesco de la prosa del pensador italiano otros, que apenas conocían sus escritos, ofrecieron una recepción más bien formal a mi propuesta.

Recuerdo que fue entonces el amigo Dmitri Prieto quien, pese a provenir de una tradición intelectual y militante diferente, dió una muestra de ilustración y civismo al apoyar con calor la iniciativa y expresar respeto por la obra y vida de Bobbio.

Traigo a colación esta anécdota pues pone en discusión la imbricación perversa de ignorancia y sectarismo que atraviesa ciertas zonas del campo intelectual. La misma que favorece la incomunicación e insolidaridad gremial frente a los acosos políticos y condena al ostracismo a las voces críticas que no se ubican en los extremos del espectro político, alejadas de las hegemonías de ocasión. Situación que bien vale la pena recordar ante acontecimientos recientes que a continuación refiero.

Resulta que el gobierno derechista de Viktor Orban, con el concurso de la prensa privada conservadora y los medios públicos de Hungría, ha lanzado una campaña satanizadora contra cinco intelectuales de izquierda. Los acusan de ser una «pequeña banda de profesionales» que siembra el «odio tribal» en Hungría, con el propósito de «hundir a la derecha democrática» y «ensuciar» la imagen del país.

Entre los señalados destaca (junto al pensador Mihaly Vajda y otros tres colegas) la académica Agnes Heller, discípula notable del filósofo marxista Georgy Lukacs. Representante de la Escuela de Budapest (equivalente de la Escuela de Francfurt dentro del neomarxismo esteuropeo) Heller se ha destacado por ofrecer agudas reflexiones sobre la sociología de de la vida cotidiana[1] y la radicalización de la democracia en clave socialista.[2] Y es también profesora emérita de la Universidad New School de Nueva York y de la Universidad de Budapest.

AGNES HELLER, UN PENSAMIENTO RADICAL.

Heller fue separada de su cátedra y obligada a emigrar en la década del 70, por el régimen socialista de estado de la «Hungría popular». Hoy el nuevo oficialismo conservador, que controla dos tercios del parlamento y adelanta leyes para controlar y censurar los medios, repite el esquema estalinista y acusa a los intelectuales de una «supuesta comisión de irregularidades» en el uso de fondos concedidos por la Unión Europea para proyectos de investigación.

Heller ha denunciado la arremetida (en entrevista disponible en http://www.youtube.com/watch?v=c1tydB1czbA) y en particular cuestionado el acoso del periódico *Magyar Nemzet*, caballo de batalla de la maniobra derechista.

Fuera de Hungría las reacciones no se han hecho esperar. Dentro del Consejo de la Unión Europea (tan presto a denunciar otras violaciones en países fuera de la órbita occidental) ha habido división y tibieza en enfrentar esta cacería de brujas.

El filosofo Jurgen Habermas, continuador del legado de la Escuela de Frankfurt, ha denunciado la campaña en la prensa germana, convocando el apoyo de varios colegas. Y la crisis amenaza con continuar.

Alguien podría preguntar qué importancia e interés tiene este *affaire* para el público e intelectualidad cubanos. Al menos para algunos, la respuesta es clara y evidente.

Cuando, después de duras pruebas y decepciones, hemos aprendido que la democracia y el socialismo no pueden ser sino hermanos siameses, que el

---

[1]   Ver *Sociología de la vida cotidiana*, Ediciones Península, Barcelona, 1994.

[2]   Consultar «*Does Socialism Have a Future?*», revista *Dissent*, New York, verano de 1989.

antisemitismo y antintelectualismo parecen ser enfermedades genéticas de los políticos de toda estirpe ideológica y que los totalitarismos tienen múltiples rostros, vale la pena no silenciar nuestros labios.[3] Porque los acosos de la intolerancia al pensamiento crítico merecen ser contestados, aunque se produzcan en Budapest o de este lado del Atlántico.

---

[3] Ver al respecto nuestra *Carta en rechazo a las obstrucciones y prohibiciones de iniciativas sociales y culturales en Cuba* en http://observatorio-critico.blogspot.com/2010/01/carta-en-rechazo-las-actuales.html y la declaración de condena al fallido intento de golpe en Ecuador en http://observatorio-critico.blogspot.com/2010/09/declaracion-de-la-red-protagonica.html.

CONSTRUCTORES DE NACIÓN

Los sucesos recientes del Norte de África y el Medio Oriente (que en casos como el egipcio clasifican ya claramente como revoluciones) han destruido varios mitos de la academia y política globales, sembrando la duda y el temor en opinadores y mandamases de toda especie. Y han provocado lecturas, más o menos osadas y sustanciosas, de este lado del Atlántico, incluyendo a Cuba.

Las poblaciones sublevadas no escogieron su menú eligiendo entre libertad política, justicia social y prosperidad económica, porque supieron que el plato democracia debía combinar los tres ingredientes.

Demostraron que el autoritarismo (ese privilegio del mando sobre el consenso y de los caudillos sobre las leyes) ha sido la norma no solo en regímenes enemigos de Occidente, sino en fieles aliados que garantizan sus intereses y practican, de cuando en cuando, mascaradas pseudodemocráticas para formal complacencia de Washington o París.

Por eso los zapatos al vuelo de los iracundos manifestantes van por igual y sin distinción contra los traseros de Ben Alí y Mubarak, de Gadaffi y Ajmadineyad.

Los pueblos sublevados no quisieron más guardianes que velaran sus sueños azuzando el espantajo del terrorismo y el fundamentalismo; sino instituciones abiertas a la participación y los derechos universales.

No mostraron el rostro grave de comunidades atávicas y temerosas sino la expresión transgresora de sociedades modernas, laicas y orgullosas de sus mejores tradiciones. No han creído en las formulas y plazos de aquellos conservadores que les ofrecían reciclar las caras de sus represores de anteayer (devenidos «hombres imprescindibles para el cambio«) ni tampoco en los discursos oportunistas de las potencias que buscaron, hasta el final, nadar en todas las aguas.

Por si eso fuera poco los protestantes han copado las plazas, las fábricas y el ciberespacio, combinado la firmeza con la creatividad («Perdonen las molestias, estábamos construyendo Egipto» decía un rótulo de los voluntarios recogedores de escombros), y la capacidad de sacrificio con el uso eficaz de las nuevas tecnologías (Facebook, Twitter).

Han tomado el control de sus vidas con la asombrosa y emocionante capacidad autorganizativa que demostraron al mantener la seguridad, la alimentación y la sanidad en la ya emblemática Plaza Tahrir, deteniendo a los agentes gubernamentales y forzando la neutralidad positiva de las fuerzas armadas. Y nos han devuelto la palabra revolución, que parecía desterrada del léxico de la postmodernidad biempensante.

¿Y en Cuba?

Ante semejante avalancha de acontecimientos, algunos se han aventurado a vaticinar la posibilidad (y el deseo) de que revueltas similares se produjesen en la Cuba actual. Sin embargo, creo que existen varios factores que en un futuro inmediato las hacen improbables.

Una revuelta requiere un sujeto colectivo, que en estos países ha sido una juventud en buena medida preparada (con estudios universitarios) y carente de opciones apetecibles de futuro. En ese particular la estructura demográfica de Cuba tiene mucha menor cantidad de jóvenes que la de los países del Magreb y Medio Oriente, aunque los problemas de estos contemporáneos se parezcan: altas expectativas de todo tipo, bajos ingresos y limitadas posibilidades de realización personal, etc.

Otro elemento clave es la existencia de redes de comunicación alternativas de suficiente penetración/difusión sociales; en la Isla el acceso a Internet (correos, Facebook, Twitter, etc.) y la TV por cable son precarios y los medios masivos están fuertemente sujetos a una política oficial, con orientaciones precisas.

No obstante, aventuro, el acceso a la web seguramente se ampliará (ha llegado el cable de Venezuela que multiplica por miles de veces el ancho de banda hoy disponible) y ello propiciará, amén de las censuras, mas información e interacción virtual de las personas y menos control gubernamental sobre la opinión.

Tampoco puede desconocerse la diferencia entre un gobierno autoritario como los que han colapsado en Túnez y Egipto —apoyados por Occidente— y el cubano, que cuenta —aunque erosionado— con el recurso simbólico de la defensa de la soberanía frente a la potencia vecina tradicionalmente opresora: en Cuba los EEUU son asunto de política interna.

Eso tiene calado en un sector más o menos amplio de la población. Además no olvidemos que por su naturaleza el socialismo de estado —vigente en Cuba— tiene mayor capacidad (y vocación) para controlar y —como decía Jurgen Habermas— colonizar la sociedad, de forma incomparablemente superior a los gobiernos africanos y árabes sin recurrir a la violencia física, masiva y descarnada.

No obstante en la isla algo se está cociendo, de cara al futuro.

Las reformas anunciadas, en tanto abren un espacio a la iniciativa privada y alivian la demanda acumulada de bienes y servicios, permiten un respiro tanto a la economía nacional como al bolsillo de muchos y en ese aspecto son positivas. Pero resultan insuficientes para absorber la marea de desempleados que se abatirá sobre el mercado laboral a corto plazo, lo que puede incrementar la pobreza e incrementar el patrón de desigualdad más allá de lo socialmente aceptable.

Si esa situación se torna irreversible (y se acompaña desde el poder por un crecimiento de los privilegios y la represión) podría incitar a las personas a manifestarse en contra de las políticas en curso y el régimen vigente.

En esa dirección, con el incremento de la participación del factor militar en la economía y la política sus comportamientos para con la población, ethos profesional y compromisos ideológicos se modifican. Se incrementa su rol como factor de control social en detrimento de la visión del Ejército como «pueblo uniformado» no apto para la represión.

Habrá que ver la diferencia de actitud de los jóvenes reclutas y la oficialidad en una coyuntura de crisis social y/o migratoria, siempre al acecho como demostró el Maleconazo de 1994.

La erosión radical (o el desmontaje) del Contrato Social revolucionario establecido entre el Estado y la población cubanos (que intercambiaba prestaciones sociales masivas por lealtad política) modificará drásticamente (ya comienza a hacerlo) los términos de la legitimidad y gobernabilidad en Cuba.

Ojalá los futuros inmediatos de Cuba no transiten por un cambalache perverso de autonomía y justicia social, soberanía y desarrollo, que nos ponga en los brazos de la potencia vecina o desgarre el país en una contienda civil.

De la responsabilidad, altruismo y creatividad de todos los actores en juego (gobierno y oposición, ciudadanía y comunidad internacional) dependerá que el proyecto martiano de una nación «con todos y para el bien de todos» no sea ahogado en nuevas Jornadas de la Ira, frente al abrasador sol del Caribe.

VIAJE A LA OSCURIDAD

A partir del pasado 8 de junio, en Polonia se penaliza el uso de alegorías comunistas. El presidente, con el apoyo entusiasta de la derecha polaca, aprobó una reforma a la legislación penal, que permite imponer multas y hasta la cárcel a quienes realicen «propaganda de ideologías criminales».

Portar vestimentas con la cara del Ché o Lenin o enarbolar una bandera con la hoz y el martillo serían objeto de represión legal y legítima.

Por más rechazo o asombro que este asunto provoque, nos lleva, antes de ejercer la crítica fácil, a intentar comprender las hondas heridas que sembraron el antisovietismo (y por ende el anticomunismo) en la sociedad polaca, así como en otras vecinas esteuropeas.

La URSS, liberadora del fascismo, fungió como potencia vecina, heredera de la opresión zarista, e instaló gobiernos dóciles que hipotecaron el futuro de las fuerzas de izquierda nacionales, en muchos casos heroicamente enfrentadas a la ocupación hitleriana.

La cultura, idiomas y religiones domésticas resintieron la bota del ocupante y generaron —como efecto pendular— un ingenuo encantamiento por todo lo que significara Occidente, incluido los mismos EEUU que por esas mismas fechas bombardeaban Viet Nam, ocupaban Santo Domingo y aplastaban *manu militari* la vía chilena (pacífica y democrática) al socialismo .

Los cubanos comprendemos bien lo caro que resulta la defensa de la soberanía, sucesivamente amenazada por las agresiones de potencias europeas y del vecino del norte. También las complejas jugadas geopolíticas que tuvo que hacer la Revolución Cubana para sobrevivir tras el cerco sanitario impuesto por EEUU después de 1959, estrategia que incluyó un alineamiento no mecánico (pero tampoco virtuoso o confortable) con las políticas de la URSS, nuestra «hermana mayor».

Nuestro proyecto socialista de liberación nacional ligó la justicia social con el rescate de la dignidad e independencia nacionales y las proyecciones de solidaridad con el Tercer Mundo partieron de esta constatación de sentirnos parte de un segmento relegado (y mayoritario) de la humanidad. Pero mi reacción ante la medida polaca no se funda en la lógica de la geopolítica ni tampoco en mi apuesta por una ética pluralista de la convivencia discursiva. Se basa en el reconocimiento que, al interior del comunismo y su legado, coexisten —junto a viejos y nuevos dogmas— muchas promesas de redención y esperanza.

Que los crímenes estalinistas no bastaron para doblegar a los bolcheviques represaliados en aquellos años 30, que caían altivos cantando la Internacional de cara a sus miserables verdugos.

Que los consejitos de Turín y Budapest, los comuneros de París y los milicianos del POUM, los guerrilleros salvadoreños y los combatientes del Viet Cong no preservaban puestos ni ordenaban genocidios, porque abrían, con su sacrificio, brechas en medio del colonialismo, el fascismo y las complicidades de la izquierda reaccionaria.

Intentemos preguntas:

¿Son equivalentes el Ché y Pol Pot? ¿La Comuna de París y los gulags?

¿Acaso alcanzará el veto polaco a criminalizar la efigie y memoria de su compatriota Rosa Luxemburgo, la misma que pidió libertad para el que pensaba diferente, que denunció la burocratización temprana de los soviets y que murió asesinada apostando por la Revolución Socialista en la Alemania de 1919?

Podemos llevar el debate más allá de la clave comunista. ¿Prohibirá la Iglesia la imagen de Cristo redentor por todas las miserias cometidas en su nombre? ¿Condenaremos la bandera de 1789 como castigo a las atrocidades del colonialismo francés en Argelia? ¿Vale la pena entrar al nuevo milenio entonando las melodías terribles de la Inquisición y el oscurantismo?

HASTA PRONTO, HOWARD

Howard Zinn (24 de agosto de 1922 - 27 de enero de 2010), militante anarquista, activista social, historiador y politólogo estadounidense, ha partido de viaje. Referente del movimiento por los derechos civiles y contra la guerra en los EEUU, es autor de más de 20 libros, incluyendo *A People's History of the United States*, editada en español como *La otra historia de los Estados Unidos en España y Cuba*.

Profesor emérito de la Universidad de Boston, ha reventado los diques que aíslan el conocimiento aséptico del compromiso, las composturas y rituales formales del desenfado y la frescura, la pedantería de la erudición. Su obra teatral *Marx en el Soho* es uno de los mejores ejemplos de comunicación masiva del legado socialista, aderezado con pinceladas de humor, desmitificación y crítica no panfletaria a los regímenes burgueses y estalinistas.

Expuesta en salas teatrales habaneras en una excelente recreación del actor Michaelis Cué, fue posteriormente emitida por la Televisión Cubana, como loable (y lamentablemente escasa) muestra de heterodoxia socialista. Quienes leen esta pequeña crónica, que duele escribir, se preguntarán porque hablo de Zinn en presente. La emoción impide al autor coordinar tiempos e ideas, dirán algunos. Lo primero es cierto, más no lo segundo. Me niego a situar a Howard en ese pasado tan presto a los mausoleos y las conmemoraciones, o en el «futuro luminoso» que sirve para justificar nuestra pereza e inacción.

Zinn mismo nos lo recuerda, en un texto que cada año comparto con mis alumnos «El pesimismo se convierte en una profecía que se autocumple, se autoreproduce y mutila nuestra voluntad de actuar (...) si actuamos, por pequeña que sea nuestra acción, no tenemos por qué sentarnos a esperar que llegue un futuro grandioso y utópico. El futuro es una sucesión infinita de presentes y vivir ahora como pensamos que deberían vivir los seres humanos, a despecho de todo lo malo que nos rodea, es en sí mismo una victoria maravillosa».

Hace apenas unos días invocaba su vivo legado, en un texto sobre el con-servadurismo del *establishment* gringo. Hoy prefiero creer, en mi inconsolable ateísmo, que nuestro amigo ha partido, como el Marx de su obra, a proseguir su pelea contra los demonios del poder en los confines de la galaxia y en los pasillos de la eternidad.

Y que como el moro del Soho, estuvo apenas un rato con nosotros para sacudirnos, lúcido, bromista e implacable, las conciencias. Lo demás, lo demás nos quedará por hacer a nosotros.

LA REPÚBLICA ASEDIADA

«Esta sentencia abre las compuertas para la entrada de una cantidad de dinero ilimitada procedente de intereses especiales en nuestra democracia. Concede a los grupos de presión nuevos motivos para gastar millones de dólares en publicidad para que los cargos electos voten a su favor o para castigar a aquellos que no lo hagan. Hará más difícil que se aprueben las leyes guiadas por el sentido común, porque incluso las entidades foráneas tendrán permitido inmiscuirse en las elecciones».

La denuncia no proviene de voces socialistas como las de Noam Chomsky o Howard Zinn, tampoco de liberales de la estirpe de John Rawls o Richard Rorty. El presidente Barack Obama ha hecho la dramática aseveración la pasada semana, al aprobar la Corte Suprema, por cinco votos contra cuatro, el fin de las barreras legales al financiamiento empresarial a las campañas políticas.

Llamado que recuerda las perennes amenazas a la República, reveladas en la postrera alerta de Eisenhower sobre el poder creciente y oculto del Complejo Militar Industrial y en los magnicidios de Lincoln y Kennedy.

Año tras año, elección tras elección, vemos crecer el poder de influencia del dinero en la política estadounidense. En las campañas electorales de 2008 —en especial en las presidenciales— se gastaron unos 6.000 millones de dólares, de ellos más de 1.000 millones procedentes de grupos de presión y organizaciones privadas.

Ello se suma a un panorama de contribuciones subrepticias, a la vitalidad del sistema de puerta giratoria (que permite el reciclaje continuo entre los mundo empresarial y político), al notorio activismo de los lobbystas del petróleo, las armas, las medicinas, el tabaco. Y repercute en el bloqueo reaccionario de las reformas migratoria y de salud, con el apoyo egoísta (e ignorante) de vastos sectores medios.

Todo transcurre en los enrevesados predios de la sociedad y cultura nortea-mericanas. Un sistema político conservador, carente de izquierda política, con circuitos electorales arcaicos, ideología mesiánica y racista.

Flanqueado por una sociedad civil dinámica, nutrida por el activismo comu-nitario y un amplio ejercicio de los derechos ciudadanos. Acompañados por una prensa tan capturada por monopolios como representativa de voces disidentes, con equipos de cabilderos que defienden los desafueros de las corporaciones y bufetes de abogados que asesoran movimientos y causas ciudadanas.

Siempre enfatizamos que Alexis de Tocqueville ponderó la vitalidad y pro-tagonismo del asociacionismo estadounidense, fertilizado en un país donde la ausencia del régimen monárquico y la sociedad aristocrática hicieron germi-nar la cultura política republicana.

Convendría también recordar las denuncias de Mark Twain, José Martí y John Dos Passos sobre el espíritu corruptor del capital, empeñado en amorda-zar la beligerante voz de la opinión pública.

La derrota simbólica y electoral del proyecto neoconservador, encumbra-do en los mandatos de Bush Jr, parece comenzar a revertirse en los actuales reveses de la administración demócrata. En un estado que combina, como la antigua Roma, una República doméstica y un Imperio mundial, los limites son inestables y pueden desdibujarse.

Algo queda en evidencia: el Imperio, militarista y plutocrático, acecha una República de ciudadanos que jamás ha podido desplegar, a conciencia, su po-tencial de virtud.

COPENHAGUE: UNA CUMBRE FATAL

La pasada semana proyecté en clase el filme «La onceava hora» de Leonardo Di Caprio, estremeciendo a los estudiantes. Lejos de la parafernalia estilo Al Gore y sostenida en testimonios fundamentados, la obra es un grito acusatorio del desastre socio ambiental que padecemos, de un tiempo que parece escaparse en vano y de los egoísmos que conspiran en pro de nuestro suicidio como especie.

Aún así, la película resulta un canto a la esperanza, al apelar a las capacidades de la ciencia y ética para enrumbar esta nave llamada civilización. Pero las horas finales de la Cumbre de Cambio Climático de Copenhague, la cólera, la frustración y el pesimismo me envuelven. Las potencias se negaron a acotar sus emisiones si los países en desarrollo no hacían otro tanto, la financiación para políticas de reconversión y mitigación llegará a cuentagotas y todos apuestan a medianos plazos.

Varias voces denunciaron la indecencia reinante. Los ecologistas coreaban «si el clima fuera un banco ya lo habrían salvado» recordando los pródigos megarescates aprobados a raíz de la crisis de 2008.

Evo Morales pidió un tribunal de justicia climática para juzgar a los emisores. Cuba rechazó firmar el penoso documento final, cocinado entre unas pocas potencias, y carente de efecto vinculante.

Los amos del planeta mostraron su real talante «democrático». Miles de activistas de todo el mundo, previamente acreditados, fueron impedidos de ingresar a los foros de discusión. Alrededor del Bella Center, sede de la Conferencia, varios centenares de jóvenes sufrieron el spray y las porras. Al peor estilo totalitario, la seguridad retuvo durante cinco horas a miembros de la organización Amigos de la Tierra, retirando sus credenciales.

Como consecuencia del forcejeo entre países, en Copenhague se han amplificado los desacuerdos y sigue lejano un sólido marco financiero para ayudar a los países en desarrollo en sus políticas de adaptación al cambio climático y de reducción de emisiones. Y otros aspectos clave, como la cooperación tecnológica y la protección de los bosques, no avanzan sustancialmente.

La reducción de emisiones que ofrecen los países ricos significará un aumento de la temperatura de 3º C o más cuando llegue el año 2100. Ello obligaría a trasladar a un gran número de personas en islas, zonas costeras bajas y deltas densamente poblados, amenazados por el aumento del nivel del mar.

Mientras, carecemos del necesario «seguro internacional» capaz de ayudar a los países en riesgo de ser destruidos por el cambio climático o para hacer frente a situaciones de emergencia en casos de desastre. En la Cumbre solo vimos retórica, poca visión y pobres compromisos a futuro.

En mi actual ciudad varios amigos apostamos por caminar en las cortas distancias, ahorrar energía y comprar en mercados locales. Pero en un sistema que antepone el centro comercial y las autopistas a la naturaleza y la salud, los precios de un vivir alternativo suelen ser elevados para la media ciudadana y el fomento de la educación ambiental y el activismo comunitario son solo opciones limitadas.

Pero no son suficientes, si gobiernos y empresas, con la complicidad inducida de la masa de consumidores compulsivos, persisten en esta danza de la muerte. De ahí que rescate una frase de George Gorden (Lord) (1788-1824): «Cuanto más conozco a los hombres, más quiero a mi perro».

LATINOAMÉRICA: ENTORNO & DESTINO

ECUADOR: LA VERDAD QUE NOS LIBERA

Hace dos años hice, junto a Ivette Sosa Frutos, un texto balance sobre la Revolución Ciudadana.[1] Allí reconocíamos sus importantes logros —manejo macroeconómico, gestión pública, política social— a la vez que alertábamos sobre los talantes autoritarios y populistas del liderazgo encabezado por Rafael Correa. El tiempo nos ha confirmado, para bien y para mal, ambas miradas.

El correísmo ha sido —por la procedencia profesional y civil de su burocracia— infinitamente superior a los otros progresismos —y a Cuba— en una dimensión de lo estatal: la «administración de las cosas». Pero en el «gobierno de los hombres», sin llegar (aún) al nivel de represión y control social de sus aliados del ALBA, parece ir avanzando en la vulneración de derechos e instituciones básicos de cualquier democracia: asociación, manifestación, expresión. Y no se trata solo de «los derechos de la derecha»; sino de acotar cualquier forma de autonomía y protesta social.

Hoy son movimientos indígenas, ambientales y urbanos, los mismos que enfrentaron a los gobiernos neoliberales precedentes, quienes se movilizan en Quito y diversas regiones del país andino. Y reciben, además de la respuesta represiva y la cerrazón al diálogo del gobierno ecuatoriano, la descalificación simplista y en bloque de un segmento de la izquierda regional (que los presenta como agentes del Imperio) y sus medios de comunicación (Telesur entre ellos). Otros —incluidos notables instituciones académicas adictas a la retórica (pseudo) poscolonial y dizque emancipatoria— simplemente callan.

A los «camaradas» y colegas que sostienen esas posturas uno siente ganas de preguntarles. ¿Hasta cuándo van a creer que la represión solo es condenable

---

[1] http://www.academia.edu/12352791/La_Revolución_Ciudadana_en_Ecuador_balance_y_perspectivas.

cuando la ejerce (condenablemente) la derecha? ¿Porque siguen pregonando que, tras décadas de guerrillas fallidas y dictaduras sangrientas, han aprendido e incorporado, de a veras, el valor de la cultura democrática? ¿Con qué moral denunciaremos a las oligarquías latinoamericanas si, en poco más de una década de progresismo, sus modos de ejercer el poder han sido tan inciviles como los de los gorilas y banqueros?

Las izquierdas —con sus luchas, proyectos y esperanzas— son necesarias para empujar en otra dirección a un continente pródigo en autoritarismos de estado y de mercado. Y también de gente a la que se la ha despojado de sus derechos: desde Ayotzinapa a San Cristóbal, de las calles de La Habana a las minas de Perú.

Y no todo está perdido, como revela la postura de la mayor red de estudios latinoamericanos del orbe, frente a la detención —y amenaza de deportación— en Ecuador de la académica y activista Manuela Picq.[2] También la solidaridad manifiesta de prestigiosos intelectuales progresistas frente a las amenazas del vicepresidente boliviano a reconocidas organizaciones no gubernamentales.[3] La verdad, que nos libera de dogmas y complicidades, a la postre se abre paso. Por eso, creo, no hay razón para renegar ni avergonzarnos de nuestras zurdas ideas de democracia, progreso y justicia social.

---

[2] https://lasa.international.pitt.edu/files/LASALetterToRafaelCorrea-CasoPicq.pdf.

[3] http://www.rebelion.org/noticia.php?id=202193&titular=%22sr.-alvaro-garc%EDa-linera%3A-la-cr%EDtica-intelectual-no-se-combate-a-fuerza-de-censura%22.

EL EJEMPLO MEXICANO Y LA DEMOCRATIZACIÓN CUBANA

En un texto reciente —que en otro momento y lugar comentaré por sus tras-fondos—, el politólogo Arturo López Levy identifica a la transición mexicana como un caso digno de tomarse en cuenta para el caso cubano. En su *post*, el autor exhorta a que «la oposición, marxista revolucionaria o no, se centrara en ganar elecciones municipales y mostrar que puede gobernar algo con eficien-cia, como lo hicieron en México el PAN y el PRD».

Lo primero a señalar es que, en sus palabras, López Levy parece reducir las dinámicas del cambio político a dimensiones y movidas legales—institucionales: orden y paciencia, en el gobierno y la oposición, parecen ser sus mantras reformis-tas. Haciendo caso omiso a la obra de autores por él conocidos —como Alberto Melucci, Charles Tilly o Guillermo O'Donnell— que reconocen en el fenómeno democrático el resultado de una interacción dinámica entre la acción ciudadana —incluidas las movilizaciones y demandas por reconocimiento y derecho— y las po-líticas estatales tendientes a garantizar la participación y representación políticas y la inclusión social. El propio caso mexicano no sería entendible sin las multitudina-rias marchas y movilizaciones sociales que, *in crescendo*, tuvieron lugar en diversas ciudades y regiones de México a lo largo de las últimas décadas de gobierno del PRI. Acciones donde, a despecho de las diferencias programáticas y los reclamos oficia-les de respeto a la «soberanía nacional» y al «partido de la Revolución» —algunos de cuyos portavoces, en sintonía con el actual discurso de López Levy, también (des)calificaron como desleales y antipatrióticos a sus oponentes— millones de mi-litantes de izquierda, activistas católicos, profesionistas liberales, estudiantes, amas de casa, campesinos y obreros se fundieron en un reclamo: fin del autoritarismo y reconocimiento de la demanda ciudadana por un cambio democrático.

No obstante —y he ahí la importancia de desterrar la simplificación del análisis histórico y político— tal presión y reclamo no halló, como regla, la total cerrazón oficial. Poco a poco —pese a la triste recurrencia de actos represivos del régimen como los ocurridos en las elecciones locales de San Luis Potosí y León o en las manifestaciones del 68 en México DF— se fueron abriendo canales de interlocución política desplegados por miembros reformistas desde el aparato estatal.

Mirando atrás

Para entender como ello fue posible hagamos un poco de historia. En el México posrevolucionario, pese a que prevalecieron tendencias autoritarias, se aprobó una Constitución Política (1917) que reconocía las instituciones y derechos de un régimen político formalmente democrático. El largo periodo de hegemonía priista —y presidencialismo reforzado— se caracterizó por el predominio de gobiernos autoritarios pero civiles, con una dirección institucionalizada y una limitación sexenal de mandatos. Todo ello dentro de un permanente recambio generacional de sus élites, en un marco —contradictorio pero real— de reconocimiento legal de la oposición política y de la autonomía de actores económicos y sociales.

En 1946 se expidió una Ley Federal Electoral, que propició la creación de partidos políticos nacionales, a los que les otorgó personalidad jurídica y exclusividad —previo registro— para participar en las elecciones.[4] En los años 1962-1963 se produjo una nueva apertura —esta vez en la Cámara de Diputados— al crear los llamados diputados de partido. Lo que permitía que partidos que no habían logrado obtener curules por el principio de mayoría relativa, lograran representación en el legislativo, dando voz a minorías políticas hasta entonces ignoradas.

Teniendo como antecedente la represión de 1968 y la manifiesta inconformidad de amplios sectores sociales —en particular de clases medias y trabajadores organizados— con el orden político dominante, durante los años 70 sectores reformistas de la élite priista —con especial protagonismo del brillante político e intelectual Jesús Reyes Heroles— propiciaron desde arriba y adentro una serie de cambios y ajustes en el sistema. En 1973, la Ley Electoral otorgó mayores prerrogativas para que los partidos se agenciaran recursos económicos y rebajó el nú-

---

[4]   Ciertamente, dicha legislación resultó insuficiente para construir las instituciones democráticas que el país demandaba. Pero hay que considerar que ello era entonces la regla en prácticamente todos los países en vías de desarrollo, particularmente en nuestra región. Cosa claramente opuesta a la anomalía institucional cubana en la Latinoamérica actual.

mero total de afiliados exigidos. En 1977, la nueva Ley Federal de Organizaciones Políticas y Procesos Electorales, entre otros avances, reconocía la existencia de partidos antes proscritos —como el Comunista—, les garantizó cobertura en los medios y amplió el numero de los diputados, ahora electos a partir de distritos uninominales y de circunscripciones plurinominales.

Se trató, en todos los casos, de importantes reformas pensadas desde el poder. Con el objetivo de disminuir los riesgos de nuevas crisis políticas y contener la presión que empujaba desde abajo, orientadas a proveer nuevas fuentes de legitimación del cuestionado régimen autoritario. Pero que, a la postre, permitieron la paulatina pluralización de la representación política y la inclusión efectiva —dentro del marco institucional vigente — de los partidos opositores y/o minoritarios en la vida política nacional.

En la etapa de desmontaje del régimen priista —que abarca el ciclo de luchas por la democracia electoral, con gran protagonismo civil, que va de 1986 al año 2000— emergieron dos vertientes de oposición: una de derecha liberal, con una agenda limitada de democratización electoral y construcción de un Estado de Derecho, y una nacionalista—populista con ribetes de izquierda, dotada de una agenda restauradora de un pasado nacionalista. Ambas coincidieron en movilizaciones y reclamos al poder, ante fraudes en elecciones municipales, estaduales y, en 1988, al nivel federal.

Al haber dos oposiciones, el régimen autoritario tuvo que negociar con el PAN para la implantación de las reformas neoliberales, mientras cedía parcialmente a la presión de la oposición de izquierda y a la amplia movilización civil —incluidos sectores del panismo— con la realización de sucesivas reformas electorales y el reconocimiento de los triunfos de la oposición en elecciones estatales y municipales. Nuevamente, presión, apertura y negociación coinciden en una acelerada dinámica política, con sus propios acontecimientos y actores.

En resumen: movilización desde abajo y negociación por arriba confluyeron, dando cuerpo al accidentado proceso de la transición mexicana. Este proceso se salió de control del gobierno después de la reforma electoral de 1996 y de la creación de un Instituto Federal Electoral realmente autónomo, perdiendo el PRI las elecciones presidenciales en 2000. Así, en tanto el proceso de lucha y construcción democráticos mexicanos incluyó oportunas iniciativas políticas reformistas desde el régimen y sostenidas presiones desde abajo, mi pregunta es: ¿donde hemos visto eso en la Cuba postrevolucionaria?

En el México postrevolucionario —a diferencia de nuestro país— se estableció un partido hegemónico pero no se prohibieron legalmente los otros: a partir de 1946 la cantidad de diputados opositores creció lenta pero inexorablemente. Asediada y trabajosamente, las oposiciones liberal y de izquierdas lograron conquistar algunos municipios y escaños en los legislativos regionales y la Cámara Baja Federal. ¿Acaso la experiencia de la delegada campesina Sirley Ávila —víctima de acoso gubernamental por denunciar, desde su afiliación revolucionaria, la falta de escuelas en su territorio— y el ritmo monocorde de nuestra Asamblea Nacional sugieren alguna posibilidad, por minúscula que fuese, para emular con el precedente mexicano?

El poderoso estado priista controló grandes parcelas de la economía pero no estatizó hasta el último timbiriche: las patronales y los pequeños propietarios tenían sus propias instancias de diálogo y demandas para con el resto de la sociedad y el gobierno. Se expandió un esquema corporativo que garantizaba lealtades básicas al régimen pero los trabajadores podrían expresar quejas y reclamos frente a sus líderes sindicales y negociar, con estos, beneficios laborales frente a la burocracia desarrollista. ¿Acaso la CTC, la Cámara de Comercio y los trabajadores por cuenta propia poseen en Cuba tales capacidades y prerrogativas?

En cuanto a la libertad de prensa e información, desde Los Pinos se establecieron inequívocos mecanismos de censura —mediante el control del papel y el acoso a los medios críticos— pero no existió nada parecido al Departamento de Orientación Revolucionaria del Comité Central. Y en el país se publicaban —y circulaban— libros críticos de las prácticas del régimen y hasta de su sacrosanta institución presidencial. La simple y llana diferencia del trato dispensado a los autores —críticos pero no radicales— de un ensayo político como *El estilo personal de gobernar* y un poemario como *Fuera del juego* por parte de Luis Echeverría y Fidel Castro revela, en ambos contextos, tipos de relacionamientos —y márgenes de autonomía— diferentes entre los intelectuales de México y Cuba y sus respectivos regímenes postrevolucionarios.

En México, las principales universidades del país gozaron de una autonomía —fundada desde etapas tempranas del régimen postrevolucionario— , cuyos asedios por parte del poder central fueron siempre correspondidos por una solidaridad de sectores sociales, de prensa y de la propia clase política que les permitió sobrevivir. Las mentes más brillantes (y críticas) desde el catolicismo —Gómez Morín—, el liberalismo —Cosío Villegas— y las diversas visiones del marxismo —Lombardo Toledano y Adolfo Gilly— dispusieron, no sin sobresaltos, de la libertad de cátedra para impulsar los debates y luchas políticas del momento. ¿Tiene eso algo que ver con la idea de «Universidad para los Revolucionarios» que han aplicado, hasta el presente, los funcionarios cubanos formados en la ortodoxia estalinista?

Ello no significa que de la experiencia vecina no puedan extraerse importantes experiencias para el caso cubano. Nos alerta sobre la necesidad de no acotar la democratización a la simple alternancia electoral, de no desmontar el reclamo y organización civiles, de no descuidar la justicia social por el logro de derechos civiles y políticos. También nos permite apostar —como he hecho anteriormente— a que gobiernos de izquierda abracen la agenda de los Derechos Humanos, cómo han hecho funcionarios, legislaciones y organismos afines en las administraciones perredistas en el Distrito Federal mexicano.

Con los déficits de la inconclusa democratización mexicana hemos sido severos en análisis anteriores; empero si tales cosas pudieron suceder en el último cuarto del siglo XX, se debe a la naturaleza autoritaria —y no totalitaria o postotalitaria— del modelo priista. Por ello, sostener que el cambio en Cuba deberá operarse como si sus actores más débiles —la oposición— vivieran en el México de Miguel Alemán o Salinas de Gortari es, cuando menos, académicamente impreciso y políticamente irresponsable. Si de algo sirve mirar el caso mexicano es no para indicar a los opositores que hagan lo que su actual contexto no les permite, sino para sugerir a los dirigentes cubanos que muestren la vocación reformista de sus pares aztecas. Aunque solo sirva para ahorrar, a la ciudadanía y a sus propios herederos, dolores innecesarios dentro de una transición inevitable.

VENEZUELA: INCERTIDUMBRE DEMOCRÁTICA DESPUÉS DE LAS ELECCIONES

Nunca lo previmos quienes seguíamos la contienda electoral venezolana: la pírrica victoria del candidato oficialista a la presidencia de Venezuela fue una verdadera sorpresa para adversarios y adeptos.

Pese a usufructuar todo el capital simbólico del recién fallecido líder Hugo Chávez, a utilizar la inmensa maquinaria y los dineros del estado y contar con la parcialidad del ente electoral, Nicolás Maduro no ganó, como él predecía, por 10 millones de votos. Ni siquiera confirmó mi pronóstico de una ventaja de 7 puntos porcentuales para su candidatura.

Al revés, obtuvo que el voto chavista descendiera, en comparación con el pasado 7 de octubre un 8,37%. Mientras el candidato opositor Henrique Capriles, ignorado por los medios públicos y con muchos menos recursos que su contrincante, remontó un 10,30% consolidándose como líder de la mitad del país que adversa al proyecto chavista.

Debido al ventajismo oficial, el candidato Capriles planteó una estrategia de votación en sus seguidores repartida a lo largo del día.

El objetivo era neutralizar la llamada «Operación Remolque» que tan buenos resultados había dado a la opción oficialista en las pasadas presidenciales, mediante la cual comparaba a mitad de la jornada la lista de personas que habían votado con diferentes bases de datos de políticas sociales, para ir a buscar a quienes no habían ejercido el sufragio.

Desde horas de la tarde los resultados eran inciertos y apretados. Al parecer —según información de fuentes fiables— en algún momento de la tarde Capriles iba delante por unos 3 puntos, que se acortaron al pasar las horas.

Los rectores del Consejo Nacional Electoral (CNE) entraron a la sala de totalización, permaneciendo más horas que de costumbre, y todo se asemejaba demasiado a aquel 2 de diciembre de 2007 (Referéndum Constitucional) en el cual el oficialismo cosechó su primera derrota.

La demora del CNE, las reuniones del Alto Mando en el Ministerio de Defensa, la tensión y el silencio en las calles, los cohetes en barrios chavistas, los rumores de victoria opositora difundidos desde Twitter. Todo estaba confuso, apretado y nada decidido.

Luego Maduro, en su discurso desde el Balcón de la Patria, repitió su característico triunfalismo sin reconocer que la mitad del país le adversa.

Para colmo, estableció una analogía fatal —aunque muy real— entre su voto cerrado y el del mandatario Felipe Calderón hace unos años, ignorando que entonces la izquierda mexicana (con todo derecho) pidió un recuento de votos, que le fue negado.

Al parecer eso lo desconoce Maduro, quién dijo ahora que la izquierda azteca aceptó tranquilamente los resultados, intentando legitimar con analogías internacionales su apretada ventaja.

Por lo que enseguida provocó en varios amigos —que debatíamos en Facebook— la siguiente reflexión: ¿si entonces dijimos que era injusto que a los opositores mexicanos se les negara ese derecho (negativa que puso un velo de sospecha sobre la elección) entonces ahora no es justo que sostengamos una actitud y reclamo similares para con los venezolanos? Eso se llama coherencia democrática.

Al final, la foto que nos presentó el CNE en la medianoche del 14 de abril otorgó un 50.66% a Maduro y un 49.07 % a Capriles. Resultado que llevó al Rector del CNE, Vicente Díaz, a solicitar la auditoria ciudadana. Sabiendo que la ventaja oficialista podría cambiar cuando se agreguen los votos provenientes del extranjero, en donde tradicionalmente gana la oposición.

Este ha sido el proceso electoral más breve e intenso de todos los vividos por Venezuela desde 1999. Pero también el más cuestionado por las irregularidades del día de votación: más de 3000 hechos, que abarcan el acoso a votantes y fiscales, el robo de urnas, las propagandas de funcionarios oficialistas frente a los centros de votación.

Así, creo, es hora de pedir para la democracia de Venezuela lo mismo que en México pedimos para quien, en 2006, compitió contra los poderes dominantes: hay que realizar el conteo de votos y el esclarecimiento de los ilícitos, limpiando el resultado final.

Y, allende a las elecciones, hay que acompañar a los venezolanos para que logren construir, entre todos, un país donde no haya cabida a la exclusión: ni la social —heredada de gobiernos prechavistas— ni la política, acumulada en estos 14 años.

Esta ha sido la mejor votación obtenida por la opción no chavista desde 1998, lo cual matemáticamente los ubica como la primera opción de poder para la siguiente cita electoral.

Por último, los resultados debilitan la autoridad de Maduro a lo interno del movimiento bolivariano, lo cual puede anticipar crisis a lo interno de sus fuerzas.

Para los países del ALBA parece que, por el momento, los envíos de petróleo venezolano no estarán amenazados, aunque los márgenes de maniobra y legitimidad del chavismo, en la arena regional, queden seriamente cuestionados.

Cuba, por su parte, no tendrá que apretar el paso en sus reformas económicas, aunque debería comprender que la actuación de sus funcionarios como agente interno de la política venezolana no ha sido suficiente para calzar a Maduro, a la vez que ha quedado expuesta por las denuncias opositoras sobre la asesoría militar y de inteligencia del gobierno de La Habana.

MÉXICO: LA IZQUIERDA CANÍBAL

En América Latina conocemos bien los modos y mañas de las variopintas derechas locales. Las hemos tenido —y sufrido— oligárquicas y modernizantes, rancheras y sofisticadas, furibundamente nacionalistas y compulsivamente aperturistas.

Y, en todos estos años, sus élites han tenido el suficiente sentido común para montarse al carro democrático cuando esto ha sido redituable. O para mandarlo al basurero cuando una dictadura les guarda sus privilegios, cobrando en la sangre del pueblo las cuotas debidas de sacrificio y plusvalía. Pero casi nunca les ha fallado el olfato político ante lo estratégico, lo urgente y lo importante.

Los que no parecemos aprender somos quienes integramos la familia abnegada y folclórica de las izquierdas latinoamericanas. Parece que aprendemos a (con)vivir en democracia, pero la disfrazamos de mil apellidos (participativa, popular) para terminar vaciándola de contenidos reales.

Sustituimos los dogmas del marxismo soviético con ondas light y progres (ambientalmente verdes, sexualmente diversas, culturalmente abigarradas) que terminan distorsionando los proyectos auténticos de ecologistas, feministas y pueblos originarios.

Invocamos al asambleísmo y la participación para consagrar, en manos de un caudillo o un tonto útil, la solución a nuestros problemas cotidianos y nuestras miradas a largo plazo.

Tras haber alcanzado su pico histórico de resultados electorales el pasado julio y con el refuerzo del combativo y refrescante movimiento juvenil (#Yosoy132), la izquierda mexicana parece hoy abocada a la irrelevancia o, peor aún, al suicidio como proyecto verdaderamente alternativo de país.

Luce desorientada, dividida y sin rumbo en estos días de consolidación de la restauración del PRI.[1] Mientras el nuevo presidente toma la iniciativa en todos los frentes, la izquierda oscila entre la alianza con el «modernizador» y la oposición frontal sin propuestas viables.

Cabe preguntarse por las causas de este vacío de dirección en la izquierda, cuya fuerza parlamentaria y social se disipa en la confusión, la parálisis y la desconfianza.

Para colmo de males, los intentos de regenerar movimientos nacionales —como el encabezado por Andrés Manuel López Obrador— recurren a viejas prácticas: abundan los ungidos, los dedazos y las cúpulas.

En las manifestaciones a propósito de la toma de posesión del presidente Enrique Peña Nieto gente legítimamente cabreada y políticamente consciente coincide con agitadores profesionales, nunca reducibles a ser meros porros infiltrados.

Y se roban la «foto del día»: destruyen propiedad pública y generan brotes de violencia estéril, del tipo que podría justificar, en el futuro —con aval de un sector de la ciudadanía—, movidas gubernamentales que restrinjan el legítimo derecho a la protesta.

Mientras, la Universidad Autónoma de la Ciudad de México, promisorio proyecto educativo (y por ende político) de educación superior gestado desde el gobierno del Distrito Federal (en manos del PRD), hace aguas en medio de la incapacidad para el diálogo, la usurpación de funciones y la toma de partido de antiguos mediadores, transmutados (como el filósofo Enrique Dussel) en actores contendientes dentro de la disputa.

Frente a tanto desvarío uno se pregunta, sin pecar de idealistas, ¿dónde están hoy líderes como Heberto Castillo, inspiradores como José Revueltas, movimientos como los de 1968, 1985 y 1988?

¿Por qué no se aprovecha y actualiza el rico legado de políticas incluyentes y movimientos democráticos que ha forjado la izquierda, en las últimas décadas, en este bendito país?

Duele ver y sentir como, en una nación del peso y trascendencia de México, la complejidad de problemas acumulados no cuenta con una izquierda que los lleve a buen puerto, mientras la agenda política de las derechas —esas que tan certeramente ha dividido el sociólogo Roger Bartra en una de talante postrevolucionario y otra conservador— se encarrila sin freno alguno por los cauces de la política y opinión públicas.

---

[1] Respecto a los problemas acumulados de la izquierda mexicana recomiendo el libro *Apuntes para el camino. Memorias del PRD* de la académica y militante Rosa Albina Garabito; para un agudo diagnóstico de la situación actual ver de la periodista Jesusa Cervantes el texto «Izquierda Diluida».

Al punto de que, si los actuales gobernantes lo llevan medianamente bien —como hasta ahora parecen hacerlo— su dominio de la vida política nacional está asegurado por buen tiempo.

Ante este panorama la promesa de un actuar combinado de la izquierda política (dentro de las instituciones) y de la presión ciudadana (en movimientos sociales democráticos) sigue durmiendo el sueño de los justos, con el riesgo de no despertar jamás.

Y no le echemos, en exclusiva, la culpa de lo que pasa a «las mafias del poder»; buena parte de la responsabilidad recae en esta izquierda caníbal, solipsista e inmadura que hipoteca su futuro y la esperanza de tantos millones de mexicanos.

El antídoto a semejante padecimiento existe: se basa en el inconmensurable magma de creatividad, energías y legados progresistas y democráticos acumulados en este país; solo falta echarlo a andar.

RÉQUIEM POR UN SÍMBOLO

Ayer martes 5 de marzo, al filo de las 5 pm, las redes sociales colapsaron ante la noticia de la muerte de Hugo Chávez. Entre las lágrimas —falsas o sinceras— de los devotos que parecen creer que el mundo se acaba sin la presencia física del líder venezolano y el odio —torpe, visceral— de aquellos que lo culpan de todas las desgracias de esta incurable humanidad.

Enseguida pensé ¿cómo podría hacerse un texto respetuoso, personal, con algunas reflexiones sobre su legado, ante la avalancha de homenajes y ataques que nos inunda?

Intentando escribirlo vino a mi mente una primera nota. Apenas dos días antes, el pasado domingo, el mundo se enteraba de la noticia del asesinato del líder indígena Sabino Romero, muerto en manos de sicarios.

Era la cumbre de un largo conflicto donde el acoso criminal de la derecha zuliana y la ojeriza del estado venezolano a la autonomía de los movimientos sociales se combinaron en un maridaje siniestro.

El sacrificio de Sabino se suma a la lista de luchadores sociales —muchos de estos identificados con los cambios positivos del proceso iniciado en 1998— que caen en los últimos tiempos. Ojalá su lucha y legado no se olvide ante la muerte del Comandante Presidente, con cuyo llamado de justicia se identificó.

La dimensión histórica de Hugo Chávez está fuera de toda discusión. Su figura es parte de un movimiento de demandas sociales y conquistas políticas democráticas del pueblo venezolano, creciente en los últimos treinta años.

Con la democracia de la calle, a través de barrios, marchas y manifestaciones, y la de las instituciones, algunas de estas forjadas al calor del proceso bolivariano como la innovadora Constitución vigente.

Dimensiones del quehacer ciudadano que se ponen en tensión en una agitada vida política venezolana, donde se cruzan acciones antidemocráticas (in-

104

tolerantes y golpistas) de la oposición y el oficialismo; e intentos —en buena medida atribuibles al propio Chávez— de dignificar a los pobres, resolver la deuda social y apuntar nuevas formas de participar en los asuntos públicos comunitarios.

Al ascenso de Chávez y su movimiento le debemos el inicio del quiebre de la hegemonía neoliberal, la misma que proyectó la desigualdad y exclusión sociales a niveles indecentes en nuestros países latinoamericanos.

También es su legado el rescate de formas de integración y solidaridad, al margen de los esquemas forjados en el esquema panamericanista de la OEA, con demasiado olor a Washington.

Ciertamente sus alianzas internacionales lo hermanaron con personajes impresentables (como el difunto Gadaffi y el camaleónico Ortega) pero también ayudaron a balancear más el unipolarismo político militar establecido por los EEUU tras el fin de la Unión Soviética.

Chávez es, sin duda, una persona y un símbolo. Su imagen y herencia, serán apropiadas por diferentes personas y perspectivas. Los psicólogos hablarán de un ser claramente convencido de enarbolar la espada de Bolívar; los historiadores de su admirable capacidad de animal político, que ganó sucesivas contiendas electorales hasta el filo de la muerte.

Los politólogos ponderarán sus esfuerzos por crear una democracia participativa y protagónica por encima de los cadáveres de viejos partidos, al tiempo que reprodujo (y amplificó) los vicios autoritarios, clientelares y pretorianos de la política venezolana.

Fue un ser profunda y sinceramente convencido por la redención social de los más pobres: de los mestizos del barrio, los analfabetos de los cerros, la viejita del rancho. También llevan su sello personal las políticas de retaliación que marcaron la suerte de la jueza Afiuni y el huelguista Franklin Brito.

Para la gente, para mucha gente, Chávez es y será un ser humano (un padre, un hermano, un hijo o vecino) en el cual depositar todo su amor y su odio, su fe y frustración, sus dudas y esperanzas.

Hace 11 años, en las agitadas horas del golpe de 2002, un grupo de cubanos marchamos espontáneamente por las calles de La Habana Vieja, para depositar una ofrenda ante la estatua de Bolívar.

En estos álgidos minutos hago un llamado al respeto y la paz para el bravo pueblo venezolano. Para que se resuelvan en democracia y sin golpismos e intolerancia de ningún bando todos los conflictos y esperanzas de su gente.

LA TRASNACIONALIZACIÓN DEL REPUDIO

(1ERA PARTE)

«Las ideas no se matan», dijo el teniente Sarría, digno oficial batistiano que salvó la vida de Fidel tras el asalto al Moncada. Ojalá recordaran eso quienes, por estos días, dentro y fuera de Cuba, desde las filas de «la revolución» o «el exilio intransigente» hacen de la intolerancia, el chisme y la envidia una profesión, ignorando —con sus agresiones y difamaciones— el derecho ajeno a ser y hacer.

Sean sus objetivos una bloguera disidente o un intelectual socialista, estos comportamientos tiene un trasfondo similar: el del linchamiento personal, moral y cívico. Y atesoran lo que parece ser una innovación perversa de la cultura política cubana: la transnacionalización del acto de repudio.

Aunque el tema me viene a la mente por diversos acontecimientos suscitados en estos días; en esta primera entrega me referiré a los vergonzosos abucheos organizados en Brasil ante la actual visita de Yoani Sánchez.

No hablo aquí de las posturas ideológicamente legítimas, razonablemente críticas y éticamente respetuosas que cuestionan el discurso y posicionamiento políticos de Sánchez. Me refiero a manifestaciones de violencia pública promovidas por funcionarios de un estado —con la connotación de ley y fuerza que esto supone— en territorio extranjero.

Manifestaciones que se diferencian, por su naturaleza, de las protestas espontáneas de ciudadanos que rechazan un político impopular o un empresario corrupto. Y, todavía más, de cualquier ejercicio de opinión claramente personal y autónomo, compartido con transparencia en un foro público.

El estado cubano tiene un largo antecedente de utilización de estos recursos contra sus críticos, dentro y fuera de la isla. En frontera, todo el peso de las leyes e instituciones se complementa con el acoso de turbas movilizadas ex profeso.

106

En el extranjero, cuenta con la colaboración entusiasta de algunos turistas revolucionarios —convenientemente gratificados con recepciones diplomáticas y paseos a la Isla de la Libertad— y el concurso experimentado viejos estalinistas.

Pero, lo que es más perverso, con la manipulación de la fe de numerosos militantes de base —en especial jóvenes— , gente honesta que cree que Cuba es una alternativa de izquierda para los obscenos e injustificables problemas del capitalismo real.

La historia reciente es pródiga en incidentes como los de la Feria del libro de Guadalajara (2002) o las confrontaciones durante los actos por la muerte de Orlando Zapata (2010). Ahora no es ocioso suponer que se prepararon con tiempo —embajadas mediante— a los llamados Grupos de Solidaridad antes de autorizar la salida de críticos como Sánchez.

De forma tal que en La Habana pueden quitarse la mala imagen de impedirles viajar, sin dejar de vigilar y castigar sus presentaciones públicas, presentando los actos de repudio como «manifestaciones antimperialistas de hermanos latinoamericanos».

Por suerte, entre la ingenuidad y el mercenarismo existen posiciones congruentes. Aún recuerdo la expresión avergonzada de una vieja militante del PRD mexicano cuando, en un debate en Xalapa, uno de sus compañeros acusaba a Zapata como un mercenario y su muerte un producto de «la manipulación imperialista».

No, le señaló a su compañero, nosotros hemo luchado mucho por la democracia y la justicia en este país, y no podemos tolerar la represión a los derechos humanos, en ninguna parte del mundo.

En estos tiempos convulsos que vivimos, más de un intelectual indignado ha hecho llamados por el rescate del nexo entre la política y la ética como solución a los conflictos que estremecen nuestras naciones.

Cuba no es una excepción. Y en esa cuerda, el rechazo al acto de repudio, en sus versiones reales y virtuales, domésticas o trasnacionalizadas, estalinistas o facistoides, resulta una condición *sine qua non* para salir del lodo que cubre nuestros pasos y comenzar a comportarnos, verdaderamente, como seres humanos.

DE EXILIOS Y APLANADORAS

En el *post* anterior hablaba de las campañas difamatorias y los actos de repudio orquestados desde La Habana contra críticos del *establishment* cubano.

Sin embargo, desde las antípodas ideológicas, también subsisten aquellos que en un sector del exilio —presa del odio anticomunista— magnifican el rencor y la sospecha entorpeciendo el necesario ambiente de pluralidad y diálogo que debemos forjar, cada vez más, entre todos los cubanos. Y aunque no cuenten con la fuerza centralizada de un estado, otra maquinaria mediática, financiera y movilizativa hacen posible su subsistencia y talante agresivo.

En reiteradas ocasiones —la última hace pocos días— he sido, junto a otros amigos, objeto de diatribas de más diverso grado provenientes de estos personajes. Como regla no he respondido, considerando el derecho de todos a expresarse y lo contraproducente que resulta un careo con semejantes opinadores.

Los «pecados» de identificarme con movimientos sociales críticos del neoliberalismo, defender la obra de intelectuales radicados en la isla o creer que en la Cuba revolucionaria se hicieron buenas cosas, se traducen en ser «cómplice de terroristas» «apologista de un asesinato», «manipulador de la historia».

Estos estremecedores «argumentos» han bastado para que se me cree otro expediente, con pruebas por mi trasnochado y cómplice izquierdismo. Esta tribu tiene su propia genealogía. Los más furibundos e irreflexivos parecen heredar las banderas de quienes, en los años 60 y 70, arremetían con violencia terrorista contra sus compatriotas emigrados que, simplemente, deseaban visitar a la familia en su país natal.

Son los mismos que, en años recientes, han boicoteado la presentación de artistas de la isla o triturado, aplanadora mediante, los discos de un Juanes que se atrevió —con idéntica ojeriza de los funcionarios isleños— a organizar cantos por la paz en el corazón de la capital cubana.

Por suerte el cambio cultural y sociológico en la comunidad emigrada hace que estas personas sean demográfica (aunque no políticamente) minoritarias y, lo que es más esperanzador, declinantes.

La diversidad social, etaria e ideológica es creciente y se convierte en un atributo compartido de la comunidad trasnacional cubana, en cualquiera de sus locaciones. Quita piso a aquellos que, por el peso de los años , conveniencia política o apuro de converso, siguen alimentando el caudal de la intolerancia, que posiciona a los duros como conductores de la política cubana, y mantiene como rehenes al resto de sus compatriotas.

Cuando algunos se sienten con el derecho de insultar y amenazar indiscriminadamente al que disiente de su cerrado discurso, hacen una copia invertida pero fiel del guión que se hace en el Departamento Ideológico del PCC.

Quienes así actúan olvidan que la superación del autoritarismo dominante dentro de la cultura política cubana pasa por desmontar viejos y nuevos panteones de santos y demonios.

Que no existe una verdad histórica incuestionable (la Revolución maquiavélicamente traicionada por Castro versus la epopeya genialmente dirigida por el Comandante en Jefe) y que la sociedad cubana ha cambiado mucho desde 1959, tanto para bien como para mal.

Esta gente recuerda el Escambray pero ignoran la Campaña de Alfabetización, magnifican el Mariel pero no la equidad social alcanzada en esos años, idealizan la etapa pre revolucionaria —«omitiendo» incluso algunos los crímenes de Batista— pero echan un manto negro sobre toda la historia posterior.

Los talibanes de la ultraderecha persisten en la idea de que todo aquel que honestamente haya creído (o crea) en una opción socialista y democrática para el futuro de Cuba debe expiar culpas ajenas, implorando perdón por los errores y violencia cometidos por sus gobernantes.

Guardo debido respeto por el drama humano que el triunfo de la opción política liderada por Fidel Castro significó para aquellos cubanos decentes —no oligarcas, terroristas o esbirros del batistato— cuyas creencias nacionalistas, cristianas y/o libertarias los distanciaron del rumbo ulterior de la Revolución.

Sus testimonios acerca del conflicto interno y el secuestro de ciertos derechos resultantes de la implementación del socialismo de estado son insustituibles para una comprensión diáfana del proceso político insular.

Aunque no compartamos una mirada común sobre la historia contemporánea del país —en particular sobre los acontecimientos de las década del 60 y 70— creo que sus vivencias forman parte de la memoria nacional y deberán ser incorporadas en un eventual proceso de diálogo y reconciliación nacional.

En resumen: si consideramos la práctica militante del repudio como un (falso) sustituto del debate cívico —donde la descalificación usurpa el lugar de los argumentos y la amenaza suplanta a la deliberación— no veo otra opción que rechazarla, en cualquiera de sus manifestaciones ideológicas y coordenadas geográficas.

Porque actitudes intolerantes como las mencionadas más arriba son intrínsecamente antidemocráticas, y —por sus connotaciones para la esfera pública— rechazables; su superación es un paso indispensable para el mejor país que queremos legar a nuestros descendientes.

VENEZUELA: LA POLÍTICA Y EL TIEMPO

Mientras soy débil demando de ti mi libertad, porque ese es tu principio,
pero cuando sea fuerte te privaré de tu libertad, porque ese es mi principio.
Charles F. R. de Montalembert

La historia —nos decía Marx en uno de sus más lucidos análisis políticos—
suele repetirse dos veces, primero como tragedia y después como farsa. Como
en un teatro, mudan los bocadillos, los actores y los escenarios pero el guión
de la obra mantiene —o amplifica— sus peores subtramas. De tal suerte, un
observador que se asome a la realidad política venezolana no dejará de advertir
ciertas continuidades y contrastes.

Hace algunos años, Venezuela estaba enferma de un rentismo petrolero,
que hipotecaba la naturaleza y la economía, la sociedad y el alma de la gente;
hoy cambian los actores y las escenas, pero se mantiene el guión.

Hace algunos años, en un continente plagado de impresentables dictaduras, Venezuela exhibía una democracia políticamente decente aunque con importantes déficits de transparencia administrativa e inclusión social; hoy, en un
continente plagado de deficitarias democracias, Venezuela exhibe un régimen
formalmente democrático, donde crecen, de forma proporcional, la inclusión
social y la exclusión política.

Hace algunos años, los poderes judicial y legislativo venezolanos interrum-
pieron el mandato de un presidente electo que se extralimitó en sus funciones,
corrompiendo la vida política nacional; hoy los poderes judicial y legislativo
prolongan el mandato de un presidente reelecto e incapacitado para ejercer sus
funciones, corrompiendo la vida política nacional.

Hace algunos años nuevos líderes bolivarianos promovieron cambios legales que impulsaron una gestión pública participativa que empoderaba al ciu-

111

dadano y descentralizaba el poder acercándolo a la gente; hoy esos mismos líderes (ya viejos) desconocen la importancia de un ciudadano autónomo y concentran el poder, alejándolo de la gente.

Hace algunos años, las criticables instituciones venezolanas —presionadas por el clamor ciudadano— otorgaban el indulto a un teniente coronel que atentó contra el orden constitucional vigente; hoy las criticables instituciones venezolanas —desoyendo otro clamor ciudadano— mantienen encarceladas a civiles que no han ejercido violencia contra el estado y sus semejantes, atentando contra el orden constitucional vigente.

Hace algunos años Venezuela era un país hastiado de la corrupción política, la ineficacia administrativa y la desigualdad social, hoy es un país hastiado de la polarización, la ineficacia administrativa y la inseguridad.

Hace algunos años las cuentas bancarias, las oficinas públicas y los cargos políticos eran un puente para el éxito de las viejas elites democráticas; hoy los contratos públicos, las charreteras castrenses y la retórica furibunda —impermeable a los hechos— son la medida del ascenso de la nueva elite revolucionaria.

Hace algunos años la esperanza popular y la sabiduría intelectual imaginaron nuevas leyes, instituciones y políticas para un cambio necesario; hoy se desconocen esas «formas» y se persiste en la «continuidad».

Hace algunos años los defensores de derechos humanos eran «compañeros» y participaron en la gestación del cambio; hoy son «agentes desestabilizadores» para sus viejos camaradas convertidos en cuadros revolucionarios.

Hace algunos años —y hasta el presente— la miopía de algunos opositores percibía a los seguidores de Chávez como manada de borregos a la caza de recursos; hoy la miopía de algunos chavistas percibe a la población opositora como meros conspiradores y vendepatrias.

Hace algunos años el rancio elitismo de algunos —afincados a sus privilegios económicos y de poder— les llevaba a despreciar a la población marginada que clamaba justicia; hoy una nueva élite—afincada en sus privilegios revolucionarios— habla por esos marginados sin compartir su suerte ni su poder.

Hace algunos años se inició un rescate democrático de la dignidad popular y la justicia social; hoy se amplifica un asalto a las mismas libertades que permiten reivindicar, desde abajo, esos derechos.

Hace algunos años, un grupo de civiles acompañados por militares violentaron el estado de derecho y la Constitución en nombre de La Democracia; hoy los agraviados de entonces (otros civiles y militares) los vulneran en nombre de La Revolución.

Hace algunos años de La Habana llegaron médicos, deportistas, maestros para atender a los millares de pobres excluidos por la vieja partidocracia. Hoy yace enferma, en esa misma Habana, la soberanía nacional venezolana.

Hace algunos años se construía un joven proceso incluyente y participativo, con una robusta anatomía democrática y una expansión integral de los derechos; hoy el personalismo sustituye a la ley y la institución, con una fisiología autoritaria y una ofensiva oficial sobre los derechos ciudadanos.

Hace algunos años una hegemonía comunicacional de medios privados ignoraba el cambio necesario y desinformaba a la gente, incitando a subvertir el orden constitucional; hoy una hegemonía comunicacional del estado ignora el cambio necesario y desinforma a la gente, atentando contra los derechos ciudadanos consagrados en la Constitución.

Hace algunos años la izquierda y el socialismo eran, para muchos venezolanos, sinónimo de cambio, promesa de una democracia renovada y rescate de una justicia postergada; hoy es, para otros muchos venezolanos, sinónimo de prebenda y exclusión, adoración y desencanto.

Hace algunos años por Caracas aparecían carteles diciendo «Venezuela es de todos»; hoy se habla de un «pueblo» del cual excluyen, caprichosamente, al 44 % de la gente.

Hace algunos años unos estudiantes, en movimiento pacífico, movilizaron en las calles las conciencias ciudadanas alertando contra cambios al orden constitucional; hoy el poder incita —y amenaza— a que salgan a la calle aquellos que «no tienen cojones», amenazando la paz pública.

Hace unos años «dentro de la Constitución todo, fuera de la Constitución nada»; hoy sus preceptos son, para quienes mandan, meros «formalismos».

Hace unos años la línea estratégica de la oposición desconocía la legalidad bolivariana, atentando contra el Estado de Derecho; hoy la línea estratégica del gobierno manipula la legalidad bolivariana, atentando contra el Estado de Derecho.

Hace años la derecha golpista, desconociendo sus propios errores y el clamor de sus compatriotas, quiso detener violentamente el carro de la historia con un retroceso antidemocrático; hoy el gobierno, desconociendo a un sector de la población y las lecciones de la historia, quiere imponer una hegemonía obsoleta y antidemocrática.

Hace mucho tiempo que los pueblos, en su diversidad, atesoran la esperanza de vivir mejor, con justicia y libertad, y entregan lo mejor de sí para lograrlo; hoy en Venezuela, como en el resto del mundo, persiste esa necesidad de preservar esa esperanza y la urgencia de luchar por defenderla.

ELECCIONES EN VENEZUELA, APUNTES DEL DÍA DESPUÉS

Si tuviera que resumir en tres frases el proceso vivido por los venezolanos durante los pasados meses y del cual este 7-O fue apenas el evento de cierre estas serían tres: a) una Jornada cívica ejemplar, b) un sistema técnicamente confiable y c) un Proceso plagado de asimetrías e irregularidades. Y tanto los datos como el desempeño del proceso permiten adelantar unas pocas conclusiones para lo que se viene.

La jornada fue récord en los niveles de participación —superiores al 80%—, con votantes oficialistas y opositores motivados, que hicieron largas filas desde horas tempranas en sus colegios electorales.

Con una casi total ausencia de actos violentos, custodiados por un Plan República (militares) que garantizó la paz ciudadana y unos Comandos de campaña que cubrieron con observadores la inmensa mayoría de las mesas de votación y que reiteradamente llamaron a sus partidarios a actuar con responsabilidad, tanto durante los comicios como tras conocerse los resultados.

Vista en su conjunto, se trata de una jornada ejemplar, donde ganó sin distingos ideológicos una Venezuela que acepta dirimir democráticamente sus disputas políticas.

La plataforma tecnológica y logística del sistema electoral funcionó con buen ritmo y casi sin conocerse fallas técnicas. En tres horas se conocieron los resultados en un monto tan avanzado (de 90 %) que permitió señalar tendencias irreversibles.

Y, nuevamente, las partes convinieron en reconocer tanto los resultados como la autoridad y desempeño del Consejo Nacional Electoral. Si bien sería importante aclarar como es posible que se filtrasen en las redes sociales, minutos antes de emitirse el primer boletín oficial, datos casi exactos del proceso de totalización y de los resultados obtenidos por los principales candidatos.[1]

---

[1]   Ver, por solo mencionar un ejemplo, los *tweets* de https://twitter.com/puzkas.

En cuanto al proceso, visto en su conjunto, vale la pena insistir en elementos cuya influencia resulta sin duda importante para los resultados de este 7—O. El ventajismo en el amplio uso de recursos estatales por el candidato oficial, el (ab)uso de las cadenas obligatorias en los medios públicos y privados, así como la casi nula regulación que ejerció en CNE sobre estos ilícitos son algunos de estos.

Elementos que nos recuerdan que una elección es un proceso integral (como la propia democracia) cuyas fases y resultados van más allá del acto y día de la votación, si bien son estos últimos los que otorgan final resolución al mismo.

Nos convoca a los analistas a sostener un rasero común en el abordaje de situaciones problemáticas, sea cual sea el escenario y al margen de nuestras preferencias o consideraciones ideológicas. No es posible defender la calidad de la democracia en un lugar y hacerse de la vista gorda en otro, cuando se vulneren elementos claves de dicho proceso.[2]

Es saludable que ambos candidatos, en sus alocuciones a la nación, hayan reconocido la actitud de su contrincante e hiciesen llamados a trabajar conjuntamente en pro del pueblo venezolano.

La oposicion (apoyada por ese 45 % que le dió su voto, superando los resultados de la anterior elección presidencial) puede poner a prueba la sincera voluntad de diálogo del ganador, convocando al gobierno a una mesa de trabajo en torno a los urgentes temas nacionales.

Haría bien en interpretar el apoyo social al chavismo no solo como mero efecto de políticas clientelares sino como expresión del peso que sigue teniendo la lascerante deuda social (y su solución) dentro de la poblacion pobre de Venezuela.

El oficialismo, si tiene la sensatez de no interpretar como un cheque en blanco el apoyo recibido de poco más de la mitad de los votantes, debería moderar su discurso dejando de identificar como agentes desestabilizadores del Imperio a quienes compitieron en buena y democrática lid y sostienen, dentro de las reglas del Estado de Derecho, una visión diferente de país.

Mañana se abren escenarios que continuarán, seguramente, signados por la complejidad y confrontación. Como expresó en su entrevista en CNN Luis Vicente León, agudo analista y director de la más acertada encuestadora venezolana (Datanálisis) la oposición tiene la posibilidad de convertir su duelo de hoy, en una acción efectiva de cara a las elecciones

---

[2] Ver nuestros análisis en http://www.envio.org.ni/articulo/4568 y http://www.havanatimes.org/sp/?p=72770.

regionales, contando con el mejor candidato que ha enfrentado a Chávez y con una alianza forjada durante el proceso.

Mientras, el oficialismo haría bien en analizar el estado real de varios asuntos, tales como el relevo de su liderazgo, el respeto y fortalecimiento institucional y la prometida revisión de su obra y políticas sociales, honrando de ese modo la confianza depositada en las urnas por sus electores.

AMLO Y LA CREACIÓN DE UN NUEVO PARTIDO PROGRESISTA EN MÉXICO

El pasado domingo ha sido noticia el anuncio —hecho en el marco de una concentración en el Zócalo de la capital mexicana— de la salida del líder Andrés Manuel López Obrador (AMLO) del Partido de la Revolución Democrática, formación que lo ha cobijado durante 23 años. Y de su intención de formar, con los fieles seguidores agrupados en el Movimiento de Regeneración Nacional (Morena), un nuevo partido que se vendría a sumar a las formaciones (PRD, Partido del Trabajo y Movimiento Ciudadano) que conforman el bloque electoral de la ya escindida izquierda mexicana. Trataré de responder sus interrogantes, desde la personal visión de alguien que asume como suyos las luchas, frustraciones y esperanzas de este noble pueblo.

El desenlace de muchas parejas demuestra que siempre es preferible un buen divorcio a una mala convivencia. Y esta última era, desde hace años, la situación imperante e insoportable dentro del «partido del sol azteca». La esquizofrenia de tácticas, desplantes y alianzas entre grupos perredistas solo se justificaba por la necesidad mutua de preservar el maridaje: AMLO precisaba de la estructura y recursos provenientes de los partidos, mientras que estos contaban en la figura del tabasqueño como su principal activo político en la competencia por la presidencia del sexenio 2012—2018. Puro y duro pragmatismo político.

Obrador da este giro dominguero tras contender como candidato en dos procesos electorales (2006, 2012) que terminó denunciando como fraudulentos y con el desconocimiento del oponente ganador: Felipe Calderón Hinojosa hace seis años, Enrique Peña Nieto hoy. En ese sentido, el guión de la historia parecería ahora repetirse. Sin embargo, las experiencias del 2006 han aleccionado —al menos en parte— a quienes ahora apuestan por la «desobediencia civil» evitando las expresiones de violencia y el daño a terceros (afectaciones

117

económicas y de movilidad) vinculados a marchas y plantones que les enajenaron parte de su apoyo social inicial. Y semejante decisión de AMLO es importante cuando los opinadores de la derecha no se cansan de pregonar sobre la «intolerancia y violencia» de los obradoristas y, en general, de toda la ciudadanía contestataria agrupada en diversos movimientos sociales.

Obrador plantea que la conversión de Morena en partido político será una decisión que se tome «entre todos y desde abajo», a partir de asambleas locales que desembocarán en un congreso nacional —los días 19 y 20 de noviembre— donde se formalizará el partido y sus plataformas organizativas e ideológicas. Con la misión de «organizar, concienciar y defender al pueblo y a la nación». Sin dudas, Andrés Manuel apuesta a traspasar a la nueva fuerza el capital de 15 millones de votos que le han convertido en la segunda fuerza del país. Y en tanto las disidencias no parecen hallar sitio en una «deliberación» donde la palabra del líder es ley, no se prevén trabas a la constitución del nuevo partido, en la forma y plazos que AMLO lo señale.

Sin embargo, habría que ver cómo el tabasqueño podrá suplir, en ausencia de la engrasada maquinaria de su antiguo partido, la capacidad de organización y movilización requerida para tamaña empresa. Si ya no cuenta con el apoyo entusiasta del gobierno capitalino, AMLO deberá depender de la autogestión de sus fieles y los recursos institucionales que logre capturar, paulatinamente, a partir de ahora. Baste señalar que las casi 40 000 personas concentradas, según la Policía, en el Zócalo estuvieron por debajo de convocatorias anteriores. Y que el desempeño de Morena en las pasadas elecciones se mostró poco eficaz en tareas como la de promoción y cuidado del voto, misiones cuya complejidad y sistematicidad se diferencian del fervor y espontaneidad de una concentración popular.

México necesita la urgente reconstrucción de una alternativa de izquierda, capaz de encarar los retos de la vida nacional y al poderío de las fuerzas e ideas de derecha, dominantes en la vida partidaria, así como en la cultura política y opinión pública nacionales. Roger Bartra, acaso el más agudo sociólogo mexicano contemporáneo, ha alertado sobre el entendimiento fraguado entre dos versiones de la derecha, la autoritaria—revolucionaria (PRI) y la católica—neoliberal (PAN). Iniciativa frente a cuyas agendas legales y políticas las izquierdas exhiben mucho más apelaciones a la moral y la soberanía que contrapropuestas viables, nacidas del análisis informado de la política pública y del reconocimiento de los escenarios locales y globales que la constriñen.

Semejante reconstrucción de la izquierda implica profundas mutaciones culturales, programáticas y de liderazgos. Cambios que no nacerán de las tribus cobijadas al amparo del aparato (y presupuesto) de los partidos «progresistas» ni del liderazgo honesto (pero autorreferente) de AMLO y la fe ciega de sus incondicionales. Y que no caben en la superada plataforma del nacionalismo revolucionario, que sigue siendo el horizonte, disimulado o confeso, de buena parte de estos liderazgos y organizaciones.

Así, el actual divorcio no resuelve los problemas estructurales e identitarios de la izquierda azteca: acaso los multiplique en el seno de cada formación. En ese sentido, el nuevo panorama será —ya está siendo— pasto seguro de cronistas y humoristas, que darán testimonio de la incapacidad para multiplicar y articular fuerzas de un sector de la clase política local; a la cual más, de un amigo mexicano hastiado por sus desplantes y desempeños, podría despacharlos con aquella frase de los marchistas de Tian'anmen en 1989: «¿quién les dijo que los necesitamos?».

Pero más temprano que tarde, esa real alternativa progresista aparecerá, reuniendo las pasiones y razones de lo mejor de la ciudadanía mexicana. Ojalá la eficacia e inclusión de las avanzadas políticas del Gobierno del DF y la creatividad y energía de movimientos como #YoSoy132 puedan combinarse, no sin conflictos, en la agenda de esa nueva fuerza que el país demanda. Sin mesías irredentos ni burócratas fríos.

CAMILA VALLEJO REGRESA A CUBA

Las agencias nos cuentan que Camila Vallejo, la carismática líder estudiantil chilena, viaja a Cuba a participar en los actos por el aniversario de la Unión de Jóvenes Comunistas. La joven es un caso —raro en estos tiempos— donde coinciden inteligencia, perseverancia y compromiso social.

A lo que hay que añadir el ser el rostro (arrobadoramente hermoso, como actriz de cine europeo) de la más creativa, combativa y respetada movilización social del Chile postpinochetista: la de los estudiantes que demandan el derecho a la educación.

En la antesala de su estancia, Camila ha hecho algunas declaraciones que motivaron diversos emplazamientos públicos en foros de la Web.

Se levantó la alarma en torno a su señalamiento comparando la represión en Cuba y en Chile, donde —sin desmentir la existencia de la primera— la joven chilena recordó las formas violentas en que sus compañeros han sido agredidos en medio de sus justas protestas. Lo que no significa que ignore, oculte o desestime los actos violentos cometidos por agentes del gobierno cubano; solo que habla desde sus experiencias y conocimientos auténticos y personales.

Ahí solo habría, quizás, que añadir a la opinión de Camila que la diferencia sustancial entre ambos contextos y pueblos es la existencia en el país austral de una esfera pública —medios, leyes, instituciones— donde la gente expresa su disenso frente a la política oficial sin existir censura previa o supresión (aunque sí, insisto, la represión) del derecho a la protesta.

Y que la ciudadanía chilena —pese al efecto anestésico de la dictadura militar y el consumismo neoliberal— se encuentra en un punto cualitativamente superior de procesamiento del miedo y de capacidad de movilización que la población cubana.

Lo que pocos críticos de las palabras de Camila reconocieron es que esta, a diferencia de muchos «amigos de Cuba» que nos visitan, no se reservó las opiniones críticas. Como hacen los verdaderos amigos, Camila señaló:

Tampoco quiero ocultar con estas palabras el legítimo descontento que tienen ciertos sectores de la sociedad cubana con su sistema político—social. Tuvimos la oportunidad de escuchar críticas en nuestra estancia en la isla» refiriendo una anterior visita realizada en 2009. Y para dejar clara la ausencia de mimetismo u dogma en la lucha que encabeza remató:
Ni Cuba es una sociedad perfecta ni Chile tiene por qué seguir su camino. Los chilenos debemos desarrollar un camino propio para superar la desigualdad» pues aunque los sectores progresistas de su país valorasen la experiencia cubana, recordó que «siempre hemos apostado en Chile por un camino de amplias convergencias sociales y políticas dentro de un régimen multipartidista.

Así que no creo que la curtida líder estudiantil sea ni una cómplice de la represión ni una ingenua desinformada. Al hablar lo hace desde las coordenadas de una nueva generación y visión políticas, la misma que le ha llevado anteriormente a preferir —superando las admiraciones caudillescas de muchos izquierdistas mundiales y la férrea xenofobia de su propio país— al dirigente cocalero Evo Morales en lugar del ruidoso militar Hugo Chávez.

Una generación que tiene el reto de superar la herencia neoliberal de la dictadura, defendiendo la educación como un bien y derecho públicos frente a las justificaciones posibilistas de toda la partidocracia chilena, incluyendo a los socialistas.

En lo que quizás podemos ayudar a Camila es dando testimonio de aquellas experiencias que, sin desmentir sus aseveraciones, podrían darle nuevos argumentos para ver mejor a «La otra Cuba».

Esa que no habita en los salones protocolarios de El Laguito o en las visitas organizadas a escuelas modelo con pioneritos diligentes. Una donde avanza la idolatría del mercado y el orden y se reducen las emblemáticas políticas sociales de la Revolución, en una agenda parecida a la de los militares golpistas y sus asesores de la Escuela de Chicago.

Donde los sectores populares ven caer su nivel de vida sin tener mecanismos de reivindicación y protesta. Donde estudiantes universitarios que intentaron, en la última década, discutir el pensamiento guevarista, realizar una marcha de protesta contra la Guerra en Iraq o resistir en sus organizaciones estudiantiles la imposición de líderes espurios fueron sancionados por pensar y actuar con cabeza y corazón propios.

Y donde quienes discuten hoy la experiencia de los estudiantes chilenos y los Indignados españoles son vigilados por órganos policiacos y difamados impunemente como «miembros de los servicios de inteligencia enemigos».

Todos esos testimonios existen y sus protagonistas seguramente tendrían mucho que contarle a la esforzada dirigente y sus valerosos compañeros. No para convertir su visita en un «muro de las lamentaciones», sino para dar una contribución a la plural y fresca visión que —sobre Cuba y el mundo— está forjando una nueva generación de luchadores sociales.

Porque no se echa vino nuevo en odres viejos, y porque el parto de esta nueva política radical y democrática, anticapitalista y antiautoritaria, es el mejor homenaje que puede hacerse al legado heroico de quienes murieron en La Moneda, aquel fatídico septiembre de 1973. Y los muchachos, pésele a quien le pese, han tomado nota de ello.

TRIBUNAL DE JUSTICIA CLIMÁTICA: ESTADOS Y EMPRESAS AL BANQUILLO

El cierre de mi estancia en Nicaragua no pudo ser mejor. Invitado por los amigos del Movimiento Social Nicaragüense «Otro Mundo es Posible» formé parte del Tribunal Centroamericano de Justicia Climática, instalado el 29 y 30 de octubre, en Managua. Nicaragua integra también el Tribunal Permanente de los Pueblos. El objetivo de la instancia fue denunciar ante la opinión pública diversos casos de atropellos a los Derechos Humanos de comunidades centroamericanas y abusos en contra del medioambiente. En el Tribunal fue expuesto el papel de las instituciones financieras — Fondo Monetario Internacional, Banco Mundial y Banco Centroamericano de Integración Económica, entre otros—, que facilitan recursos económicos para proyectos que afectan al medioambiente y a la sociedad, y la complicidad de Estados y gobiernos (Costa Rica y Nicaragua) en esas actividades de devastación.

En esta ocasión fueron presentadas varias denuncias: los efectos de la minería a cielo abierto de la comunidad Crucitas en Costa Rica; la contaminación y violación de derechos laborales de la empresa española Pescanova, en el Occidente nicaragüense; y el abandono de la Reserva Indio Maíz, en el río San Juan de Nicaragua, donde los cultivos tradicionales van siendo suplantados por el monocultivo de palma africana para la producción de biodiesel con apoyo de la cooperación alemana.

También se denunció el uso de agrotóxicos para la producción de banano en el Occidente de Nicaragua, afectando afluentes hídricos y perjudicando la salud de más de 8 mil trabajadores, ex—trabajadores y pobladores, responsabilidad del nicaragüense grupo Pellas y de las transnacionales Dow Chemical, Del Monte y Chiquita Brand, entre otras empresas.

Ver el testimonio fílmico de un joven afectado por los agrotóxicos, enfermo de insuficiencia renal, que exhortó a sus compañeros a continuar la lucha para que su muerte no fuese en vano, me emocionó. Pude sentir en carne propia el dolor e impotencia de esas familias porque hace cinco años perdí a mi padre de crianza, alguien vital en mi formación personal y política, víctima de ese terrible padecimiento.

CAMPAMENTO DE LOS AFECTADOS POR AGROTOXICOS.

Durante el debate entre los testimoniantes, en torno a la responsabilidad del gobierno nicaragüense en la criminal situación de los enfermos de insuficiencia renal, me sorprendió que, mientras la activista acusaba con pasión a la empresa Pellas, eludía contestar en público la pregunta del Tribunal referente a la participación del gobierno del FSLN en el caso y defendía las compensaciones logradas solo para algunos afectados.

Pero otro compañero recordó la necesidad de no exonerar de sanción al gobierno del FSLN por su estrecho vínculo con las empresas contaminantes, por su negativa a resolver la situación sanitaria y jurídica de la totalidad de los trabajadores afectados e incluso por el incumplimiento de un acuerdo conquistado, lucha mediante, al gobierno neoliberal de Enrique Bolaños.

Esta situación puso en evidencia los riesgos y costos de la cooptación de los movimientos sociales por los llamados gobiernos progresistas, y mostró la mediatización de las agendas de lucha como resultado de la pérdida de autonomía.

En el Tribunal también fueron analizados los conflictos por derecho a su territorio ancestral de una comunidad de la etnia mayangna, que acusó al Estado de Nicaragua ante la Comisión Interamericana de Derechos Humanos. También, el caso de gobiernos territoriales indígenas opuestos a la concesión de tierras para la extracción de madera a empresas locales asociadas con transnacionales, en el marco del ALBA Forestal. Un último caso presentado fue el de la comunidad indígena de Jinotega, donde el gobierno nicaragüense, de manera inconsulta, construyó sobre su territorio, una generadora de energía eléctrica.

CUARTEL GENERAL DE LOS PELLAS.

En el foro, cuyos veredictos no son jurídicamente vinculantes pero sí procesualmente rigurosos y moralmente inapelables, me acompañó, como presidente, François Houtart, sacerdote y sociólogo belga, secretario ejecutivo del Foro Mundial de Alternativas y miembro del Consejo Internacional del Foro Social Mundial de Porto Alegre.

También formaron parte del Tribunal Clemente Martínez Quinteros, meteorólogo nicaragüense, especialista en recursos hídricos y coordinador de la

Alianza de Organizaciones por la Defensa del Agua y Salvador Montenegro, quien actualmente es director del Centro de Investigación de Recursos Acuáticos en la Universidad Autónoma de Nicaragua. Como fiscal, William Montiel, activista social e hidrólogo, por años director del Centro Nacional de Estudios Territoriales de Nicaragua.

En el veredicto los jurados coincidimos en que, en todos los casos los gobiernos de Costa Rica y Nicaragua habían cedido a los mecanismos impuestos por las grandes transnacionales, sin velar por los derechos de sus ciudadanos y ciudadanas y por el respeto al medioambiente y a los recursos de sus países.

En el caso de los indígenas, el Tribunal aseveró que el gobierno de Nicaragua no había respetado ni reconocido su identidad, su propiedad y su derecho como parte de ese país. Consideramos que las empresas no habían respetado la legislación de cada Estado, al poner sus intereses por encima de los de las poblaciones afectadas.

En el caso de las bananeras, el jurado expresó que se trataba de un delito de lesa humanidad, por ser procesos depredadores de la Naturaleza y la Vida humana, desarrollados por la lógica del capital con la complicidad de los Estados nacionales.

Con este texto culmino la serie sobre mi estancia en Nicaragua, un país que en diverso modo me recuerda a mi patria y a cuyos movimientos sociales he decidido acompañar en estos tiempos convulsos.

En la despedida, la belleza lacustre granadina.

La crónica parcial y personal de esta corta pero intensa visita no elude la subjetividad que permea mis saberes y sentires; tampoco se trata de entregar un conocimiento académico, para lo cual ya habrá tiempo, forma y lugar.

Creo que la pupila virgen del «otro» puede arrojar una luz diferente sobre las prácticas políticas y el vivir cotidiano, aunque ser ese otro siempre tuvo en Nicaragua fronteras difusas, pues jamás me sentí extranjero.Es esa cercanía la que me hace recordar todo el sentimiento regalado en los barrios de Managua, el encanto de Ometepe, la majestuosa sencillez de Masaya, el cariño matagalpino, la belleza de Catarina, la historia viva de Granada y tanto regalo, íntimo e imborrable, de esta tierra y su gente. Ecos que resuenan en mi mente como los nuevos acordes de una antigua y hermosa melodía.

REVOLUTION RELOADED?

En Nicaragua sorprende al visitante la reiterada invocación a la Revolución en el discurso público oficial y en algunos comentarios de militantes de base del partido gobernante. La referencia no parece tener una sola causa, pues reúne —en mezcla confusa— los espejismos de la propaganda que bombardea a una población desatendida por sucesivos gobiernos neoliberales, la simulación de quien alaba al poder para ganar favores y hasta la dificultad sicológica de «procesar el duelo» después de dos décadas de pérdida del proceso al que tanta gente entregó su vida.

Mística e ignorancia, esperanza y oportunismo parecen fundirse en la constante referencia a la «segunda etapa de la Revolución». cuyos tradicionales símbolos rojinegros me parecieron desterrados de plazas y calles, en contraste con la costosa omnipresencia de vallas y camisetas rosadas, «cristianas, socialistas y solidarias» cuyos diseños me recuerdan poco la ideología emancipadora y mucho los logos de la lotería mexicana.

«Nada de Revolución, eso es babosada. Si no trabajo no como y los ricos siguen igual, dentro y fuera del gobierno». me dijo molesto un taxista camino al mercado Huembes.

Donde parece sobrevivir la Revolución, a pesar del tiempo y las traiciones, es en el imaginario y las prácticas de no pocos nicaragüenses, de variados sexos y edades. Y es así si entendemos la Revolución más allá del hecho histórico puntual, como un amplio repertorio de prácticas, valores, discursos y costumbres, que reivindica la memoria y participación populares, la igualdad y justicia social, así como el rechazo a toda forma de dominación y jerarquía.

Lo «revolucionario» expresa la impronta emancipadora de un cambio social repentino, radical y desestructurador, cuya inercia perdura, cuando es cierto, más allá de sus tiempos fundacionales.

En Nicaragua es visible este legado en la beligerancia de las mujeres, cuyo amplio y plural movimiento de defensa de derechos —en ejemplar contraste con otras experiencias de la región— se opone frontalmente a la alianza de todos los poderes políticos y fácticos, empeñados en una cruzada conservadora que amenaza las reglas liberales de un Estado laico y las conquistas progresistas de una Revolución popular.

Una cultura de posicionamiento político

Incluso en las filas del sandinismo popular, encuadrado en el Frente sandinista, hallé posiciones de una criticidad y autenticidad que se distancian del lenguaje ampuloso y prefabricado de los cuadros.

La mística y ética de la revolución sobreviven en palabras que escuché a una activista cultural de la Coordinadora Social: «Yo fui a alfabetizar en los 80, a pesar de la oposición de mis padres y apoyé los festivales de cultura de la Juventud Sandinista. Hoy creo que debemos ir más allá de los partidos y los gobiernos, que hacen pactos y manipulan a la gente. Hay que salir de las oficinas y ayudar a la gente».

Toda relación entre el Estado, los partidos y las organizaciones sociales pone en juego, de forma simultánea, una diversidad de identidades y opciones políticas, y una asimetría entre sujetos con cuotas desiguales de poder. Para comprender esto, nada mejor que interactuar con actores concretos y constatar esta realidad en sus propias miradas.

En un encuentro con activistas y líderes comunales, realizado en la Universidad Politécnica, en coordinación con la Secretaría del Consejo de Fortalecimiento de la Participación Ciudadana de Managua, una activista de salud insistía en la identificación Revolución—FSLN—Presidencia.

Explicaba así su opción política: «Doña Violeta regaló nuestro patrimonio, Alemán se hizo millonario con el huracán Mitch, Bolaños nos endeudó con Unión Fenosa. Por eso es necesario que Daniel gane [re—elección] en 2011 para garantizar los derechos de los pobres».

Así lo decía una líder campesina: «Aquí muchos se hicieron dueños de la tierra. Con los tres gobiernos anteriores aumentó la emigración a la capital y hay una catástrofe de superpoblación y el gobierno no tiene ahora dónde reubicar a esa gente. Nuestro presidente, el comandante Daniel, nos ha dado a los campesinos educación y nos abre espacios. Yo apenas llegué a sexto grado, me sentía analfabeta y hoy me doy cuenta que tengo potencial».

Mientras, en una cuerda un poco más crítica, aunque igualmente «danielista» un dirigente decía: «En los 80 era miembro de la Juventud Sandinista y aunque era médico hice el servicio militar, por mística revolucionaria. Pero ahora se acabó la mística. Hoy son políticos con camionetonas que negocian con la oposición y con el capitalismo. El comandante Daniel tiene un poco de mística, pero los otros no. No hay mística ya en Nicaragua».

En el debate generado tras una conferencia que impartí en el ranchón Miguel Ramírez Goyena de la alcaldía de Managua, destacaba cómo la cultura política de América Latina, tanto de izquierda como de derecha, en las organizaciones de sociedad civil o en los partidos políticos, reproduce valores y prácticas perversas: un autoritarismo que impone desde el poder una agenda al resto de la sociedad, una mercantilización que representa a las personas motivadas por la maximización de los beneficios y un clientelismo que degrada a los ciudadanos, al anular espacios para el desarrollo de sus derechos, y tratarlos como una masa hambrienta de favores, incapaz de construir su realidad.

Frente a esa cultura política de la dominación, una nueva visión de la izquierda debe construir una cultura política de la emancipación, oponiendo al autoritarismo la autonomía —para que la gente defina sus normas y estructuras sin subordinarse a partidos, gobiernos o empresas—, combatiendo la mercantilización con la autogestión —gestando nuestros propios recursos para no depender de poderes ajenos— y desterrando el clientelismo mediante la solidaridad —con relaciones basadas en reciprocidad, simetría y apoyo mutuo.

Al defender el valor de la autonomía, un dirigente del Movimiento Comunal dijo: «La autonomía en nuestro movimiento se construyó en la Revolución, en 1988, y una lección fue que podemos ser revolucionarios y de izquierda sin subordinarnos. Pero hay que debatir cómo hacerlo. Hoy asistimos a un error histórico, porque está involucionando la participación comunitaria y popular».

En referencia a la ausencia de relevo y debate, otro veterano dirigente de este movimiento testimonió: «Los dirigentes políticos y los de las organizaciones sociales siempre son los mismos. Yo mismo, tengo 32 años de ser líder aquí. En los primeros años de la Revolución se podían señalar los errores, pero ahora no se puede decir nada. Ya ni siquiera me invitan a las reuniones los del Frente».

Para otro dirigente, las nuevas estructuras de participación afectaron un trabajo previo y dividieron a las propias bases del Frente. «El Movimiento Comunal tiene raíces sandinistas, pero con la creación de los CPC (Consejos del Poder Ciudadano) nos miraban como a animales raros y nos tildaron de contrarrevolucionarios. Eso provocó la división. Pero todos somos sandinistas y todos defendemos los derechos de los pobres».

En contraste, depositando en las bases la causa de los equívocos, otro dirigente comunal rebatió. «El gobierno ha tratado de desarrollar un modelo para que todos participemos sin exclusiones, pero abajo no sabemos hacer alianzas, aunque tengamos problemas comunes. No debería haber exclusiones. Cuando entendamos esto vamos a fortalecer el modelo. Hemos malentendido a los Gabinetes del Poder Ciudadano como si fueran exclusivos. Ahí debemos estar todos para que las comunidades se desarrollen».

Nación & Revolución sus símbolos.

Sin abandonar un discurso radical y de lealtad al partido gobernante, pero sin ocultar las deformaciones del «Poder Ciudadano». un dirigente de la Asociación de Discapacitados denunció: «Provocar la división entre las organizaciones es parte de la estrategia de los gringos. Pero uno de los principales pegones para que la gente se una es que miramos que los dirigentes viven mejor que nosotros. Y así pasó en los 80: dirigentes que no se querían bajar de sus carros para hablar con las bases y conocerlas».

Democracia incidental

Testimonios de militantes sandinistas e investigadores consultados en la Universidad Centroamericana (UCA) y en la Universidad Nacional Autónoma, en Managua, destacaron que el pragmatismo, la profesionalización, la des—ideologización —o los intentos de reideologización ecléctica— y la incorporación de métodos de contrainteligencia en la construcción del «nuevo FSLN» están imprimiendo dinámicas totalmente diferentes a las de los años 80, cerrando las puertas de un partido dotado entonces de cierta capacidad de diálogo interno para abrirlas ahora a un partido de operadores políticos y conspiradores policíacos.

En América Latina —y Nicaragua no es una excepción— buena parte de las fuerzas progresistas han apostado por «transformaciones estructurales». pero han relegado la idea de la autonomía como elemento circunstancial —a enarbolar solo desde la oposición y ante la derecha—, y con eso han eliminado el anticuerpo que necesita toda revolución.

Cuando se cree que apenas una vanguardia puede «bajar líneas» no se construye emancipación, pues solo se puede ser revolucionario cuando se transfiere el poder a la sociedad y no cuando se concentra y perpetúa en una camarilla.

Y si, además, la apuesta se reduce a un liderazgo individual entonces el asunto empeora, porque las preferencias y patologías personales tienen alta probabilidad de convertirse en políticas de Estado.

Aunque podemos reconocer las deudas del neoliberalismo y las dificultades de hacer política en entornos de pobreza extrema, creo que la ausencia de una pedagogía política es una responsabilidad claramente imputable a los órganos de dirección y a la estructura profesional del FSLN.

Cuando los sinceros reconocimientos de las bases al liderazgo máximo son amplificados por la propaganda, cuando las críticas son censuradas y los méritos magnificados, no se puede hablar de un «apoyo espontáneo del pueblo». sino de una deliberada estrategia política de perpetuación.

Cuando en una reunión con una veintena de líderes de los Comités de Liderazgo Sandinista y de los Gabinetes del Poder Ciudadano, realizada en Matagalpa, se comparó «al compañero Daniel con el Ché Guevara porque es un hombre imprescindible, un estadista de talla internacional, el único presidente que se ha preocupado por los pobres y el único dirigente que se mantuvo fiel a los principios sandinistas», no puedo dejar de pensar: ¿Esa propaganda no se convierte en un dique que bloquea el ascenso de nuevos liderazgos, no constituye una forma de culto a la personalidad?

En la actual coyuntura nicaragüense quedan en el tintero varias interrogantes, de las que rescato dos. Sobre la supuesta y reciente apertura de los Consejos y Gabinetes de Poder Ciudadano a la población de filiación liberal, «emerresista» o independiente, sería necesario precisar si esa mutación obedece a un reconocimiento de los efectos perversos de la política de exclusión practicada antes o a una táctica para absorber y cooptar a las bases opositoras, o a una confluencia de ambos procesos.

Si en las elecciones de 2011 resulta triunfante el Comandante—Presidente, se probará si esa mutación pragmática y pactista del Estado—Partido obedecía solo a la lógica de la coyuntura electoral y a las correlaciones de fuerza en la Asamblea Nacional, ambas mutables, o si la naturaleza de clase de su dirigencia los continuó atando a un modelo neopatrimonialista, que no transita hacia socialismo alguno.

HAITÍ Y CHILE: DESASTRE NATURAL Y POLÍTICAS NEOLIBERALES

En días pasados, en un intercambio con mis colegas del Observatorio Social de América Latina, remarqué la necesidad de considerar los desastres sociales resultantes de los terremotos de Haití y Chile como saldos netos del experimento neoliberal.

Algunos compañeros, más que rechazar mi argumento, alertaban sobre las causas profundas y de larga duración de los problemas de la isla caribeña y el país austral, y proponían discutir seriamente sobre el asunto.

Y aunque en efecto el sistema capitalista (y su consustancial relación centro—periferia) se revela culpable de buena parte de los problemas de nuestra región, hoy me tomo unos minutos para explicar (y compartir con los lectores de *Havana Times*) los fundamentos de mis valoraciones.

Claro que no creo que el desastre haitiano (y el discurso hipócrita del Estado Fallido enarbolado por Occidente) sea consecuencia, en exclusiva, de tres décadas de políticas neoliberales. Mis referencias al neoliberalismo no desconocen el impacto de las deficiencias históricas y estructurales del estado haitiano, víctima de todas las formas del coloniaje, en culpa compartida por las élites locales y los sucesivos poderes extranjeros.

Pero sí destaco como, en décadas pasadas, los organismos internacionales insistieron en políticas concretas —típicas de los paquetes de ajuste— que, por ejemplo, aniquilaron la soberanía alimentaría del país, la pequeña producción nacional y obligaron a reducir aún más el personal y políticas públicas.

Desde inicios de los años 80, el FMI y del Banco Mundial forzaron a Haití a desproteger la producción de arroz, por lo cual la nación tuvo que importar el grano y masas de campesinos emigraron al atestado Puerto Príncipe. Por idénticas causas el cemento fue, desde fines de dicha década, traído de EEUU, y la mayoría empobrecida tuvo que construir sus casas con materiales precarios, lo que explica el desastre actual de miles de derrumbes y su cuota de muertes evitables.

En años recientes, en el terreno de la organización social, junto a los beligerantes movimientos comunitarios, se han impuesto ciertas modas del proyecto neoliberal (terciarización de servicios, onegeneización y profesionalización de los actores sociales) de la mano de la Cooperación Internacional y las Agencias del sistema de Naciones Unidas, instaladas en la empobrecida nación. Una colega francesa me decía, llena de rabia, que con los cuantiosos gastos de operación de funcionarios y cooperantes, puestos en manos de una autoridad centralizada y competente, se podrían resolver los acuciantes problemas de abasto de agua, drenaje e infraestructura de la ciudad capital.

EL CASO DE CHILE

Como broma cruel, la naturaleza ha golpeado también a Chile, vitrina del neoliberalismo regional. En el país austral, donde los rasgos del modelo neoliberal coexisten con otros vetustos como el conservadurismo social, la tradición autoritaria y una partidocracia poderosa que prácticamente ha absorbido cualquier articulación autónoma de la sociedad civil, las huellas del desastre no son menos evidentes. Ha habido centenares de muertos y dos millones de damnificados, millón y medio de viviendas afectadas, y un costo económico cifrado en 30 mil millones de dólares.

Aquí el panorama valorativo resulta complejo. Cierto es que en el Chile de la Concertación se ha reducido —sostenidamente— el número de pobres, que existe una estabilidad macroeconómica, que sus empresas exportan a medio mundo y que el gobierno muestra una equilibrada balanza de pagos. Sin embargo, el desastre demostró que el innegable desarrollo económico chileno no se extiende a todo el tejido social y posee mucho de mito ideológico. La riqueza crece, pero sigue siendo uno de los países que peor la distribuyen en el mundo. Y constituye una sociedad disciplinada por un terror dictatorial que le abrió paso al extendido sentido común neoliberal. La respuesta gubernamental, que inicialmente desdeñó orgullosa las ofertas de ayuda internacional, fue tardía y mal coordinada, demostrando los costes funestos de una provisión de servicios básicos entregada a manos privadas. Ante la sorprendente ausencia de un Estado eficaz (y no solo tecnocráticamente eficiente) una sociedad debilitada por treinta años de neoliberalismo mostró sus incapacidades para sostener el orden requerido frente a un desastre como este. Habiendo privatizado la mayoría de los servicios, se apeló a la caridad empresarial, pero no hubo capacidad (¿o voluntad?) para tomar el control de ciertas empresas y servicios privatizados y reorientarlos según la necesidad de la coyuntura. Y las fuerzas armadas, nuevamente, ganaron protagonismo.

La crisis social derivada de estas catástrofes puede interpretarse de muchos modos, pero dos valoraciones recurrentes inundaron la gran prensa, en las horas siguientes de los terremotos. Una, instantánea, fue responsabilizar a la naturaleza por el desastre, la otra a la gente por su «incivilidad». Ambas reacciones son, a mi juicio, erradas y perversas.

Si nos conformamos con la idea de meros déficits de gestión institucional o de «empoderamiento» comunitario, sin acometer un cambio profundo del modelo no solucionaremos nada y ante el próximo terremoto, tsunami o ciclón se repetirán las tragedias.

Si no se refuerzan (y controlan por la ciudadanía) las capacidades del Estado, en tanto ente regulador, provisor de bienes públicos universales y garante de derechos; y si no se fortalecen sociedades civiles autónomas, ligadas a políticas de descentralización y participación, todo este drama será pasto del olvido.

No estamos solo frente un cataclismo natural sino también de una catástrofe social. Si reconocemos que el sistema mundial es gobernado por la lógica del capital (que los actuales gobiernos progresistas solo tratan de gestionar de forma alternativa) y que sus políticas han diseñado las realidades de nuestros países, poco podemos hacer sin avanzar hacia un proyecto económico (y por ende social y político) postneoliberal, o sea, socialista.

El culpable debe ser llamado por su nombre, puesto en el banquillo de los acusados y, sobre todo, impedir que la impunidad del mercado autorreferente y el ejemplo del estado gendarme continúen atentando contra la convivencia y el desarrollo de nuestra civilización. ¡Así pues, mandemos a la mierda el neoliberalismo!

CON VENEZUELA, EN EL CORAZÓN

Mi compromiso con el proceso venezolano comenzó en 1999. Entonces, aún en la universidad, seguí los debates de la joven Constitución, y con idéntico entusiasmo celebré los convenios Cuba-Venezuela del año siguiente.

En la coyuntura del golpe de abril de 2002, abortado por el protagonismo popular, peregriné con estudiantes amigos hasta la estatua de Bolívar emplazada en La Habana Vieja[1], ante la sorpresa de una policía entrenada para acompañar la movilización «orientada desde arriba» o reprimir las protestas de los opositores políticos. Y en una sesión científica en la Universidad de La Habana, destaqué la potencialidad de experimentar, por primera vez en la historia contemporánea de América, las virtudes de un «pluralismo rojo,» ante la victoria del oficialismo en las parlamentarias de 2005.

Lamentablemente hemos tendido poco tiempo (y cosas) para celebrar. En noviembre de 2007 expresé dudas y temores[2] frente a la propuesta de reforma constitucional impulsada por el gobierno, que limitaba el protagonismo popular autónomo, acotaba las instancias de defensa y promoción de la participación y los derechos, y aumentaba la concentración de poder en el presidente.

Alerté entonces sobre los cambios de la cultura política que privilegiaban la lealtad y la unanimidad, en detrimento de la deliberación y la construcción de consensos que debían caracterizar un «socialismo del siglo XXI» donde lo novedoso fuera más allá del calco y la retórica superficial.

El 2/12/2007 la lucidez ciudadana (incluido el voto decisivo de las bases chavistas) derrotó en las urnas aquella estrategia que se ha implementado, a pasitos, mediante decretos del ejecutivo siempre avalados por una complaciente Asamblea Nacional.

---

[1] http://www.havanatimes.org/?p=9319.

[2] http://www.kaosenlared. net/noticia/venezuela—mucho—mas—reforma.

Un decenio después del esperanzador amanecer bolivariano, el autoritarismo, simple y rampante, se entroniza en el panorama político de Venezuela. Los argumentos de la «hostilidad imperialista» y el «terrorismo mediático» pierden su auténtico valor, ante el abuso que de ellos se hace para encubrir una vocación totalitaria.

Se olvidan anteriores llamados a la necesidad de una oposición democrática (http://www.aporrea.org/actualidad/n4179.html) y se empobrece la cultura política socialista al promover, desde el aparato propagandístico estatal, la estrecha identificación de la Revolución con la persona e ideas del «máximo líder».

Se funda un partido (el PSUV) que privilegia las comisiones disciplinarias antes de los debates ideológicos, en cuyo seno aquellos que disienten son tildados de «traidores» y «escuálidos» y castigados con más furia que la oposición derechista.

Las consecuencias: la molestia y desconcierto de probados militantes y el encumbramiento de los oportunistas que asienten mecánicamente la última ocurrencia del Presidente. Y tanto las políticas interiores como las relaciones exteriores son conducidas por un personal que demuestra, a todo nivel, una relación inversamente proporcional entre sus constantes demostraciones de lealtad a Chávez y su probada incapacidad para desarrollar políticas planificadas, sostenibles y profesionales.

El enemigo del gobierno no parece ser ya una derecha, social y moralmente derrotada tras sus intentonas de 2002 y 2003. El piso cívico común de la gente es la innovadora Constitución de 1999, lo que demuestra una victoria simbólica de la democracia participativa y la emergencia de nuevos actores.

Los intentos de controlar los medios de comunicación e información no estatales rebasan las sanciones a las televisoras privadas, para extender sus tentáculos sobre los medios alternativos y locales (otrora cortejados para contrarrestar la prensa burguesa y amenazados hoy por la interferencia estatal) la TV por cable, y las redes sociales como el Twitter. Se persigue un monopolio de la voz capaz de consagrar la impunidad, la opacidad y la complacencia.

Aquellos activistas que se movilizaron (desde parroquias, sindicatos, movimientos estudiantiles y asociaciones defensoras de derechos) contra las políticas neoliberales de los ADECOS y COPEIANOS, hoy ven coartado su derecho a la incidencia y protesta ciudadanas, bajo el argumento de «hacer el juego al enemigo y la subversión,» pretexto compartido, en el siglo pasado, por los regímenes socialistas de estado y las dictaduras de Seguridad Nacional. No parece haber sitio para la autonomía popular dentro de un «bolivarianismo burocrático,» que necesita siervos y no ciudadanos. Pero sucede que estas líneas las escribe un cubano, y eso condiciona mi mirada. Tengo sentimientos encontrados ante la incidencia de mis compatriotas en la vida de la hermana nación. Encomio la labor de médicos que atienden a la población empobrecida y rechazo las campañas orquestadas en su contra.

Porque la tesis de la cubanización fue una impostura de una derecha egoísta y derrotada, cuando se trataba de llevar salud y educación a los olvidados cerros caraqueños, las zonas apartadas y los indígenas. Hoy, sin demeritar la obra encomiable de los galenos criollos, la acusación adquiere visos de certeza cuando se conoce la presencia de asesores (agentes) isleños en el aparato de seguridad, las oficinas de credencialización y las redes de telecomunicaciones. Situación que debe ser denunciada.

Pero si militares y doctores podrían ser disculpados por la naturaleza de sus actos y formación (unos cumplen órdenes, otros salvan vidas, ninguno construye pensamiento e incidencia social) me estremezco ante la actitud de algunos «filósofos», «analistas», y «educadores».

Sus sesgadas (e irresponsables) plumas pintan con falsos colores la realidad cubana, por razones de autocensura o intereses de lucro, embaucando a los venezolanos sobre nuestras fracasadas políticas. Anteponiendo sus viejas frustraciones y las tentaciones de una vacación bolivariana (Meliá mediante) a la ética de revelar una verdad incómoda que resulta, en términos marxistas «siempre revolucionaria». Y dejando una amarga impresión en muchísimos venezolanos progresistas, que sienten vulnerada su soberanía e hipotecado su futuro.

He debatido estos temas —hasta donde la pasión lo permite— con amigos caraqueños, maracuchos y zulianos. Siempre les digo que no me arrepiento de apoyar el proceso de 1999 (cuya Constitución hoy subversiva es valladar al caudillismo «rojo») ni olvido que el desprestigio e insensibilidad social de la partidocracia de la IV República abrieron las puertas a la Revolución Bolivariana. Cambio cuya deriva autoritaria no estaba definida de antemano, y cuyos logros de politización, justicia y dignidad deben ser defendidos a toda costa, sin retrocesos neoliberales o populistas.

No se trata de apostar por una imprecisa tercera vía, que instituya un neoliberalismo social de magros rendimientos en materia de construcción de ciudadanía y derechos sociales universales. Se precisa defender la izquierda (y el proyecto socialista) como espacio de construcción democrática, plural y socializadora de derechos y valores de convivencia civilizados. La legitimidad y sostenibilidad de una alternativa verdaderamente emancipadora, capaz de frenar la lógica colonizadora estatal y mercantil sobre los espacios de participación ciudadana y poder popular tan duramente peleados, depende de ello.

CUBA: DISTOPÍA Y ESPERANZA

CUBA: DERECHOS A CONVENIENCIA

La imagen y el sonido dicen más que mil palabras. Al grito de «Abajo los Derechos Humanos», el anciano sintetiza, de forma terrible y magistral, la ideología oficial del estado cubano. Los Derechos Humanos (DH) son un arma del enemigo para la subversión interna. Y punto.

No importa que luego, en algún foro internacional, los portavoces oficiales hablen de «los derechos humanos que defendemos», acotándolos a los conocidos logros en salud y educación. Tampoco que esas conquistas de la Revolución, en tiempos de retóricas pro—mercado, estén hoy en retirada.

Los perdedores de las reformas raulistas —las familias carentes de remesas, los habitantes de los barrios de la periferia capitalina y el interior del país, la masa de negros y mestizos, ancianos y mujeres pobres— las disfruten cada vez menos. Porque no pueden exigirlas como derechos, precisamente por el secuestro de derechos civiles y políticos realizado por el estado.

No se engañen si esos funcionarios cubanos invocan a Bonafini, Esquivel —y a otros reconocidos luchadores por los Derechos Humanos— para acusar, nuevamente, al imperialismo. Los DH son un asunto que está bien siempre que se le administre a conveniencia, se relegue al pasado, se le exija al adversario. Abordar este asunto sigue siendo hoy, básicamente, un tema tabú dentro de Cuba.

Son obviados —o maltratados— por la mayoría de la academia y publicaciones oficiales. No existen legalmente inscritas organizaciones defensores de estos derechos dentro del Registro de Asociaciones del Ministerio de Justicia de la República de Cuba.

A los ciudadanos cubanos se les hace virtualmente imposible (y punible) la acción de testimoniar, vigilar y denunciar, de forma organizada, las violaciones cometidas —a veces contra la propia legalidad socialista— por funcionarios, dada la capacidad de control social del estado y la subordinación de los me-

139

dios masivos de comunicación a las directrices gubernamentales. Y cuando algunos, al margen del poder, se organizan para exigir el respeto a los derechos propios y ajenos, sufren el acoso policial y, peor aún, la práctica de los llamados actos de repudio.

No hay un catálogo de derechos para los revolucionarios y otro para los disidentes, es falso que sean asunto de los intelectuales o una cosa que no le interesa al pueblo. Quien se queja por un mal servicio médico y aquel que protesta por un familiar injustamente preso ejercen, de igual modo, sus derechos como ciudadanos enfrentados a una mala acción estatal. Los derechos deben ser exigibles, y existir mecanismos donde demandarlos y defenderlos.

También suponen un carácter universal, inherentes a cualquier sujeto y abarcar a toda la población, amén su identidad sexual, cultural, preferencia política y condición socioeconómica. Y, sobre todo, son indivisibles, por lo que si no se poseen a cabalidad, derechos civiles y políticos nunca podrá ser efectiva la defensa de los derechos sociales y viceversa.

En suma, o asumimos todos los derechos, en todas sus expresiones y para todos los ciudadanos y ciudadanas cubanos, dentro y fuera del país, o los condenamos a ser mero instrumento, punitivo y regulador, del Leviatán tropical.

ENTRE LENIN Y BILL GATES: EL ONEGENISMO AUTORITARIO EN CUBA

En Cuba, el discurso para descalificar al sector opositor de la sociedad civil gira alrededor de dos temas principales: las fuentes de financiamiento y el condicionamiento de las agendas.

En cuanto al primer tópico, la referencia es falaz por cuanto se exige transparencia desde unas coordenadas donde quienes mandan hacen de la opacidad un arte; operando arbitrariamente en las antípodas de cualquier noción de transparencia y Estado de Derecho. En un contexto donde, al decir de una colega, el día «que se destapen los dineros de todo y todos —desde el negocio privado a los privilegios enmascarados de las elites dirigentes— no vamos a poder cerrar la boca».

El segundo «argumento» —el condicionamiento de agenda— expresado en la reiterada obsesión por la denuncia del supuesto delito y sometimiento ajenos, se asemeja a eso que la psicología llama proyección. Así, buena parte del asociacionismo oficial mide el comportamiento ajeno desde el prisma de sus propias actitudes y carencias, en particular del proverbial déficit de autonomía y la reproducción, en sus filas, del férreo mandato gubernamental. Pero también de sus mal disimulados fueros y privilegios. Un problema de semejante retórica es que se vuelve muy fácilmente en contra de quienes la predican. Basta ver como la nómina, instalaciones, transportes y gasto corriente de los Comités de Defensa de la Revolución o la Federación de Mujeres Cubanas, asimilados por el presupuesto de gobierno, los asemeja a cualquier dependencia de la administración central del estado. Y como, teniendo estas organizaciones de masas membresías tan amplias como sus demandas, siguen replicando viejas y grandilocuentes consignas, alejadas de la vida cotidiana de la ciudadanía. Sin embargo, dada la marca de origen de estas entidades, sus patrones de comportamiento son, hasta cierto punto, comprensibles.

Lo paradójico es la forma en que reproducen el discurso incivil del estado otros actores más contemporáneos —del tipo organizaciones no gubernamentales (ONGs)— cuya génesis y/o referentes no son los del viejo modelo de correas de transmisión de matriz leninista. Se trata de gente que conoce mejor el Manual de Marco Lógico que El Estado y la Revolución; que cita a Souza Santos antes que al compañero Machadito. Que combina la capacidad emprendedora de Bill Gates y el celo jacobino de Vladimir Ilich. Pero que, para acaparar los reflectores, vivir sin ser molestados y recibir los beneficios de sus nexos trasnacionales, no dudan en pagar los correspondientes peajes al poder. Una factura que suele ser, política y moralmente, costosa.

Esta realidad nos ha dado en la cara a aquellos que alguna vez apostamos a las potencialidades del sector para auspiciar, desde abajo y a la izquierda, una reforma participativa del socialismo de estado cubano. En mi caso, durante la etapa 2004-2008, pude conocer de cerca, como investigador y responsable de proyectos, el trabajo de varias emblemáticas ONGs habaneras. Una experiencia donde los aprendizajes y desencantos, las rupturas y afectos se atropellan en una vorágine de sucesos y recuerdos. Los ejemplos sobran y no creo necesario mentar nombres e historias concretos: basta referirlos en genérico, pues tales situaciones se repiten hasta la fecha. Directivos de ONGs que se quejan en privado de que alguien del Comité Central del Partido les vetó la participación en un Foro social para preferir a una ONG competidora; pero luego estigmatizan a quienes reclaman derechos frente a esa misma burocracia arbitraria e ignorante. Gente que habla de participación comunitaria pero conducen sus organizaciones como realengo, negándose a renovar o ampliar sus directivas y transparentar sus recursos, mientras reaccionan con intolerancia ante cualquier crítica o sugerencia. Proyectos familiares dirigidos por un reducido grupo de fundadores, descendientes y leales, con asambleas que cumplen un rol meramente decorativo. Gestores que se disputan entre sí, con el sigilo de James Bond , los favores de las agencias de cooperación radicadas en el país y que combinan la caza de recursos de EUA y Europa —de donantes poco identificables con la causa revolucionaria— con la participación en actos de repudio como los recién orquestados en Panamá.

Muy probablemente esa gente tuvo alguna vez sueños de justicia, ganas honestas y valientes de cambiar las cosas. Pero hoy constituyen un grupo refractario a cualquier intento democratizador de sus dinámicas y organización internas, a evaluar las promesas de su retórica y los alcances de sus actos. Se trata de un pequeño estamento clasemediero, cuyos directivos viven por encima del cubano promedio —compartiendo estatus, circuitos y consumos con las elites artísticas, el cuerpo diplomático y el empresariado emergente— mientras combinan, en su praxis interna y proyección externa, los vicios del onegenismo liberal y el encuadre autoritario. Lo cual sería menos perverso —pues todo el mundo tiene el derecho a cansarse e intentar vivir mejor— si no insistieran, al compás del son gubernamental, en descalificar a los otros, presentarse como lo que no son y negar su confortable realidad.

Eso no quiere decir que el mundo del asociacionismo legalmente reconocido en Cuba no incluya personas y proyectos nobles; del mismo modo que la disidencia abriga personajes alejados de buenas causas y el oficialismo convoca a no pocos funcionarios honestos y académicos pensantes. Conozco un par de organizaciones, nada sospechosas de conspirar contra el gobierno, que atienden problemas sociales de amplio impacto —ambientales, de género, culturales— con modestos recursos y con un compromiso y experticia que aventajan al desempeño de muchos burócratas del patio. Sus planes de trabajo no están sobrecargados con aquellas palabras que encantan a donantes y académicos —como emancipación, sinergias y empoderamiento— pero trabajan duro, con bajo perfil, en comunidades empobrecidas y con jóvenes deseosos de transformarlas.

Es gente que, sin compartir la opción y los costos del asentimiento dogmático u oportunista o del disenso frontal, buscan mejorar, con pequeñas y constantes acciones, la vida cotidiana de sus compatriotas. Y que merecen, en su casi anonimato, todo el respeto por empujar en ese país —y dentro de su espacio asociativo— actitudes y realidades más humanas, más eficaces, más decentes. Personas que dignifican, frente al (ab)uso ajeno, ese manoseado concepto que es la sociedad civil.

LOS CAMBIOS EN *ESPACIO LAICAL*: ALGUNAS REFLEXIONES

Los mensajes personales, notas de prensa y declaraciones en torno al cese de los laicos católicos Lenier González y Roberto Veiga como editores de la revista *Espacio Laical* se van acumulando en buzones de correo, sitios webs y redes sociales. Yo mismo, apenas una hora después de recibir la noticia de parte de uno de los colegas, atendí la sorpresiva llamada de un medio de prensa pidiéndome comentar el asunto. Lo que atiné a señalar, en medio del shock, apareció en una nota publicada esa misma tarde.

A la incertidumbre sobre los móviles del cambio contribuyó, horas después, las un tanto crípticas y regañonas declaraciones del director de la revista. Finalmente, la postura de los editores, expuesta en mensaje circulado la tarde del miércoles 11 de junio, señalaba que ellos habían solicitado —por voluntad propia y por tercera vez en dos años— la renuncia a sus cargos. Explicando que, en esta ocasión, su pedido había sido aceptado por la jerarquía eclesial; consensuando con la dirección de la revista mantener en un bajo perfil y sin publicidad inmediata de la decisión.

Algo que genera inevitable preocupación —y lógica suspicacia— es el hecho de que *Espacio Laical* se aboque a este cambio en un momento en que había alcanzado un alto nivel de convocatoria, escucha y respeto en amplios segmentos de la intelectualidad y opinión pública interesados en temas cubanos, dentro y fuera del país. Con vocación ecuménica y una notoria capacidad para combinar ponderación, profundidad y espíritu dialógico, la publicación se había convertido —como he explicado más de una vez— en la principal revista de análisis de coyuntura y problemas sociales del país. Una que no gustaba a los actores inmersos en las lógicas de polarización política, de todos bandos y pelajes. Y que llevó, a nuevas cotas el trabajo antes desbrozado, meritoriamente y en frontera, por publicaciones como *Temas* y *Vitral*.

En la comunicación de respuesta a las interrogantes desatadas por su primer mensaje, Veiga y González explicaron que el motivo principal de su salida era la polémica generada por el perfil sociopolítico de la publicación en «determinados sectores de la comunidad eclesial», que «piensan que la Iglesia no debe inmiscuirse "en política"» y que no debería abrir sus espacios a «todos los actores de la sociedad civil cubana». Posturas que, a la postre, habrían generado «tensiones que se han proyectado sobre la figura del cardenal-arzobispo y sobre nuestras personas». Lo que les motivó, por razones éticas, a solicitar la liberación de sus respectivos cargos dentro del proyecto laical.

Al leer la nota, no encuentro razones de peso para cuestionar la actitud asumida por mis amigos. En primer lugar, porque cualquiera que conoce la particularísima forma en que los buenos cristianos viven el compromiso y pertenencia a su institución sabrán que la lealtad a esta es un asunto medular; con independencia de las opciones personales que, en uno u otro tema profano, sostenga el creyente.

La experiencia de Dagoberto Valdés con el tratamiento dado a *Vitral* —en la coyuntura de cierre del proyecto originario—, la pertenencia católica de disidentes como Oswaldo Payá y la lealtad mostrada por quienes abrazaron, sin abandonar sus credos, la causa de la Revolución en aquellos duros años donde Iglesia y Estado convivían en medio de mutuas acusaciones, sospechas y agresiones así lo demuestran.

Sin olvidar, con más largo aliento, las lealtades conservadas para con la Madre iglesia por numerosos sacerdotes progresistas que, en estos milenios, han intentado defender y promover causas de justicia, desarrollo y democracia dentro y fuera de la añeja institución, sin romper con esta y sus lineamientos.

Y es que los caminos de la Fe movilizan sentimientos de afecto y lealtad mucho más profundos que cualquiera de nuestras elecciones racionales; quizá solo comparables con la entrega de los verdaderos comunistas hacedores de revoluciones como la rusa y la china. Aquellos que perecieron en manos de sus antiguos compañeros, sin cuestionar la causa mayor por la que, supuestamente, era preferible ignorar cualquier abuso y sacrificar sus vidas.

Hoy, a la luz del desenlace de aquellos procesos, podemos criticar la utilidad de tanto silencio inútil y de tanta muerte injusta; pero —en medio de la cada vez más notoria falta de civismo y compromiso que nos rodea— no es posible sino recordar con respeto a quienes, sin doblegarse ante el verdugo, supieron mantener sus creencias espirituales y humanas frente a toda adversidad, dogma y sanción. Actitud que, desde mi perspectiva y guardando las debidas distancias, honran con su obra y postura Lenier y Roberto a lo largo de esta década y hasta el momento presente.

Sin embargo, me llama la atención cómo dos experimentados —y notablemente informados— periodistas identifican las causas profundas del acontecimiento únicamente con decisiones y cambios internos de la Iglesia. Fernando Ravsverg señala que «Posiblemente la salida de los editores de *Espacio Laical* y el fin del reinado del cardenal Jaime Ortega se correspondan con cambios políticos dentro de la Iglesia Católica, un regreso a posiciones más beligerantes respecto del gobierno cubano». Mientras Manuel Alberto Ramy identifica que «La salida de Veiga y González, a mi juicio, responde y refleja la mentalidad que ha logrado prevalecer en la cúpula de la Iglesia católica de la isla». Siendo dos personas con acceso a fuentes y en modo alguno sujetas a la fe o el compromiso con la vetusta institución, sus juicios me parecen, cuando menos, limitados.

Y es que, cuando se hace cualquier análisis sobre los móviles de un actor-político para conducirse en un modo y entorno específicos, es imperativo evaluar las opciones que le incitarían a actuar de modo diferente, la correlación de fuerzas dentro del escenario donde actúa y los elementos que conforman dicho contexto.

En el primero de los tópicos, podríamos convenir con Ravsverg y Ramy en que, dentro de la Iglesia católica cubana, existen sectores interesados en excluir ciertas agendas progresistas que recibían cobijo en las páginas y foros de *Espacio Laical*. Los trabajos sobre la temática racial y popular, las alusiones a la diversidad sexual y los derechos de género, así como las propuestas de democratización específicamente socialistas que algunos compartimos en aquellos espacios son, por ejemplo, miradas que seguramente revolverían las extrañas a más de un prelado elitista y conservador.

Sin embargo, veo dos problemas para concebir a tal postura como la causante única —o al menos la principal— de la salida de Veiga y Gonzales; enmarcándola en la hipótesis de una suerte de contrarreforma conservadora de cara a la próxima sustitución de Jaime Ortega. El primero es que, si bien en su fuero íntimo más de un cura podrá rechazar la política de acercamiento pactada entre Gobierno e Iglesia, no ha sido visible alguna posición pública de rechazo a esta. Tampoco a las acciones que, de parte del gobierno y durante estos años, han ido a contrapelo del mensaje de paz de los Obispos cubanos.

Porque hubo, es cierto, un agradecible proceso de excarcelación de presos políticos en 2010, pero luego han seguido produciéndose actos de repudio, juicios, golpizas y exclusiones que contradicen, en sustancia, cualquier apuesta reconciliadora. Frente a esto, salvo casos puntuales como el del Padre Conrado, lo que ha primado es una política combinada de rechazo privado —o, a lo sumo, de lamento dentro de los templos— y silencio público respecto a las demandas de solidaridad que víctimas de violaciones a los Derechos Humanos han hecho, incluso de forma directa, a la jerarquía eclesial. Así que si alguien percibe, en el horizonte, la silueta de algún Popiełuszko tropical con suficiente rango y ambiciones cómo para cambiar, en tono beligerante, la orientación de la Iglesia cubana, le pediré gentilmente me lo indique.

Lo segundo es que, desechada la presencia de actores y agendas confrontacionales, no veo incompatibilidad entre los horizontes estratégicos del proyecto de la Iglesia y el paquete de reformas gubernamentales. El primero es sustancialmente político por sus objetivos —lograr una mayor presencia material e influencia espiritual dentro de la sociedad cubana— y aparentemente despolitizado en su discurso público. El segundo es crecientemente tecnocrático en su retórica y raigalmente político en sus acciones tendientes a modernizar la dominación autoritaria. Ambos pueden coexistir en un ambiente donde las lealtades por conveniencia y las ideas conservadoras— preservación de un orden social jerárquico, nacionalismo excluyente, rechazo a identidades y demandas sociales emancipadoras— se refuerzan mutuamente.

Para que tal alianza se sostenga, solo es preciso que la Iglesia no intente, prudentemente, cruzar la raya que le separa de los reductos intransferibles del poder —económico, político y militar— y que el Estado le conceda, en reciprocidad, parcelas cada vez mayores de poder pastoral —educativo, mediático— y, en cierta medida, económico y financiero. Y que ambas entidades sepan procesar las contradicciones naturalmente emanadas de sus respectivas vocaciones de hegemonía social. Empero, la experiencia nicaragüense, durante la actual etapa de gobierno del Frente Sandinista, nos señala que tal alianza es perfectamente posible, viable y hasta redituable para ambos actores.

Por otro lado, pasemos revista a algunos acontecimientos que han torpedeado el esfuerzo incluyente desplegado por el equipo de *Espacio Laical* en años recientes. ¿Fue acaso algún obispo quién vetó o demoró al límite —lo que es lo mismo— el ingreso al país de notables académicos como Carmelo Mesa Lago, invitados a participar en eventos organizados por la Iglesia en el marco de su proyecto Casa Cuba? ¿No son sino páginas y opinadores oficiales quienes, de vez en vez, han divulgados notas conspiranoicas pretendiendo implicar a los laicos católicos en bizarros proyectos de desestabilización interna? ¿Qué sector crítico del orden actual no estaría, con independencia de su postura ideológica, interesado en una discusión más sustanciosa de temas como el de la «oposición leal»? Pensando en estas y otras interrogantes, valdría la pena buscar «las causas de las cosas», lejos de aquellas que suelen ser las más superficiales y aparentes.

Dicho esto, no queda más que apostar— por aquello de que la esperanza es lo último que se pierde— para que la nueva *Espacio Laical* no se convierta en un magazín descafeinado, con una visión rígida y cerrada de la vida pastoral, de las urgencias y sueños de los laicos y, en sentido general, de la ciudadanía cubana. Pues no solo retrocedería en lo ganado durante estos años fecundos. También iría a contrapelo de la política de apertura, debate y renovado compromiso social de la Iglesia que impulsa el jesuita Francisco, para disgusto de los poderes mundanos y eclesiales de este mundo, incluida la propia curia romana.

Hago votos porque los nuevos editores de la revista sepan mantenerla en los sitiales de valía intelectual y compromiso cívico a los que sus predecesores la condujeron. Y, sobre todo, que dispensen a tal proyecto la misma devoción y entrega cotidiana de energía, valor y sabiduría que Roberto y Lenier nos regalaron a lo largo de la década que hoy concluye. Si lo logran, no será únicamente un consuelo para élites ilustradas, sino su mejor aporte a un país inquieto y plural. Un país urgido de voces y foros donde exorcizar sus persistentes demonios e invocar sus ángeles guardianes.

HOUSE OF CARDS Y LA CIENCIA POLÍTICA INSULAR

Desde hace algunas semanas descubrí —y literalmente devoré— las dos temporadas de la serie estadounidense *House of Cards*, que pasa por el servicio de programación online Netflix. Para alguien interesado en los asuntos de la política —y en las disciplinas que los abordan— resulta imposible no sucumbir a los encantos de la serie. A la buena factura de su ambientación y actuaciones, habría que añadir el fiel reflejo de las sutilezas, brutalidades, acomodos y disputas que caracterizan la *realpolitk* de los círculos de poder en EEUU. Y, añadiría, en cualquier parte de este mundo.

Viendo en *House of Cards* el modo en que, desde las orillas del Potomac, se fraguan alianzas y decisiones que afectan a millones de personas en todo el orbe, uno conoce mejor la esencia del quehacer político. Y pondera, al mismo tiempo, los límites y alcances de la democracia norteamericana. Una que combina poderosos mecanismos de fiscalización y control del poder con oscuras componendas alejados del interés y conocimiento general. Donde las ambiciones y compromisos de políticos, empresarios, cabilderos y magnates de la prensa se entretejen en un juego político complicado y dinámico. Tan amenazador del espíritu democrático como incapaz para anular los derechos de los ciudadanos del país norteño, ejercidos a través del voto, la movilización de calle y la organización civil.

Pero lo siguiente que pienso, cada vez que termino un capítulo de *House of Cards*, es cómo pueden ventilarse, ante un público tan amplio y diverso, el cúmulo de miserias humanas que la serie exhibe. Sin que ello signifique el pánico de la clase política y su percepción de que pronto será derribada por los agraviados espectadores. Y me percato que, para ello, además de un consenso mayoritario sobre la deseabilidad del orden democrático, esa sociedad debe reunir ciertos atributos. La existencia de una prensa vibrante —que acoja tanto el escándalo como el periodismo de investigación— y de una sólida academia —capaz de tomar los desempeños y malestares nacionales como problema de investigación— son algunos de esos rasgos. Cuando eso no sucede, asistimos a la patología de cualquier organismo incapaz de procesar sus infecciones y crear sus anticuerpos. Que es lo que ocurre, como regla, en la política y esfera pública insulares.

En materia de ciencia política, lo realizado en la isla en las últimas décadas es un ejemplo prototípico de magro desempeño.[1] Si algunas disciplinas de las ciencias sociales y las humanidades —también regidas por el aparato ideológico del partido— han avanzado en la sofisticación de sus perspectivas y en el abordaje de zonas grises, la politología sigue lastrada por la propia naturaleza de su objeto de estudio. La inexistencia de una asociación de profesionales del ramo, la persistencia de visiones que privilegian, en diferente grado, lo descriptivo y lo normativo —cuando no lo abiertamente apologético— por sobre lo analítico y lo propositivo, son temas por superar.

A pesar de esfuerzos agradecibles[2], la ausencia de estudios sustantivos y de acceso público sobre temas neurálgicos como la composición de la élite política cubana y sus mecanismos reales de circulación y toma de decisión fijan la producción del ramo —con honrosas excepciones— en un nivel artesanal. Al punto que sea hoy una revista de opinión y análisis de coyuntura —Espacio Laical— quien marque la pauta de lo que, en cierto modo, se asemejaría a una producción politológica doméstica.

Semejante estado de cosas no obedece, únicamente, a la naturaleza del régimen político vigente; debe mucho al legado estrictamente brezhneviano que sobrevive en un personal formado en academias de la ex URSS y en la conservadora perspectiva oficial sobre el rol subordinado del intelectual. Si vemos en perspectiva comparada, las academias de naciones aliadas como Rusia, Irán y China muestran un dinamismo, actualización y diversidad de perspectivas

---

[1]   Utilizo ciencia política, ciencias políticas o politología en un sentido laxo, para aludir a las disciplinas que estudian la conformación, ejercicio y fundamentos del poder político. Desde esa perspectiva, tanto la filosofía política, la sociología política como la ciencia política definida en singular cabrían en tal clasificación.

[2]   Destaco en positivo, de los académicos residentes en la isla en la pasada década, los textos sobre el sistema político cubano realizados por Juan Valdés y Emilio Duharte y los análisis de política exterior de Carlos Alzugaray. En mayor o menos medida, estos trabajos —y otros que ahora no menciono— han contribuido al tímido renacer de la disciplina que se aprecia en instituciones como la Universidad de La Habana y en programas de asignatura como el de Teoría Sociopolítica, impartido en diversas carreras a nivel nacional. Más recientemente, los trabajos de Roberto Veiga y, sobre todo, de Julio Cesar Guanche sobre el Poder Popular parecerían seguir una línea promisoria que relaciona lo legal, lo institucional y lo sociológico en el estudio del sistema político cubano.

politológicas con años luz de ventaja sobre la cubana. El provincianismo —creer que Cuba es tan exclusiva como inexplicable—, la apelación al ensayo como sustituto del artículo científico —con lo cual se sobrecargan las posibilidades del género literario— y la confusión existente entre filosofía política —que es, en buena medida, lo que más se produce en la isla— y disciplinas ausentes como la sociología política, presentan un panorama poco halagüeño para el desarrollo de esa rama del saber humano. Mientras cursaba mis estudios de maestría, una profesora —sacerdotisa del estalinismo— pronunció una frase que resume mejor que nada la situación de la disciplina en el país. «Al Poder no le gusta que le estudien», señaló. Poco después, un amigo de aquellos años —y compañero en el posgrado— me reprendió por firmar como politólogo mis artículos mozos sobre política cubana. «No debes hacerlo, aquí solo pueden firmar como politólogos», mencionando después un par de voces autorizadas de la academia insular. Durante todos esos años —y hasta el presente— las decisiones gubernamentales, las protestas de la oposición, la opinión académica y la percepción cotidiana de la gente parecen transitar por sendas diferentes. Evidenciando una fragmentación y desinstitucionalización que impiden la conformación de una esfera pública y una acción y reflexión políticas cabalmente moderna.

Podría terminar, pesimista, diciendo que mientras el ejercicio concreto de la política —y no la invocación a *ismos* y *cracias* huérfanos de asidero real— siga ajeno a la exposición mediática y la incidencia del ciudadano, el análisis politológico insular sufrirá el fardo esterilizador de la censura ideológica y la mediocridad intelectual. A contrapelo, una revitalización de la politología insular ayudaría a sectores activos de la población —oficialistas y opositores— a conocer realmente los entresijos del poder y, por ende, a evaluar la forma en que sus derechos pueden verse realizados o conculcados por aquel. Y potencialmente haría al propio poder —en todos sus niveles— más permeable a visiones menos (auto) complacientes y desconectadas de las realidades internacionales y locales.

Hoy la Cuba profunda, civil y trasnacional, que cambia, se comunica y avanza —a pesar de todos los bloqueos y dominaciones— está desacralizando los discursos, abriendo las fronteras del debate y, sobre todo, visibilizando nuevos actores capaces de labrar el mañana. Con su concurso, quizá no deberemos esperar mucho para que «nuestros» Francis Underwood´s sean desnudados, sus tropelías expuestas y los ciudadanos —incluidos los politólogos— encuentren mejores razones para hacer y vivir.

CUBA: LOS CANDADOS DE LA LEALTAD

El reciente dossier de *Espacio Laical* sobre el manido tema de la «oposición leal» trae de nuevo a colación un intercambio que los autores y un servidor sostuvimos el pasado año en Miami. En aquella ocasión, debatí algunos de los puntos de vista de Lenier y Veiga y, en sus antípodas ideológicas, del filosofo Alexis Jardines.

En un texto escrito poco después, llamé la atención sobre lo que me parecían aproximaciones sesgadas sobre un tema neurálgico: el del contexto, los actores, escenarios y estrategias de un cambio democratizador en la isla. Mismos que enmarcan el asunto de la oposición leal.

En aquellas intervenciones señalé que, dentro de los cambios en curso en la Cuba actual, confluían las expectativas de una sociedad crecientemente mutable, socialmente heterogénea y culturalmente diversa —como resultado de los cambios iniciados en los años 90—; de un Estado que implementa una serie de reformas de gestión y administración y de un régimen político cuyas leyes y mecanismos siguen siendo los del modelo soviético, lo que les hace disfuncionales para lidiar con la creciente complejidad social y nacional.

Se trata, en resumen, de una sociedad que cambia de prisa, un estado que se reajusta y un régimen político prácticamente inmutable. Un régimen postotalitario —según la clasificación, a mi juicio insuperada, de Juan Linz— y no otro prototípicamente totalitario —como la infame dictadura norcoreana—; pero tampoco uno meramente autoritario.

Siendo este último —el modelo autoritario— el que posibilitaría que la idea de «oposición leal» abandonase el terreno de la retórica y los buenos deseos para concretarse en una realidad legal e institucional, capaz de disputar, lentamente y desde la asimetría, las preferencias ciudadanas.

Ya que quienes propugnan la idea de lealtad aluden, con frecuencia, al caso mexicano, vale la pena recordar que, incluso en la época de apogeo autoritario del régimen posrevolucionario, el opositor Partido Acción Nacional podía aspirar, al decir de un reconocido escritor, a «cuatro o cinco curules en el palacio legislativo cada tres años y una o dos presidencias municipales cada sexenio».[3]

La maquinaria priista que controlaba el parlamento frecuentemente incorporaba —regateándole la autoría— propuestas del PAN en materia de política económica y reforma administrativa.[4] Y si bien los dirigentes y candidatos panistas eran amenazados, reprimidos y despojados en las elecciones, estos laboraban en las universidades, poseían negocios o, incluso, desempeñaban funciones públicas, como fue el caso del «padre fundador» Manuel Gómez Morín, quien dirigió el Banco de México y la UNAM.

En la otra acera, quienes definían las reglas del juego (el PRI) operaba combinando una férrea unidad estratégica y un indiscutible rol de liderazgo del presidente y sus gobernadores con aceitados mecanismos formales e informales de renovación de elites y procesamiento de los disensos, ambos ausentes en el PCC cubano.[5]

En la periferia priista, un grupo de pequeños partidos satélites —dizque de izquierdas— acompañaban, legitimando, al partido hegemónico; dando cuerpo al modelo de «ogro filantrópico» y «dictadura perfecta» que estudiosos y escritores se encargaron de describir a lo largo de sus siete décadas de protagonismo priista.

Por su parte, la sociedad mexicana operaba como un crisol de organizaciones populares, sindicales, profesionales, de empresarios que, aun y cuando en su inmensa mayoría participaban del orden corporativo dirigido desde Los Pinos, también podrían negociar demandas frente al partido/ estado.

En los márgenes del «sistema» permanentemente aparecían figuras, grupos intelectuales, medios de prensa y organizaciones disidentes inscritas, a medio camino, entre la confrontación, la tolerancia y la capacidad de incidencia pública.

Cuento esto no para presentar al PRI como una virgen vestal —ahí están Tlatelolco y Atenco para recordarnos lo contrario— sino exponer las evidentes diferencias que existen entre los regímenes postrevolucionarios de México y Cuba.

¿Acaso hemos visto, en este medio siglo, a un rector de la Universidad de La Habana defender la autonomía universitaria, pedir la libertad de los presos

---

[3] Enrique Krauze *La presidencia imperial*, Tusquets, México DF, 1997, pág. 169.

[4] Para ver la incorporación del PAN al proceso legislativo y su participación en elecciones de gobernador ver *La democracia indispensable. Ensayos sobre la historia del Partido Acción Nacional*, obra de Alonso Lujambio publicada por la editorial Equilibrista, México DF, 2009.

[5] Para un estudio reciente sobre tales dinámicas en el entorno regional ver Juan Carlos Villarreal, *La formación y características de la elite priista contemporánea: el caso del Estado de México (1996—2012)*, Toluca, 2013.

políticos y marchar con sus estudiantes en una manifestación no autorizada por el gobierno en condena de la represión?

Pues así fue en México en 1968, con Don Barros Sierra, rector de la UNAM; quien, sin embargo, terminó su periodo de gobierno sin ser removido por las autoridades. Podría seguir un largo listado pero creo no es necesario.

Pasando de lleno a nuestras peculiares circunstancias, no hay que ser un sabio para comprender que el orden legal vigente en Cuba —desde su Constitución al Código Penal— establece una serie de candados legales para cualquier forma de oposición legal.

Adicionalmente, la injerencia del Partido (único) y los órganos policiacos impide que algún individuo o grupo opositor haga uso de los derechos ciudadanos para participar en el sistema de Poder Popular, ni siquiera en el nivel de base.

En el terreno asociativo, el registro correspondiente —congelado desde hace años en el Ministerio de Justicia— y la legislación que le acompaña son auténticos desincentivos para la organización autónoma de la ciudadanía.

Si a eso sumamos que la «dirección de la Revolución» define periódica y caprichosamente qué actores (y propuestas) entran en el terreno de lo «políticamente aceptable» incluso dentro del campo popular y revolucionario —como evidencian las experiencias de la delegada tunera Sirley Ávila y los académicos del viejo Centro de Estudios sobre América— creo que se dejan opciones bastante estrechas para combinar disenso y lealtad.

Volviendo al dossier de *Espacio Laical*, creo que esta entrega retrocede (e incurre en flagrantes contradicciones) respecto a postulados defendidos anteriormente por ambos ensayistas. En pasados trabajos e intervenciones, tanto Veiga como González han señalado, con toda justeza, el deseo de un espacio para corrientes libertarias, liberales y democristianas dentro del futuro político del país. Posturas todas que, rigurosamente hablando, no encajan en el concepto de nacionalismo revolucionario, a menos que estiremos demasiado dicha noción, sacrificando su rigor analítico.

Es algo de lo que, por cierto, ha adolecido buena parte de la producción intelectual realizada en la isla sobre estos temas, confiada en exceso en aproximaciones parroquiales, descontextualizadas y atemporales para los serios asuntos de la política nacional. Si no, revisar nociones como «democracia patriarcal», «diversidad dentro de la unidad» —dentro de un partido leninista que no tolera a su interior disensos estables y organizados— o «los derechos humanos que defendemos», las cuales intoxican la producción académica del país.

Es sencillo: no puede haber oposición leal donde no hay un gobierno leal para con las reglas de un Estado de Derecho, bajo un orden que reconozca y ampare tanto a la ciudadanía que le adversa como la que le apoya. Si se continúa insistiendo en eso dentro del entorno postotalitario insular ello será, cuando menos, una evitable falta de rigor académico.

Pero también puede ser interpretado como una imposición de las preferencias de los autores —que son, en ciertos temas como la innovación participativa y la justicia social, también las mías—; dentro de una cosmovisión sumamente normativa que niega la posibilidad del pluralismo político.

De todos modos, hay que agradecer a *Espacio Laical* esta invitación al debate; esperando que quienes participen lo sostengamos con altura y concreción, sin agredir al otro ni invocar espantajos o piruetas discursivas.

En los tiempos que corren, la lealtad se define no en relación a una ideología política o mito fundante, sino a un orden democrático que sea respetado por gobernantes y gobernados, capaz de consagrar, en igualdad de prioridad, la soberanía popular y la nacional. Dentro de este —compatible con el Derecho Internacional y los Derechos Humanos— tiene cabida una oposición pacífica —no terrorista—, ideológicamente plural, articulada con bases y solidaridades ciudadanas —inequívocamente trasnacionalizadas—, independiente de la injerencia foránea, gubernamental y empresarial. Si se cumplen esas premisas, la expedición de cualquier «certificado de lealtad» queda sobrando.

EN CUBA ¿DESDE ABAJO Y A LA IZQUIERDA?

*La libertad nunca es voluntariamente otorgada por el opresor; debe ser
exigida por el que está siendo oprimido.*

Martin Luther King

Hace unos días, en la antesala de la Cumbre de la CELAC, el canciller cubano
anunció que en La Habana no se realizarían cumbres de los pueblos porque,
señaló «los pueblos de toda Nuestra América estarán dentro de la Cumbre y
Cuba es la tierra hermana de todos ellos».

Y en efecto así sucedió: nada de Cumbres de los Pueblos, Coordinadoras
contra el Libre Comercio —pese a que varios de los presidentes invitados son
promotores de tales políticas privatizadoras— y, ni siquiera, Asambleas de los
Movimientos Sociales integrados en el ALBA.

Ante el desconcierto y molestia que tal situación provocó, algunos amigos
barajamos la hipótesis de una movida gobiernista; diversa en sus referentes
ideológicos y prácticos, pero coincidente en el interés de reducir la molesta interpelación que todo movimiento social hace al gobierno que le toca sufrir.

Sin embargo, una entrevista reciente a la coordinadora del Programa de Solidaridad del Centro Memorial Dr. Martin Luther King (CMMLK), puede ser
particularmente reveladora de otros factores —inherentes a los propios actores
excluidos— capaces de explicar el porqué de estas ausencias.

En la entrevista, la joven cuenta cómo la alianza de movimientos bolivarianos se empezó a construir en 2008, avanzando en los años sucesivos en la
construcción y articulación de plataformas nacionales.

Todo ello coordinado por una secretaría operativa integrada por el Frente
Popular Darío Santillán (Argentina), el Movimiento de los Trabajadores Rurales Sin Tierra (Brasil), acompañados desde Cuba por el CMMLK y la Or-

156

ganización de Solidaridad de los Pueblos de África, Asia y América Latina; organizaciones que colaboraban desde hace tiempo en diversos escenarios y redes internacionales.

La entrevistada destaca que en la Asamblea fundacional participaron unas 240 personas procedentes de más 80 movimientos de 22 países, saliendo a relucir los casos de la Asociación Nacional de Agricultores Pequeños (perteneciente a la Coordinadora Latinoamericana de Organizaciones del Campo Vía Campesina) y la Federación de Mujeres Cubanas (parte de la Marcha Mundial de las Mujeres) como organizaciones de masas cubanas asistentes al foro.

Y ahí mismo cualquier lector medianamente informado del contexto cubano se haría la primera pregunta: siendo la práctica y defensa de la autonomía —frente al estado, los partidos y el capital— una cualidad central de los nuevos movimientos sociales latinoamericanos estudiados por Raul Zibechi y Maristella Svampa, ¿las organizaciones isleñas podrán aportar experiencias en este campo? ¿No son acaso organizaciones cuyo discurso, membresía y agendas sufren del verticalismo, fosilización y sujeción política a los designios del estado/partido, típicos del modelo leninista aún vigente en Cuba?

En la entrevista de marras, al ser interrogada sobre aquello que podrían aprender los actores cubanos de sus pares latinoamericanos, la intelectual alude a un conjunto de cuestiones interesantes pero vagas como el «aprendizaje en el sentido de organización, unidad y colectividad», la «frescura que nosotros no tenemos», el «carácter voluntario», la «autorganización y la autoconvocatoria».

Y, tras un uso recurrente de la primera persona del plural —significativamente útil dentro de la psicología y cultura política nacionales cómo forma de diluir/transferir responsabilidades— señala «Nosotros, por varias razones, hemos aprendido a ser disciplinados en extremo a la hora de organizarnos y convocar a algo».

Semejantes interpretaciones podrían ser el resultado de la redacción de una periodista carente de espacio o, acaso, un reflejo de la endeblez analítica y el simplismo bobalicón que rodean al discurso y la praxis de buena parte de la Educación Popular y el tallerismo que se hacen en Cuba.

Pero creo tienen también que ver con una cultura política que se refuerza, incluso, en aquellos espacios que pretenden ser alternativos, cómo forma de sobrevivir sin hablar frontalmente de «cómo está la cosa».

¿Acaso el asunto de los déficits ciudadanos es algo meramente individual, volitivo o, digámoslo así, «cultural«? ¿No atraviesan toda la institucionalidad cubana estructuras de mando y castigo, patrones de orden y obediencia y experiencias de vidas y proyectos truncos que han ido moldeando, dentro de la sociedad, ese sentido de pasividad y temor a la innovación en temas sociopolíticos?

¿Tiene la misma responsabilidad el delegado de barrio que intentó romper la desidia burocrática o el periodista censurado hasta el cansancio que aquellos que decidieron, con todo su poder e impunidad, joderles la vida y los sueños a muchos cubanos —incluidos militantes revolucionarios— de a pie?

Otra confusión sustantiva es creer, como expresa la entrevistada, que la diferencia fundamental entre gobiernos y movimientos sociales radica en que los primeros están sujetos a lógicas electorales, cortoplacistas y al diálogo/concesiones con otros actores; mientras los segundos se basan en una lógica de largo plazo, donde construyen un «acumulado político, desde abajo y con calma». Al parecer todo se reduce a un problema de tiempos y alianzas, mientras el tema neurálgico de las funciones y lógicas de estos actores se invisibiliza.

En realidad, todo gobierno —con independencia de la ideología que le anime— intenta aplicar su ley y detentar el monopolio de la representación del colectivo cuyos destinos dirige: por eso líder, nación y pueblo se confunden, exprofeso, en toda retórica oficial. Por su parte, los movimientos sociales representan a los excluidos, cuestionan a los gobernantes, abren el espacio y las políticas públicas a nuevos temas y demandas.

Lo que la confusión de este discurso revela es una enorme debilidad e incoherencia de organizaciones sociales oficialmente reconocidas —y sus directivos e intelectuales orgánicos— para posicionarse con una agenda propia (no necesariamente adversa) a los gobiernos integrados en el ALBA. A estos últimos, la autonomía de los diversos actores afines les está resultando tan incómoda como la resistencia de otros movimientos sociales en los contextos neoliberales, a los gobiernos de derecha.

Obviamente, hay diferencias de fuerza, trayectoria y posicionamientos entre, por un lado, el poderoso MST —híbrido entre movimiento nacional y aparato burocrático— y el contestatario movimiento piquetero argentino; y las organizaciones cubanas, incluida una ONG prototípica con prolongaciones comunitarias (Red Educadores Populares), como es el CMLK. Los primeros preservan la capacidad de interpelar a sus aliados gubernamentales, romper pactos, negociar agendas; los segundos tienen que esperar que les bajen línea o, a lo sumo, hacer un cabildeo de muy bajo perfil y paciencia salomónica, siempre con la posibilidad de que les den un portazo.

La misma integración de la representación cubana a los foros de la izquierda social continental —sometida a los designios del Comité Central y aprobada por los aparatos ideológicos y de contrainteligencia estatales— es un ejemplo de esta carencia de autonomía y agencia. Los lineamientos sobre qué temas apoyar y cuáles no también.

En ambos rubros mi experiencia reciente dentro de la sociedad civil criolla ha sido aleccionadora: recuerdo las broncas —y vetos— para participar en los Foros Sociales desarrollados en la década pasada y la desgarradora queja de una feminista nicaragüense por la postura insolidaria de sus compañeras de la FMC cubana ante la condena del dirigente Daniel Ortega, acusado de abusar de su hijastra Zoilamérica. Botones de muestra de la subordinación estatista de las organizaciones isleñas.

En el contexto cubano, sin embargo, existen otras organizaciones que, tras plantearse honestamente objetivos modestos, hacen importantes contribuciones a las agendas locales y temáticas (diversidad sexual, ambiente) de positivo impacto en la vida de la población.

En sus programas no se encontraran proclamas emancipadoras ni presunciones de transformar el mundo desde abajo, sabedores de sus límites reales de recursos, tiempo y contexto. Porque el trabajo barrial no es siempre sinónimo de empoderamiento, ni la capacitación un acompañamiento real frente a la acción (u omisión) de las administraciones que afectan la vida de las comunidades.

De ahí que, amén de lo celebrable de su trabajo y trayectoria, en entes cómo el CMLK se mantiene la tensión entre, por un lado, preservar el modo de vida —lucrativo en las condiciones cubanas —y el monopolio de saberes y discursos (Educación y Comunicación Popular)— de su personal profesional y por el otro, la necesidad de confrontar aquellas políticas en curso —que amplifican el autoritarismo y la desigualdad sociales— y el apoyo a las demandas de mayor autonomía que, de cuando en cuando, despiertan entre sus tallereados.

En cuanto a las organizaciones de masas, los repetidos intentos de revivirlas en congresos recientes han abortado en el propio proceso de gestación, por los lineamientos obsoletos, la subordinación a las metas gubernamentales y la escasa representatividad de sus liderazgos, conservando una membrecía mecánica y apática lista para zafarse en el primer chance del pago de las cuotas y las reuniones en el horario de novela.

Si quiere verse qué significa ser y hacer movimiento social en el contexto cubano, sería más realista hurgar en el trabajo —a veces poco (re)conocido— de pequeños colectivos como los que forman el Observatorio Crítico y otras redes de activistas, cuya defensa de la autonomía y la autogestión ha implicado graves costes personales y colectivos a quienes las impulsan. También de la explosión de arte urbano y autogestión cultural emergidos en la pasada década, así como de la lenta pero creciente recuperación del espacio público —y del derecho a la manifestación y protesta— por parte de trabajadores afectados por las leoninas regulaciones estatales.

Experiencias todas distantes de las modas y beneficios que permean las agendas de una alternatividad demasiado leal a los ritmos y mandatos gubernamentales. No se trata de apologías ni satanizaciones sino de evaluar, con objetividad, quien está empujando sin permiso, desde abajo y a la izquierda, los cambios en pro de un país mejor.

UN PAÍS NORMAL

De cuando en cuando, al conversar en tierra mexicana con amigos, conocidos o taxistas, me cuentan sus deseos de conocer Cuba. La mitología de la Revolución, los relatos de sexo candente, las ofertas de turismo de salud o, simplemente, las ganas de pasear por La Habana Vieja y zambullirse en Varadero, les incitan a preguntarme sobre la mejor época para visitar mi tierra natal. Y yo, de un tiempo a la fecha, les respondo lacónicamente: ve, antes de que Cuba sea un país normal.

Lo que sucede es que la normalidad —el vivir bajo una economía capitalista, sin las generosas políticas sociales que caracterizaron durante varias décadas al socialismo cubano— se va instalando como una amarga certeza en la vida cotidiana de la gente.

No de quienes pagan caros cubiertos en fastuosas cenas navideñas o compran los últimos artilugios de moda y confort. Sino de la mayoría de una población agobiada por el subconsumo acumulado, deprimida por los indecentes salarios y, para colmo, desubicada —en su capital humano y material— para la inserción exitosa en las reformas de mercado actualmente en curso.

Reformas que, siguiendo las enseñanzas de un libro reciente (*Porque fracasan los países: los orígenes del poder, la prosperidad y la pobreza*, Daron Acemoglu & J. A. Robinson, Crítica, Barcelona, 2012) revelan cómo, bajo un gobierno autoritario, las instituciones políticas y económicas refuerzan mutuamente su carácter extractivo; en círculos viciosos que alejan las posibilidades de cualquier desarrollo incluyente, justo y democrático.

Tal lógica crematística es la que anima la actual liberalización —formalmente positiva— de la venta de autos. Digo formalmente puesto que cualquier medida que expanda el confort de sectores de la población y, a la vez, erosione el poder de la burocracia para asignar, directa y discrecionalmente, bienes de consumo posee, a mi juicio, un efecto humano y un potencial pluralizador.

Sin embargo, las formas de implementación de la medida están revelando una lógica extractivista superior, incluso, a los niveles anunciados por el gobierno. Según un cálculo preliminar —en relación a los precios conocidos— ahora mismo hay en Cuba autos vendiéndose, al contado y sin crédito, al 800 % de su precio corriente en EEUU y México. Países estos donde, además, los salarios son mayores y las infraestructuras viales y de servicio infinitamente superiores.

Decididamente la gerontocracia insular está aplicando a sus habitantes una política comercial híbrida, que remite a los bantustanes y los emiratos: paga a sus trabajadores/consumidores como si vivieran en bantustanes y les cobra bienes y servicios como si vivieran en emiratos.

Aunque con tal política de precios las tasas de ganancia —para recordar al viejo Marx— son por el momento siderales, puede que veamos dentro de algún tiempo al gobierno —obligado a rotar el stock almacenado y tras haberse tragado una montaña de plata ajena— anunciar que habrá financiamiento —con tasas presumiblemente onerosas— y una paulatina rebaja de costes (¡¿acaso al 400 %?!) en la compra de autos.

Medidas que probablemente algunos espíritus amaestrados aplaudirán como resultado de la «participación y demandas populares», dentro de unas reformas al son de «sin prisa pero sin pausas». Mientras tanto, la compraventa de viejos Ladas y «almendrones» será, además de un acto de cuasi rebeldía y subversión antimonopólicas, la opción accesible para quienes, con algunos ahorritos, pretendan trasladarse por cuenta propia.

Queda por ver si el importe recaudado por tan leonina política de precios se traduce en la sostenida mejora del transporte público, gracias al Fondo especial anunciado para tal fin. En ausencia de una contraloría social independiente, el estado puede decidir el uso de esos recursos como mejor le venga en ganas, para actos políticos, casas para militares u operativos policiales.

Ojalá esos dineros refuercen la base material, el fondo salarial y la capacitación de nuevas cooperativas de transporte urbano, donde los trabajadores puedan combinar la autogestión con una mejora general de sus ingresos y, por fin, un servicio a la altura de la demanda ciudadana.

Cambios como el de la venta de autos, amén de sus efectos positivos para cierta capa de cubanos, reproducen no solo las condiciones mayoritarias de pobreza y desigualdad, sino que benefician a actores e intereses concretos (burocracia tradicional, tecnocracia del sector emergente, pequeña burguesía) interesados en sostener sus posiciones hegemónicas o en ampliar una inserción subordinada que les permita acceder a niveles crecientes de consumo a costa de negociar su apoyo o protagonismo políticos. Y cuando esto no va de la mano de una redefinición del gasto social — capaz combatir los efectos nocivos de dos décadas y media de crisis sobre la población cubana— o de una expansión de los derechos políticos ciudadanos, semejantes espacios de mercado no son capitalizables para el empoderamiento de la gente. Conducen, en todo caso, al reciclaje de la alianza dominante que rige los destinos del país.

Por eso, cuando invito a mis amigos a apurarse para no conocer otro país normal creo que lo que realmente hago es proyectar, al presente, mis buenos recuerdos —tal vez idealizados— de una Cuba que ya no existe más. Pero cuyos hacedores —nuestros padres, abuelos, parientes— (sobre) viven en la isla tras entregar lo mejor de sí a la construcción de un futuro mejor.

La realidad es que las emblemáticas conquistas sociales de la Revolución, que tanto beneficiaron a las mayorías trabajadoras, están hoy en retirada. Y que asistimos al tránsito a un capitalismo de estado, sostenido en un modelo de crecimiento extractivo, monopolista y rapaz; en cuyos cauces es virtualmente imposible sentar las bases de un auténtico Estado de derecho y un desarrollo inclusivo.

DÉFICIT HABITACIONAL Y MARGINALIDAD EN CUBA

El acceso popular a la vivienda es uno de esos temas que ciertos defensores foráneos de «la obra de la Revolución» mencionan como una de las bondades del esquema de protección social vigente en Cuba.

Pese a ello, otras voces «amigas del país», más objetivamente informadas, mantienen un prudente silencio sobre el asunto, por ser uno de los problemas sociales más graves del país.

Y es que si bien es cierto que el estado postrevolucionario aprobó entre sus primeros medidas justicieras la rebaja de alquileres y la concesión de títulos de propiedad a los moradores, también lo es que en las últimas décadas la situación del rubro ha ido agravándose.

Hoy, más del 70% del fondo habitacional califica como de regular o mal estado; se construyen poquísimas nuevas casas cada año, incumpliéndose planes constructivos de por sí insuficientes. Es muy común que en una casa convivan, con todos los roces que ello supone, hasta 3 generaciones de cubanos.

En lo relativo a la construcción o reparación de viviendas por el Estado, esta ha disminuido en los últimos años. El ritmo constructivo es inferior a las necesidades, por lo que el déficit habitacional se incrementa en correspondencia con una trayectoria ya histórica.

El proyecto de construir (de 1960 a 1970) 32 mil apartamentos anuales quedó en una cifra promedio de 11 mil. De 1971 a 1980 elevó la meta a unas 38 mil anuales, pero el promedio anual fue de menos de 17 mil. A partir de 1981 se inició un plan de 100 000 anuales, que —hasta 1990— no rebasó el promedio de 40 mil.

Si bien en 1995 se logró sobrepasar las 40 mil, la cifra descendió paulatinamente hasta que en los primeros siete meses de 2005 solo se habían concluido 7 300 viviendas. En el 2008 la meta se bajó de nuevo hasta 50 mil, rondando las cifras de los primeros cinco meses el 28% de cumplimiento. Si apreciamos el panorama actual, se constata que se han realizado algunas construcciones estatales —denominadas «viviendas con destino»— en especial algunas de alta calidad destinadas a oficiales del MININT y de las FAR, en barrios de Plaza y Playa, el Casino Deportivo, en los repartos Santa Catalina y La Coronela, entre otras zonas de la capital. Se han habilitado como albergues y viviendas algunos edificios que antes fueron centros de trabajo; pero estos son casos puntuales y no satisfacen en modo alguno la demanda.

A la incapacidad constructiva se unen los fenómenos meteorológicos de los últimos años que han derribado o dañado parcialmente cientos de miles de viviendas, la mayoría porque eran de baja calidad —tanto por los materiales empleados como por el cuestionable rigor del proceso de edificación— y porque, además, estos han carecido de mantenimiento durante el medio siglo.

Este verano, producto de los aguaceros, se produjeron varios derrumbes en una pequeña zona de Centro Habana: en Escobar entre Neptuno y San Miguel, en Neptuno entre Manrique y San Nicolás y un tercero en Soledad entre Neptuno y Concordia.

En cuanto a la recuperación, hay numerosas familias que perdieron sus viviendas al paso de los huracanes que asolaron el Oriente y la provincia de Pinar del Río y que todavía no han logrado recuperarlas. Por todo ello el déficit habitacional real sobrepasa, según diversas fuentes, el medio millón de viviendas oficialmente reconocido.

Después del fracaso del Estado de querer asumir por sí solo la construcción de viviendas y de acudirse a las llamadas Microbrigadas, actualmente se ha transferido esa responsabilidad a los particulares.

Tal decisión deja sin cobertura a la numerosísima población trabajadora que habita cientos de edificios multifamiliares —en zonas como La Lisa o Alamar— mucho más difíciles de reparar con la suma de esfuerzos individuales.

Así, los planes de asignar prestamos bancarios y facilitar materiales de construcción a la población para que construya o repare sus viviendas con recursos propios tampoco ha resuelto el enorme déficit habitacional del país.

Semejante rehabilitación «por cuenta propia» se confronta con una oferta de materiales escasos, a precios altísimos y de baja calidad, pues en los rastros hay revendedores que adquieren casi todo el material que entra —como las barras de acero (cabillas) y el cemento en bolsa— para venderlos a precios superiores.

Sin embargo, también está en curso un celebrable programa de subsidios a gente de bajos ingresos, para que reparen sus viviendas o construyan piezas como cocinas, baños u otra habitación, que concede el poder decisor a una comisión municipal de composición amplia lo que, según algunas opiniones, ha acotado las prácticas de «sociolismo».[1]

A la población empobrecida de la capital hay que añadir el arribo —nunca interrumpido pese a cuestionadas iniciativas legales y operativos policiales— de millares de inmigrantes de las otras provincias, que sobreviven en la urbe a través de disímiles actividades, legales o ilegales.

Estos se instalan en edificaciones de pésimo estado constructivo —casi siempre inhabitables— o bien improvisan precarias habitaciones con materiales de desechos en zonas de la periferia de la ciudad, sin servicio de acueducto, alcantarillado ni electricidad, en condiciones de hacinamiento e ilegalidad.

Estas poblaciones marginales no cuentan tampoco con la cartilla de racionamiento, lo que dificulta más la sobrevivencia y multiplica el comercio ilegal y el delito.

Los barrios empobrecidos que albergan una población en tal situación de marginalidad se dispersan por diversos municipios de la capital. Tan solo si mencionamos los más notorios, encontramos que en Centro Habana se identifican los barrios de Los Sitios, algunas zonas de Cayo Hueso, el Barrio Chino y San Leopoldo; en La Habana Vieja destacan los barrios de Jesús María y Atarés; en Arroyo Naranjo se encuentra Párraga; en La Lisa el asentamiento ubicado debajo del puente que colinda con el municipio de Marianao; en Plaza existen El Fanguito y La Timba, en el Cerro el asentamiento El Canal, entre otros. Pero los más famosos son comunidades muy precarias de la periferia de la ciudad y barrios como La Corea (La Lisa), El Canal (Cerro), y La Cuevita (San Miguel). Hay otra Corea, también, en San Miguel del Padrón.

La agudización del problema de la vivienda en Cuba constituye un serio problema social.[2] De hecho, es presumible que el notorio incremento de los niveles de violencia en la capital y la proliferación de diversas formas de marginalidad e ilegalidades guarden estrecha relación al incremento de la pobreza y el hacinamiento poblacional.

Para combatir y solucionar tales problemas serán necesarios una importante inversión —y no solo una racionalización, como parece preferirse hoy— de recursos en función de mejorar las política sociales (vivienda, salud, educación, recreación) que atienden a esas poblaciones, así como experimentar formas alternativas (cooperativas de construcción y gestión de viviendas, cajas de cré-

---

[1] Uso de influencias y relaciones para obtener y proveer acceso a bienes, servicios y empleos demandados.

[2] Para un vivido y reciente abordaje del tema ver, del periodista Fernando Ravsverg, el siguiente trabajo www.havanatimes.org/sp/?p=91062.

dito, etc.) que impidan que la ineficacia de las burocracias o la especulación del mercado inmobiliario sean las que determinen, para las mayorías, el acceso y disfrute de su derecho a una vivienda digna.

Meta que solo se alcanzará en la medida que se combata y reduzca, de forma integral y sostenible, la pobreza que afecta a amplios sectores de la población cubana.[3]

[3]   Nota: Agradezco los aportes y comentarios de varios amigos residentes en La Habana, así como de los especialistas Carmelo Mesa y Mario Coyula.

CUBA ¿DE QUÉ JUSTICIA SOCIAL HABLAMOS?

En Cuba, el actual desarrollo de las reformas está ampliando la brecha entre los individuos y grupos favorecidos por los cambios y aquellos convertidos —de la mano del mercado que no les acoge y del estado que aún administra y limita sus derechos— en perdedores netos.

Estos seres prescindibles abarcan hoy diferentes categorías de trabajadores urbanos y rurales, familias carentes de remesas, habitantes de los barrios de la periferia capitalina y el interior del país, negros y mestizos, ancianos y mujeres.

Recordé tal situación en días pasados, a partir de cierto intercambio en Internet, donde un conocido me decía «en tu país la gente puede vivir, pues el estado cubre sus necesidades». Frente a tal situación no queda más remedio que traer al debate el estado de la justicia social en Cuba, desmenuzando alguna de sus manifestaciones concretas.

Aunque me gustaría avalar el entusiasmo del amigo, creo necesario matizar tal fervor. Para ello, comienzo por recordar que, durante algún tiempo, varios autores —incluido quien escribe estas líneas— hemos utilizado el término «Contrato Social» para aludir metafóricamente al peculiar nexo establecido entre la población cubana y el estado postrevolucionario.

Nexo donde la primera entregó en manos del segundo grandes parcelas de derechos civiles y políticos, a cambio de formas de participación políticas subordinadas y, sobre todo, de extensas, generosas y en ciertos casos ejemplares, políticas sociales. Esto posibilitó, por tres décadas, una inclusión y movilidad social envidiable en el contexto latinoamericano, dentro de un orden estadocéntrico y bajo los subsidios masivos de la desaparecida Unión Soviética.

Sin embargo, es justo decir que ese Pacto hoy naufraga dramáticamente, sin que el patrón devuelva a sus protegidos lo que alguna vez estos le entregaron.

Frente a este escenario parece aclararse que las «conquistas sociales» nunca fueron derechos sino, en el mejor de los casos, prestaciones.

Por cuanto quedan en entredicho tres condiciones esenciales de los primeros: ser exigibles —y tener mecanismos donde demandarlos y defenderlos—, universales —inherentes a toda la población, amén su condición política o socioeconómica— y, sobre todo, indivisibles —por lo que si no se poseen, a cabalidad, derechos civiles y políticos nunca se podrán defender los sociales.

Por eso, frente a cualquier llamado parcelario de orden, eficiencia, lucro o libertad del tipo de los que tirios y troyanos hacen hoy —en el marco de la compleja situación nacional cubana—, vale la pena alzar la voz por una justicia social que corre el riesgo de convertirse en pasto de la nostalgia.

Si consideramos, por tomar un ejemplo, el estado de la seguridad alimentaria —entendida como el acceso a alimentos suficientes, seguros y nutritivos capaces de cubrir las necesidades nutricionales y sustentar una vida sana y activa— veremos que este elemento básico de cualquier política justiciera y solidaria está en crisis.

La seguridad alimentaria en Cuba, en las últimas dos décadas, se ha contraído significativamente debido a la caída en la producción agrícola —que en 2012 fue inferior en relación a la de 1989 en la mayoría de los productos— y por los elevados precios de los alimentos y otros productos de primera necesidad, tanto en mercados privados como estatales.

En tal situación, los ancianos sin familia son particularmente los más afectados, debido a las escuálidas pensiones que reciben —ya sea por su jubilación o por la «asistencia social»— y porque no compiten en el nuevo mercado del trabajo por cuenta propia.

La tan preconizada distribución de productos normados/subsidiados continúa a la baja y la tendencia de la famosa libreta de abastecimientos es a desaparecer —más por paulatino desangramiento que por súbita clausura—, pese al rechazo que tal situación genera en amplios sectores populares, dependientes de estos productos básicos subsidiados, como se demostró en debates convocados por el propio gobierno.[4]

---

[4] Ver Información extraída del Documento «Información sobre el resultado del Debate de los Lineamientos de la política Económica y Social del Partido y la Revolución». Mayo 2011. Para consultar este y otros materiales relacionados ver: http://www.one.cu/ publicaciones/08informacion/Lineamientos/folleto—lineamientos—vi—cong.pdf ; http:// www. one.cu/publicaciones/08informacion/Lineamientos/tabloide_debate_lineamientos.pdf y http://www.one.cu/publicaciones/08informacion/Lineamientos/Resolucion%20sobre%20 los%20Lineamientos%20de%20la%20Politica%20Economica%20y%20Social%20del%20 Partido%20y%20la%20Revolucion.pdf.

El tema es tan polémico que se refleja en los foros de debate de la isla, generando posiciones diversas entre los participantes. En uno de estos (el Último Jueves, organizado por el equipo de la revista *Temas*) el economista y ex funcionario José Luis Rodríguez dijo que los productos de la libreta satisfacen el 60% de los requerimientos proteicos y calóricos de las personas, mientras otros ponentes recordaron que las familias cubanas —cuyos salarios reales son hoy la mitad de los de 1989— dedican entre 60% y 75% de sus ingresos a la alimentación básica.[5]

Hay que especificar que las autoridades han ido sacando productos de la libreta, que luego se venden en el mercado libre a precios 3 o 4 veces mayores. Los precios de la distribución normada también ha ido en aumento, permaneciendo dentro de la libreta los siguientes productos: 5 libras de arroz a 25 centavos la libra y dos adicionales a 90 centavos; 10 onzas de granos a 80 centavos: 3 libras de azúcar refino y 1 de azúcar sin refinar a 15 y 10 centavos la libra, respectivamente; ½ libra de aceite a 20 centavos, 1 sobre de café (mezclado con chícharo) de 4 onzas a 4,00 pesos; 1 libra de pollo a 70 centavos y 11 onzas de pescado o, en su lugar, pollo, al mismo precio; 5 huevos a 15 centavos; y 1 pan pequeño (diario) de 80 gramos a 5 centavos.[6] Esta cuota alcanza aproximadamente para una semana de consumo. El resto de los productos deben adquirirse a precios altos, en las tiendas en divisas o en los mercados agropecuarios: en estos últimos los huevos a 1,10 pesos la unidad, el arroz a 5,00 pesos la libra, el frijol negro o colorado a 15,00 pesos la libra, la carne de puerco a 30,00 pesos la libra; un aguacate a 10,00 pesos, un mango a 8,00 pesos, una libra de cebolla a 15,00 pesos, etc. Y en tanto los productos de la libreta son insuficientes para cubrir las necesidades básicas, la población tiene que completar las necesidades de diversos bienes de consumo de alta demanda (jabón de baño y de lavar, detergente, pasta dental, aceite, puré de tomate, condimentos, café, etc.) acudiendo al mercado liberado en pesos cubanos o en divisa, en el que los precios son mucho más altos, lo que incide en la baja capacidad de compra de la gente.

En estos establecimientos —a los cuales no tienen posibilidad de acceso regular los sectores más pobres— los precios mantienen una tendencia al aumento, a lo que se suma las irregularidades en el abastecimiento de numerosos productos, favoreciéndose con esto el incremento del mercado negro y la especulación.

---

[5]   http://temas.cult.cu/blog/201307/resena—ultimo—jueves—julio/

[6]   Además, se entregan 3 kilogramos de leche en polvo para niños de 0 a 7 años y 13 pomos de compotas para niños de 0 a 3 años.

El salario promedio mensual en Cuba, que ronda los 460,00 pesos, no cubre las necesidades básicas más elementales: según criterio de varios especialistas y testimonio de diversos ciudadanos, cada persona requiere hoy alrededor de 3 salarios promedio para adquirir los productos de primera necesidad.

Con semejantes salarios, la mayoría de las familias cubanas viven en situación de pobreza, sobreviviendo con ingresos obtenidos por vías ilegales: desvíos de recursos estatales, participación en el mercado negro, hurtos, etc.

De esa situación se exceptúan aquellos que ocupan puestos importantes vinculados con la economía que opera en divisas (empresas mixtas, inversiones extranjeras), ciertas categorías especiales (oficiales de los cuerpos armados, algunos deportistas y artistas), los que rentan al turismo o tienen algún negocio relacionado con este (paladares, clubs) o quienes reciben una ayuda importante (remesas) del exterior.

Y si bien se suele replicar aludiendo a las prestaciones estatales de servicios de educación o salud —también bajo asedio combinado de la crisis y los recortes, a lo cual dedicaremos futuros *posts*— no es menos cierto que incluso en estos rubros la población está destinando parte de sus ingresos para garantizar, sino el acceso, sí la calidad del servicio.

¿Pero, preguntan algunos, frente a tal situación en un país con las añejas tradiciones de lucha y niveles de instrucción como el cubano, no sería lógico que la gente expresara su disenso? E ignoran que esto está sucediendo, tanto en los canales institucionales (asambleas sindicales, barriales, buzones de queja del estado y la prensa) como en las conversaciones callejeras y las manifestaciones de la acotada oposición.

Sin embargo, en tanto la prensa y sociedad civil oficiales funcionan en sintonía con los intereses estatales y las voces críticas corren el riesgo permanente de sufrir sanciones de todo tipo —en un país donde el estado es patrón, policía y dador de permisos para la incipiente iniciativa privada. La queja en voz baja, la catarsis en círculos de confianza o la inserción en el mercado negro, mezcla de robo al estado y al prójimo, parecen ser, todavía, las reacciones individuales más comunes ante tal coyuntura.

Sin embargo, de continuar el empobrecimiento de la población en estos tiempos de reformas liberalizadoras, no es trasnochado presumir que asistiremos —en un futuro cercano y sobre todo en las abandonadas zonas del interior de la república— a frecuentes expresiones de descontento y protesta social, más caóticas y espontáneas que políticamente conscientes y organizadas.

Algunas experiencias recientes en otros países señalan que el disgusto con las afectaciones a la vida cotidiana pueden desencadenar protestas personales que, a la postre, conllevan a procesos de cambio de insospechadas consecuencias: el publicitado caso del tunecino Mohamed Bouazizi, cuya inmolación dio inicio a la llamada Primavera Árabe, resulta en ese sentido paradigmático.[7]

La realidad es que las emblemáticas conquistas sociales de la Revolución, que tanto beneficiaron a las mayorías trabajadoras, están bajo asedio y en retirada. Y que su defensa debe ser tarea no solo de las izquierdas sino de todo el que se considere demócrata, porque no puede erigirse —y subsistir— un auténtico Estado de derecho sobre la pobreza y desigualdad de las mayorías.

En todo caso, el romántico relato de que los cubanos viven con una pobreza digna debe ser, como otros tantos, debidamente revisado.

---

[7] Según testimonio de un colega estudioso de la política árabe, el joven tunecino se encontraba previa (y forzosamente) insertado en las redes políticas y clientelares del régimen autoritario de Ben Alí, hasta que el proceso de liberalización y la expansión de la corrupción, combinados con la desresponsabilización estatal respecto a la política social y la erosión de los mecanismos de integración adhoc tradicionales, elevaron a niveles inéditos las presiones económicas y los maltratos de los funcionarios corruptos sobre los trabajadores informales. Factores estos que desencadenaron, en el caso de Bouazizi —insertado en redes de vendedores ambulantes y en una asociación de desempleados— la dramática respuesta.

LA IZQUIERDA CATÓLICA Y LOS CAMBIOS EN CUBA

Hace año y medio, en un *post* publicado en estas páginas abordé la situación de la Iglesia Católica, sus similitudes y nexos con el Partido Comunista y su aporte al proceso de cambios en Cuba.

En aquel texto señalaba que ambas entidades compartían «objetivos pragmáticos, donde la retórica y los actos no siempre van de la mano» donde se combinaban «la inercia de la institución» y «el compromiso social de sus fieles».

Y aposté porque la milenaria institución religiosa tributara a «la construcción de un país mejor, que no puede regirse por botas y sotanas, sino mediante el concurso, laico y democrático, de todos sus hijos».

El tiempo, como suele suceder, ha moderado mi entusiasmo. Si bien es cierto que el amparo eclesial —aunque no con su pleno concurso o dirección — han sido cobijados, total o parcialmente, diversos proyectos editoriales, cívicos y culturales importantes (en particular las revistas *Espacio Laical* y *Palabra Nueva*, el Centro Félix Varela y el Laboratorio Casa Cuba) el comportamiento de la jerarquía católica con relación a las demandas y dinámicas de cambio nacional ha sido, como regla, demasiado cauto.

Con una lógica de «dos pasos adelante y uno atrás» (y a veces incluso invirtiendo ese orden) los prelados apoyaron en 2010 la excarcelación de presos políticos para luego hacer caso omiso a pedidos de protección de disidentes acosados por actos de repudio.

Han auspiciado una apertura económica y llamado a un necesario proceso reconciliatorio, mientras ignoran, en sus crecientes alocuciones públicas, cualquier referencia a las «estructuras de pecado» que reproducen las prácticas de penalización y censura del gobierno cubano en contra de ciudadanos pacíficos.

En relación a las visiones progresistas que, desde diversas perspectivas académicas (economistas, politológicas, sociológicas) e ideológicas (socialdemócratas, libertarias, socialcristianas) han ido ganando un espacio en diversos medios y foros cercanos a la Iglesia, no es difícil advertir, dentro de la institución, diversas posturas.

Una, acaso mayoritaria, percibe con recelo conservador la exposición de actores y discursos que, según parecen interpretar, podrían contrariar el esfuerzo eclesial por ganar —con la venia gubernamental— mayor espacio mediático, educativo y, a la postre, social.

Otra postura, probablemente menor en defensores y recursos dentro de la actual jerarquía católica isleña, desearía ver a la Iglesia (y sus publicaciones) convertida en paladín de la lucha contra el gobierno, desde las coordenadas de un discurso que combina diversas modalidades del credo liberal con resabios anticomunistas.

De tal suerte, los valiosos intentos de acoger propuesta(s) nacionalista(s), progresistas y ubicadas alrededor de la centroizquierda del espectro político no son, a mi juicio (y a pesar de las teorías conspirativas hilvanadas por sectores del exilio y la oposición) una posición dominante dentro del clero cubano.

Todo lo contrario: la supervivencia de proyectos editoriales y foros ciudadanos como los impulsados —con visible mesura y compromiso nacional— por los laicos católicos progresistas dependerán de las sensibilidades y cálculos pragmáticos de las élites gubernamental y eclesial.

Lo cual hace pender su existencia de un hilo, que ambos grupos dominantes pueden cortar, en cualquier momento: sea por presión directa de los estalinistas enquistados en el aparato estatal —lo cual parece hoy poco probable— o como regalo generoso de altos miembros de la jerarquía, deseosos de ganar favores con el poder y sacudirse el fardo de estos hijos incómodos.

Así, en la medida que el proyecto de reformas avance, es previsible esperar un aggiornamiento del segmento dominante de la Iglesia con el modelo económico y político resultante.

A la liberalización con gobernabilidad autoritaria estatal corresponderá una Iglesia políticamente esterilizada, fortalecida en su presencia social y crecientemente coludida con la «nueva clase» en su expansión mercantil en los predios educativos y culturales.

Ni los problemas estructurales de la pobreza y la desigualdad (ignorados por la fórmula de la caridad tradicional) ni las viejas o nuevas identidades pecaminosas (como los sujetos LGTB o los creyentes de cultos afrocubanos) tendrán un lugar bajo el sol de este nuevo concordato.

Con un clero empoderado, los derechos sexuales, el laicismo y la diversidad religiosa no podrán darse por conquistas inmutables de la Cuba republicana y revolucionaria. Bajo esa perspectiva conservadora, en sus predios se formaran empresarios piadosos antes que ciudadanos activos.

En sus púlpitos se predicará un amor que diluye jerarquías y ofensas en aras del «bien común» sin reparar en las asimetrías, violencia e injusticia cotidiana. En sus publicaciones encontrarán mejor prensa las ideas de lucro, eficiencia y orden por encima de las de justicia, democracia y libertad. Lo que deberían entender quienes, pontificando su «intransigencia frente al castrismo, descalifican el trabajo del progresismo laico católico es que este no se sustenta en privilegios monetarios o cálculos racionales.

Me consta la estrechez material de su subsistencia, la integridad moral de su conducta y la autenticidad de su credo nacional y social. He sido testigo de su íntima y absoluta entrega a su fe y a su Iglesia.

También convendría comprendiesen los dogmáticos del gobierno que las reformas que el presidente Raúl impulsa no pueden confinarse a las oficinas de los expertos: tienen que oxigenarse con un debate ciudadano que las corrija.

Pero lo que, con su experiencia milenaria, debería considerar la Iglesia Católica es que sus acciones u omisiones frente al presente nacional suscitarán el juicio de la gente y de la historia. Ya que, bajo una lógica de cálculo y compromiso, cualquier interlocutor autoritario solo respeta a quien demuestra tener capacidades y voz para sustentar posturas de independencia frente al poder dominante.

Como el catolicismo es una institución global, es posible que los cambios que hoy vive el Vaticano impacten la realidad cubana.

Francisco, sin ser un revolucionario, ha demostrado la decencia y sentido común para acometer reformas fundadas en una noción ampliada de justicia, un rechazo a las componendas cupulares y a la impunidad de los poderosos, dentro y fuera de los predios eclesiales.

Ojalá que esos mismos vientos renueven las figuras y mentalidades del alto clero cubano, dando cabida al acompañamiento de nuevas demandas de participación ciudadana y justicia social y no al mero cálculo estratégico.

Pero, como caribeños que somos, ya sabemos cuán caprichosos son los vientos; por lo que tal vez sería mejor prepararnos —desde abajo y a la izquierda— para lidiar con esta suerte de Quimera —burocrática, tecnocrática, eclesial— que posterga la llegada de la democratización nacional.

CASA CUBA Y LA NOBLE CONSTRUCCIÓN DE LO CUBANO

En días pasados, han aparecido en la prensa trasnacional cubana diversos análisis sobre la más reciente iniciativa del Laboratorio Casa Cuba, proyecto auspiciado —en compañía de un grupo de jóvenes intelectuales socialistas isleños— por los editores de *Espacio Laical*.

Como regla, los diversos cronistas han ponderado la claridad, espíritu propositivo y el consenso forjado por los autores del documento; algo que se agradece ante la compleja problemática cubana.

Destacan que el texto sea un nuevo refuerzo a la serie de iniciativas (Campaña por otra Cuba, Llamamiento urgente por una Cuba mejor y posible y la Declaración contra detenciones arbitrarias en Cuba) impulsadas en fecha reciente por diversas personas y colectivos ciudadanos; propuestas que comparten la virtud de hablar sin cortapisas del aquí y ahora de nuestra vida nacional.

Creo que poco podría añadir a los análisis ya hechos, por lo que quiero rescatar algo del trasfondo humano de esta iniciativa. En ese sentido, me viene a la mente una conferencia impartida en Santo Domingo, hace un año, por Lenier González, joven editor de *Espacio Laical* y destacado impulsor de Casa Cuba.

En aquella ocasión, con prosa fluida y elegante, Lenier enumeró las contradicciones que lastraban el debate y participación ciudadanos en la Cuba actual, apostando por una búsqueda —sin exclusiones ni violencia— de alternativas que preservaran la soberanía nacional y popular, frente a las amenazas autoritarias y mercantiles que nos acechan.

Pero recuerdo en especial un gesto de Lenier que lo enalteció a los ojos de los presentes y emocionó a varios de quienes asistíamos al foro. En su ponencia, hizo un reconocimiento explícito a varias iniciativas; algunas que habían sido decisivas en su formación personal y otras que reconocía por su aporte a la actual vida pública de nuestro país.

Se refirió a las revistas *Vitral* y *Temas*, y a los proyectos Observatorio Crítico, Estado de Sats y el propio *Espacio Laical*. Recuerdo que la nobleza de sus palabras impresionaron a un amigo asistente al foro, al cual yo trataba por entonces de convencer de la calidad humana y cívica de quienes empujaban el proyecto editorial de los laicos habaneros.

Y es que quizás a algunos esa simple enumeración de foros y publicaciones no les diga mucho, pero no pasará desapercibida ante cualquiera que conozca las escaramuzas inciviles y los asesinatos de reputación y memoria que aun asedian nuestra precaria (pero expansiva) esfera pública.

Con su testimonio, el joven periodista no solo estaba ofreciendo a los asistentes una somera cartografía y bitácora del debate y activismo ciudadanos: ese que suele invisibilizarse en las páginas de la prensa oficialista y de los medios del exilio recalcitrante.

También se ubicaba en una posición huérfana de envidias y protagonismos, la única desde la cual es posible forjar un proyecto de diálogo y construcción de alternativas a la política dominante en ambos lados del estrecho de la Florida.

Mucho ha llovido desde aquel encuentro en la cálida tierra dominicana y mi amistad y acompañamiento para con el proyecto *Espacio Laical* y sus animadores han crecido. Con todos los ingredientes que supone una sincera amistad: discusiones agrias y sin cortapisas, sueños y frustraciones compartidas, alertas sobre los escenarios por venir.

En ese tenor, la reciente iniciativa que varios amigos han adelantado tiene toda mi solidaridad y atención. Para celebrar la concisión y calidad de sus propuestas, que atienden —sin ausencias y con notable y fértil imaginación— a los graves desafíos nacionales.

Para sugerirles la apertura del proyecto a nuevas identidades sociopolíticas (como la demoliberal y la ecologista), susceptibles de complementar las disímiles perspectivas socialistas y democratacristianas presentes dentro de la plataforma ciudadana.

Con el Laboratorio Casa Cuba los esfuerzos de *Espacio Laical* por impulsar el debate informado y no excluyente entre cubanos se ven coronados de un nuevo triunfo. Y se reafirma al proyecto editorial laico como la publicación más consistente de la isla en cuanto al abordaje concreto de las problemáticas económicas y sociopolíticas cubanas.

Con ello, sus animadores se ubican, parafraseando a un mexicano inmortal, en la región más transparente del pensamiento y civismo nacionales. Una donde las miserias humanas fenecen por su propio peso, y donde afloran —pese a los temores, cansancios y censuras— toda la grandeza y creatividad forjadas en dos siglos de agónica construcción de lo cubano.

LO PERSONAL Y LO POLÍTICO

El fin de semana conocí —de la mano de un amigo residente en la isla— una declaración pública firmada por varias colegas de la UNEAC, alertando sobre la necesidad de combatir la violencia contra la mujer.

En el texto se alude, como ejemplo de este detestable mal, al caso del escritor Ángel Santiesteban, acusado y encarcelado bajo cargos de maltratos a su esposa. En dicho documento, las firmantes asumen plenamente —a partir de su amistad y conocimiento de la cónyuge agraviada— la culpabilidad del creador y, además, hacen patente su rechazo a las posturas de solidaridad expresadas para con este.

Pocas horas después de leer el documento, sostuve —vía correo electrónico— un franco y respetuoso intercambio con una de las promotoras, alguien a quien —aprovecho para enfatizarlo— reconozco como una persona honesta, cuya decencia y valía profesional respeto.

En lo personal, estoy 100 % de acuerdo con que se proteste y actúe contra toda forma de violencia, provenga esta de un escritor que maltrate a su mujer, de turbas que maltratan a mujeres en la calle o de países que invaden a otros violando su soberanía con mil y un pretextos espurios.

Y así lo he hecho saber en varios artículos y pronunciamientos públicos, suscritos de forma individual o en acciones colectivas concertadas junto a compañeros del Observatorio Crítico.

Lo que sucede es que, en el caso que concretamente se alude, hay demasiadas visiones encontradas de los involucrados —incluyendo gente que se desdice en el proceso acusatorio— a lo que hay que añadir diversas pruebas (gráficas, videos, de expertos) que aluden a malos procedimientos en el proceso, elementos que en todo caso implicarían la necesidad de repetirlo. Como dije en un *post* anterior: no se trata de asumir a priori la inocencia del escritor o defender sin reservas que estamos ante una causa del fuero común manipulada por motivos políticos. Y si a alguien le parece inédito este reclamo, quiero destacar que de asuntos de similar gravedad —y de su resolución conforme a derecho— existen ejemplos recientes.

En México, la ciudadana francesa Florence Cassez fue detenida durante varios años como presunta secuestradora, y cuando se probó que el proceso tenía fallas y mañas quedó excarcelada, aun cuando también existían amplias sospechas —y también personas agraviadas y supuestas pruebas— de su culpabilidad.

Lo que en el caso que confronta a Santiesteban y su expareja se impone es el mandato de que no quede un abusador impune (si el acusado lo fuese) ni que los déficits del proceso se cobren una nueva víctima (en caso que fuese inocente). Sin confiar, ciegamente, en nuestra vocación de solidaridad gremial —con el artista— o de género —con su compañera— que muchas personas loablemente tendrán.

Si en el caso ha habido errores de procedimiento que ameritan otro juicio, esto es algo que debería interesar a todas las partes implicadas.

Pues, si mañana se confirman las sospechas de que funcionarios metieron la mano en el proceso ¿no se cruzarán entonces las víctimas y victimarios? Y, en lo relacionado a esta iniciativa ¿no caerán, bajo fuego cruzado, las actitudes de quienes se han solidarizado con una supuesta víctima —su esposa— cuando también hay otra supuesta víctima —el escritor— presumiblemente afectado por una política de estado?

Paso a un segundo tema, de más largo aliento. El documento —que consideré originalmente un texto leído en una actividad y no algo escrito para publicitarse, como posteriormente corroboré en varios sitios oficiales— tiene todas las connotaciones del tipo de documento (manifiesto, declaración, etc.) que hacen los intelectuales públicos.

Porque las firmantes no se limitan a expresar su solidaridad puntual con una amiga agredida, sino que adelantan loables conclusiones generales sobre la violencia, la necesidad de rechazarla, etc. Y es justo ahí cuando, al solo mencionar una parte de nuestra realidad cotidiana y conocida, la iniciativa peca por sesgo.

Si algo he aprendido con mis amigas feministas es que lo personal es político.[1] Y si es una postura (y decisión) personal de las firmantes hayan puesto como ejemplo el caso de Ángel, también lo es que —como señalan varias voces

---

[1]   Al respecto tengo mucho que agradecer a lo aprendido con mis amigas del movimiento de mujeres nicaragüenses, cuya experiencia abordé en un texto reciente: «El movimiento de mujeres y las luchas sociales por la democratización en la Nicaragua postrevolucionaria (1990-2010)», pp. 39-62, revista *Encuentro*, Universidad Centroamericana, n° 89, Managua, 2011.

críticas— en esta declaración sus promotoras hayan omitido pronunciarse sobre la violencia institucional, sistemática y colectiva que se ejerce sobre aquellas mujeres opositoras que, semana tras semana, marchan por calles habaneras reclamando pacíficamente por sus derechos y los de otros.[2]

O sobre los conocidos y reiterados casos de manoseo y maltrato a las jóvenes que se prostituyen en Malecón, cometidos por agentes y oficiales de policía corruptos. Pues al abordar el asunto de fondo (la manifestación de rechazo a toda violencia) invocar un ejemplo concreto sin aludir también a otros atropellos a la integridad física y moral de mujeres introduce cuando menos, un sesgo desbalanceado. Sobre todo cuando las pruebas de golpizas y maltratos a estas últimas son públicas y notorias.

Se puede estar o no de acuerdo con las posturas personales de estas féminas, pero no creo que nadie decente pueda avalar que a una mujer le caigan encima turbas violentas o le violenten su dignidad sin posibilidades de recibir, frente a agentes del orden, el reconocimiento y la defensa adecuados. Sobre el asunto hay demasiados testimonios orales, escritos y gráficos como para que las firmantes no sepan nada.

Por demás, el anuncio de las firmantes sobre el impulso a una legislación de género y el seguimiento que darán a los problemas de las féminas cubanas no es sino una iniciativa loable que todos debemos acompañar.

En lo adelante, si una iniciativa como esta quiere llegar a buen puerto deberá dar seguimiento, asesoría y acompañamiento a todas las víctimas femeninas de violencia, personal o institucional: sean estas esposas de escritores, disidentes de sexo femenino o mujeres de los sectores populares que ven sus derechos lesionados por sus pares masculinos.

Para que no suceda como ciertas modas promotoras de «cultura de paz» —impulsadas por varias ONGs cubanas— donde se reconocen la violencia hogareña y comunitaria mientras se ignoran las múltiples formas de violencia (no únicamente física) de los funcionarios contra la ciudadanía.

Al final, parece que en este caso estamos frente a un terreno minado, con diversos tipos y grados de prácticas de dominación que se superponen. Y hay que hablar alto y claro de todas, sin privilegiar alguna o ignorar otra.

Cuando se conoce un poco de la historia del feminismo, se sabe que en las luchas concretas (por el cuerpo y los derechos) se han cruzado y solidarizado

---

[2] Las cuales —por los problemas de transporte, comunicación y de «luchar» con la vida cotidiana que afectan a nuestros conciudadanos— sabemos que no son, en lo fundamental, obra de la espontaneidad de la gente. Porque qué ciudadano común —o, más aun, qué masa de estos— puede dedicar tiempo y energías a moverse de tal a más cual punto de la ciudad para un acto de repudio si no es mediante una expresa decisión y con recursos del estado.

todas las perspectivas, amén de sus ideologías. Y si el régimen político y las prácticas sociales vigentes en nuestro país (y los que vendrán bajo una previsible restauración capitalista) son cada vez más machistas, autoritarios y mercantilizadores de la vida humana.

Creo que las feministas tienen ante sí un gran trabajo por delante en la Cuba del presente y, aún más, en el futuro. Porque las grandes conquistas sociales —de igualdad legal, ascenso social, emancipación personal— alcanzadas dentro del proceso revolucionario parecen estar cada vez más asediadas por las crecientes desigualdades asociadas al mercado y por el avance de pensamientos y actitudes conservadoras como las que hablan de educación religiosa y restricciones al aborto, que ya comienzan a asomar su oreja peluda.

Cualquier feminista sabe que no se puede diferenciar lo simbólico de lo concreto, la emancipación de género de la liberación política, la lucha por la equidad y la democracia entre los géneros de la lucha por una democracia política para tod@s. Y que la relación de lo personal y lo político es uno de los fundamentos del discurso y lucha feministas, que no admite sesgos. O se asume de una vez y sin distingos o se hipotecan las luchas por venir.

EL PREMIO NACIONAL DE LEONARDO PADURA

Un mulato cincuentón del popular barrio habanero de Mantilla acaba de ganar el Premio Nacional de Literatura. Leonardo Padura se alzó con el lauro, en una coyuntura de transformaciones sociales e institucionales que están cambiando el rostro de Cuba. Y, para muchos de sus compatriotas, esas (los cambios y el premio) son buenas noticias.

Con sus novelas y personajes teñidos de cubanía, de testimonios del paisaje cotidiano y de críticas al legado estalinista vigente en la isla caribeña, Padura ha conquistado —en una rara coincidencia de los astros— la popularidad del público cubano, el respeto de los censores habaneros y la avidez de los mercados editoriales del mundo.

La zaga de Mario Conde, la agonía del desterrado (presente en Heredia y sus epígonos contemporáneos) y las invocaciones al cansancio histórico que marca el paso (o el peso) del vivir cubano son, desde hace algún tiempo, parte del mejor legado de la literatura contemporánea cubana.

Una que se resiste a los encasillamientos de la Guerra Fría y prodiga sus mejores frutos en disímiles locaciones de la geografía trasnacional.

Ahora, que los lauros —parafraseando a Silvio— lo vienen cercando, poderosos e invisibles, no faltan voces que alertan sobre un supuesto y/o previsible amaestramiento del autor por parte del aparato propagandístico del estado cubano.

Pero, cuando me estremezco ante la idea de esta posibilidad, repaso mentalmente los atributos del expediente creador de Leonardo: no ha sido —a diferencia de otras «personalidades de la Cultura Nacional»— un cortesano, un censor o un delator de sus colegas.

Ha renunciado a las profesiones de fe o las firmas de manifiestos, en uno y otro sentido. Y siempre —al menos así ha sido en nuestra brevísima amistad—

ha demostrado respeto a las opiniones diferentes y una franqueza y sencillez poco común en esa hoguera de vanidades que es el gremio literario.

Por todo ello, mulato, no me queda más que desearte todos los triunfos del mundo. Y que estos te lleguen exorcizando la envidia ajena, la seducción de los poderosos y la tentación de sentirte, por ti y por los otros, insuperable. Y, si no es mucho pedir, esperar junto al café dominguero otro correo preñado de polémica, de dudas; de abrazos que compartir juntos.

EL CASO DE ÁNGEL SANTIESTEBAN: LAS DUDAS Y EL TRASFONDO

Hace días, sostuve con algunos amigos un cruce de mensajes en torno a la difícil situación del escritor cubano Ángel Santiesteban.

Reconocido escritor —laureado y publicado hasta que su creciente beligerancia antigubernamental le confinara al ostracismo— Santiesteban vive los últimos momentos de un largo proceso judicial, pendiendo sobre su cabeza una condena de cinco años de cárcel por el supuesto delito de violencia conyugal.[1] Agotadas las instancias —el Tribunal Supremo apoyó la medida del fiscal— al autor solo le resta esperar el fatídico aviso.

En ese debate, si bien existía consenso en repudiar cualquier manipulación política del caso, algunos amigos argumentaron reservas ante la posibilidad de «parir» una declaración solidaria.

La razón de tal cautela, en personas que otras veces han firmado —con todo el riesgo y decoro que tal postura implica— documentos de denuncia contra actos represivos cometidos por funcionarios cubanos, era la sospecha de que la acusación tuviera algún basamento real y que el escritor hubiera ejercido violencia sobre su esposa.

Y en Cuba, como todos saben, nos enseñan desde chiquitos que «a las niñas no se les da».

Así, un colega remata para calzar su duda: «el tipo dice que es falso. Y porque él lo dice ¿lo tengo que creer? La mujer dice que es cierto. ¿Por qué no le voy a creer a ella? Ah, que los testigos se echan para atrás y para alante. O sea que no puedo poner la mano en el fuego por nadie. Por favor

---

[1] Para ver la visión del acusado —y pruebas esgrimidas para calzar su inocencia— acceder a http://loshijosquenadiequiso.blogspot.com/.

si alguien sabe la manera de conocer bien los hechos, con algún nivel de certeza, lo comparta cuanto antes».

Otro amigo me advierte del fiasco del caso Bejerano, cuando algunos creadores cubanos apostaron a la inocencia del pintor acusado de actos lascivos contra un menor, cargos que, a la postre, reconoció en una aparente negociación con la justicia de la Florida.

Y son precisamente estas alertas, nacidas de las dudas legítimas de gente decente, las que se confrontan con las mías, me conducen al final del callejón sin salida de las culpas y confianzas, para examinar el trasfondo legal del proceso.

Con un cúmulo de contradicciones, pruebas endebles y testimonios dudosos cualquier juez serio e imparcial archivaría o, en el peor de los casos, convocaría una revisión exhaustiva del caso para repetir la investigación y juicio en mejores condiciones.

Y si Santiesteban fuese realmente culpable, que purgue su condena; en caso contrario que quede inmediatamente libre de cargos y limpia su imagen pública.

El problema es que en Cuba, en ausencia de un Estado de Derecho —y de las instituciones y garantías que le dan cuerpo—, cualquier acto ilegal, real o fabricado, puede adquirir dimensiones y connotaciones insospechadas, en detrimento del emplazado, si este tiene deudas pendientes con «el sistema».

En idéntico contexto, una violación de la ley cometida por un funcionario puede quedar en la impunidad o recibir una disminuida condena, como atestiguan los casos de abuso y corrupción policiales —denunciados en estas mismas páginas— o los atentados contra la integridad física de personas vulnerables, como fue el caso de los muertos en Mazorra, víctimas de la irresponsabilidad administrativa y la insensibilidad humana.

Así, creo que el problema no radica solo— ni siquiera fundamentalmente— en la persistente insolidaridad que corroe a la intelectualidad y esfera pública cubanas; actitud que genera parálisis cívica y consagra el monopolio —legal o espurio— de la violencia estatal.

En un caso como el de Ángel, los errores son tantos y tan graves que simplemente ameritan un nuevo proceso o la clausura definitiva del presente.

SALVEN A FIDEL

No lo merece, ni él ni nadie. En el ocaso de su vida, Fidel Castro, el octogenario ex comandante, ha sido expuesto públicamente por la prensa cubana en un torpe reportaje que cubría su asistencia a votar, el pasado domingo 3 de febrero.

El visible deterioro del protagonista y las muestras de adulación de los presentes daban al suceso un cariz irracional, surrealista, lamentable.

Fidel ha sido, con sus luces y sombras, un trozo de la historia contemporánea cubana, continental, planetaria. El culto —organizado o espontáneo— a su imagen ha combinado la devoción sincera de mucha gente de a pie con el usufructo oportunista de su legado que realiza la elite burocrática, engendrada bajo su largo mandato.

En los últimos años, «la nueva» dirección del país ha ido desmontando, de forma paulatina y no declarada, buena parte del legado fidelista. Para bien, pues ha introducido cambios en una dimensión pragmática y concreta de concebir la vida de la nación y su gente, lejos de la épica trascendente —y egolátrica— del Comandante.

Para mal, porque buena parte de las locuras rescatables del fidelismo —un país pobre con gente instruida, sana y solidaria con otros pueblos— se desvanece ante el peso combinado de un modelo que hace aguas y los criterios mercantilistas que prevalecen dentro del reformismo oficial.

Así, este Fidel se convierte en una suerte de alma que mora en el limbo, precario habitante (aún) de este mundo, convertido en la sombra del antiguo personaje y poder que, hace años, fue.

Ante tal situación, me irrita sobremanera cómo un gobierno acostumbrado a fabricar y preservar tan meticulosamente su imagen ha expuesto, en plena decadencia, a quien declara el gestor de sus principios.

Será porque tengo un abuelo de su misma edad, al que no soportaría ver convertido en objeto de escarnio de algún vecino cruel. O porque me desa-

186

gradan las sonrisas hipócritas y adulonas de los funcionarios y periodistas que rodean sus esporádicas apariciones, los mismos que en privado seguramente se mofarán de «lo jodido que está el viejo».

O acaso porque creo que la integridad de cualquier ser humano debe ser preservada, en la medida de lo posible, del escarnio público, máxime si esa persona es un anciano frágil, indefenso y, a todas luces, senil.

No importa que él mismo, en su intolerancia con la crítica ajena, haya sembrado en derredor la semilla de la simulación y el cinismo. Y que sus víctimas o enemigos se sientan con todo el derecho de cuestionar su obra y figura.

Lo que considero éticamente reprobable es que los máximos beneficiarios del régimen que él creó no tengan un poco más de cuidado con su persona. Y que le conviertan en un objeto museable y mostrable, un premio a la adoración o curiosidad morbosa de algún mandatario latinoamericano. No, gobernantes cubanos, asuman con honestidad el rumbo de sus propias decisiones, avancen en la ruptura con sus errores, preserven — sin canonizaciones— lo salvable de su legado. Pero por sobre todo, cuiden al ser humano, cuídenlo de Fidel, de la razón de estado, de ustedes mismos.

EL PASADO DE UNA ILUSIÓN

Un viejo refrán reza «aquellos polvos trajeron estos lodos», recordándonos que aquello que a veces se percibe como novedad no es tal, y que todo tiene un pasado y un origen. A raíz del *post* dedicado al texto de Camila Piñeiro y su presentación de los autogestionarios cubanos, quiero sacar del anonimato una experiencia que tuve el honor de conocer y vivir en primera persona.

Lo hago como modesto aporte a la recuperación de la memoria del sector progresista de la academia cubana, para difundir aquellas experiencias que antecedieron al actual clima de debate y apertura que parece abrirse paso en ciertos ambientes intelectuales. Clima que, vale decirlo, permanece alejado de los medios masivos al alcance de la inmensa mayoría de la población.

En 2004, un grupo de académicos procedentes de la Universidad de La Habana, el Instituto de Filosofía, el Centro de Investigaciones Psicológicas y Sociológicas y otras instituciones acompañados por varios amigos —entre ellos un periodista especializado en temas económicos— comenzamos a reunirnos de manera informal —pero conocida por nuestros colegas y directivos y abierta a la participación ajena— para discutir los temas de la autogestión y la participación.

En los salones de nuestros centros de trabajo, en bares como El Carmelo o en la casa de algún compañero fuimos conformando lo que luego alguien bautizó la Red Propuestas.

Tanto quienes integraron el grupo como los que fungimos como coordinadores apenas frisábamos los 30 años, pero fuimos acompañados por algunos «hermanos mayores» que aportaron su experiencia de vida e investigación. En nuestro trabajo contamos con el apoyo solidario de amigos como Al Campbell, Michael Lebowitz y otros, quienes ofrecieron recursos y redes personales para

188

la realización y difusión de nuestro trabajo en diferentes foros y publicaciones de la isla y el mundo.[1]

Sostuvimos debates con varios representantes de los grupos que señala Camila, de los que recuerdo particularmente dos. En los jardines de la UNEAC, un economista admirador de las reformas chinas trataba de descalificar cualquier idea de participación de los trabajadores, presentándola como una propuesta inviables frente a la necesaria preeminencia al mercado.

Otra vez, en el Palacio de las Convenciones, un conocido burósofo cuestionó como revisionista nuestro análisis de la realidad nacional —en especial la categoría socialismo de estado— y, en curiosa coincidencia con el economista, rechazó como inviables las propuestas de cooperativización, control obrero y planificación democrática que presentábamos como alternativas a la estatización vigente.

El trasfondo no podía ser menos propicio para esta aventura intelectual. Estábamos en el clímax de la Batalla de Ideas —suerte de versión postmoderna de la Revolución Cultural— bajo la cual las tímidas reformas de los años 90, que otorgaron mayor presencia al mercado y ampliaron la participación comunitaria, fueron frenadas.

Se imponía la apuesta a la recentralización financiera, la reducción del cuentapropismo y el crecimiento de la burocracia, con los voraces talibanes de la Juventud Nacional en el puesto de mando. Así que nos tocó nadar a contracorriente de los estatistas y —en menor medida— de los economicistas que Camila nos presenta en su interesante ensayo.

La existencia de un grupo como la Red Propuestas —basado en el respeto intelectual, el compromiso cívico y la confianza interpersonal— se vio torpedeado por trabas que fueron apareciendo conforme el proyecto cobró vida, regularidad y publicidad.

Varios directivos vetaron la celebración de nuestras reuniones en sus centros, algunos compañeros fueron alertados sobre la presencia de «intereses del

---

[1] Los miembros de la Red participamos, entre otros, en eventos como las conferencias «La obra de Carlos Marx y los desafíos del siglo XXI», los congresos del Centro Investigaciones Psicológicas y Sociológicas y de la Sociedad Cubana de Psicología. Frutos de este esfuerzo son obras colectivas como Pérez, Arnaldo (Comp.) *Memorias del Evento Participación Social en el Perfeccionamiento Empresarial*, CIPS_CEEC, Editorial Félix Varela, La Habana, 2004; Chaguaceda, Armando (comp.) *Cuba sin dogmas ni abandonos. Diez aproximaciones a la transición socialista*, Editorial Ciencias Sociales, La Habana, 2005 y Coderch, Gabriel & Chaguaceda, Armando (comp.) *Cultura, Fe y solidaridad: alternativas emancipatorias frente al neoliberalismo*, Editorial Félix Varela, La Habana, 2005. También divulgaron nuestros textos páginas como *Insurgentes, Kaos en la Red* y *Rebelión*.

enemigo» y un miembro del grupo fue conminado (bajo amenaza de represalias laborales) para que lanzase un rumor difamatorio sobre los dos compañeros que coordinábamos el grupo, acusándonos de «manejos turbios».

Aunque la maniobra dejó mal parado al sujeto —al no poder presentar pruebas de sus aseveraciones y tener que retirarse en medio de la sospecha colectiva— su realización lograba parte de los objetivos previstos: sembrar dudas y tensiones en el seno del grupo. Las que seguramente contribuyeron, junto a la dinámica del trabajo común y la diversidad de intereses personales, a la paulatina extinción de esta esperanzadora propuesta.

La Red Propuestas se suma a una serie de iniciativas (como la Cátedra Haydeé Santamaría y las animadas por colegas como la entrañable Celia Hart) donde cubanos identificados con un socialismo democrático intentaron vislumbrar los contornos de su país, lejos de los dogmas dominantes dentro y fuera de la academia y política isleñas. El principal legado de estos nobles esfuerzos —que hoy recuerdo con cariño y respeto— fue el abrir una discusión e instalar ciertos temas, a contracorriente de la agenda política nacional. Mucho antes de que cierto discurso de Fidel —en noviembre de 2005— se convirtiera en plataforma de legitimación de aquellos que esperaban abordar, sin riesgo de agravio o sanción, los rumbos del proceso cubano.

Junto a otras iniciativas, impulsadas por gente comprometida con su país —desde los más diversos credos e ideologías— la experiencia de la Red Propuestas forma parte de una historia reciente de luchas y debates por un mañana mejor.

Es por tanto un relato que merece ser recuperado. Incursionar en la memoria reciente del otro socialismo cubano (democrático, participativo, autogestionario) no es solo —ni fundamentalmente— un ejercicio nostálgico o una arqueología que recorre, al decir de cierto historiador galo, el pasado de una ilusión. Es recordar, a quienes hoy persisten en una solución socialista a la crisis vigente, que existe un legado de fracasos, victorias y esperanzas que vale la pena conocer, si es que se quiere llegar a buen puerto.

ENEMIGO MÍO

Un viejo filme de ciencia ficción estadounidense (de título idéntico al de este *post*) contaba la historia de dos pilotos de combate galácticos —terrícola uno, alienígena el otro— que, tras feroz combate, se accidentaban en un planeta hostil.

Allí, los imponderables de la sobrevivencia les obligaban a colaborar en aras de la mutua preservación de la vida. Al punto que forjaban, ante la común adversidad, lazos de respeto, afecto y solidaridad entre los mortales enemigos.

En días pasados, el activista Antonio Rodiles fue golpeado y apresado por agentes policiales y parapoliciales cubanos.

Animador y gestor de Estado de SATS, importante espacio de análisis, debate y activismo social, Rodiles es un digno representante del pensamiento liberal contemporáneo en la isla, cuyas ideas ha defendido —como propuestas para el futuro ordenamiento socioeconómico y político cubano— en sucesivos intercambios con miembros de las otras corrientes (libertaria, socialista, católica, etc.) que conforman el plural panorama del activismo e ideologías nacionales.

Para alguien identificado con la perspectiva socialista democrática — como es mi caso—, sus visiones son las de un digno adversario ideológico, con quien se puede y debe confrontar, sin concesiones ni descalificaciones innecesarias, dentro de los espacios y discursos de nuestra precaria esfera pública. La misma que Antonio ha ayudado, con su esfuerzo, a defender y ampliar.

Por esa razón, cuando se cumple una semana de su injusto y brutal arresto, y en medio del estruendoso (y lamentable) silencio de un sector de la izquierda cubana —mis compañeros ideológicos— sumo mi voz a quienes exigen su inmediata excarcelación.

Habrá momentos para continuar los debates en torno a una Cuba mejor y posible, liberal o socialista, erudita o popular.

Lo que hoy urge es defender, con todos y para el bien de todos, la integridad de Antonio Rodiles, un cubano que ha elegido —con valentía, creatividad y civismo— defender nuestro derecho a un mejor país.

LOS CONSPIRANOICOS Y LA AGRESIÓN A *HAVANA TIMES*

En días pasados han aparecido en varios blogs de la isla —y en sus réplicas internacionales— repetidas acusaciones sobre el carácter contrarrevolucionario y conspirativo de *Havana Times*.

La casual reiteración del ataque ha generado la indignación y alerta de quienes participamos en este medio. Y ha propiciado una serie de respuestas personales y colectivas, que buscan frenar y revertir esta acusación y sus posibles efectos.

Estos *posts* infames deben ser leídos no solo por lo que dicen sino por el contexto en que se dicen. La gravedad universal de cualquier difamación personal se ve ahora agravada, en el contexto cubano, por el carácter anónimo de algunas de las acusaciones y por la asimetría de recursos que existe entre quienes lanzan las diatribas y los emplazados.

Los primeros (con firma personal o apócrifa) cuentan con el presumible auspicio o anuencia de instituciones y visiones oficiales. Los segundos podrán sumar, a los inagotables argumentos morales y a la solidaridad de gente decente, recursos legales muy limitados para reparar el daño sufrido. Todo ello opera en un contexto donde los Derechos del Estado —y sus acólitos— suelen imponerse a las magras garantías y procedimientos de un ausente Estado de Derecho. Y a limitados mecanismos disponibles a los ciudadanos, comunidades y, en ocasiones meritorias, a aquellos funcionarios e instituciones comprometidos con la legalidad y dignidad humana.

Pero aunque limitados, existen, y vale la pena esgrimirlos frente a semejantes cultivadores del chisme.

Estos fiscales del ciberespacio son una nítida expresión de conspiranoia fenómeno en el cual —bajo una deformación de las reglas y contenidos del debate público— los rumores sustituyen a los argumentos, la difamación a la ética y la lógica de policía a la ideología.

193

Al confundir la diversidad de opiniones con un complot planificado y urdido desde un «Puesto de Mando», los conspiranoicos no hacen otra cosa que buscar al otro en el espejo donde reflejan sus modos y móviles de cómo interpretar y opinar sobre la realidad que los rodea.

Al tener vetada (o castrada) la autonomía, los conspiranoicos consideran que todos son de su misma condición. Por tanto, interpretan que los columnistas de HT nos regimos por la misma lógica de aquella obra de Eduardo del Llano, *Braimstorm*[1].

En el magistral corto, la mediocridad, la simulación y la falta de iniciativa caracterizaban el ejercicio de un periodismo castrado, en claro reflejo a las lamentables condiciones que lastran el desarrollo de la prensa cubana. Así, frente a la riqueza y hasta las contradicciones que pueblan las columnas de HT, estos sujetos expanden su paranoia (y la amplifican hacia sus públicos cautivos) presentando como conspiradores a simples ciudadanos que ejercen el derecho, consagrado en la Constitución, de expresarse libremente, sin agendas ni mecenazgos ocultos.

Hay otro rasgo que llama la atención de quienes nos acusan: su aparente desatención a los problemas y procesos de nuestro país, frente a la prioridad obsesiva y policiaca de presentar supuestas «pruebas» y «expedientes» de aquellas voces que les incomodan.

Como es conocido, los columnistas de HT dedicamos posts a múltiples problemáticas nacionales y mundiales —existenciales o políticas, deportivas y ambientales, de género o artísticas— como muestra de una sana amplitud de miras, donde los énfasis y prioridades de cada columnista son complementados por los intereses y visiones del otro.

Así se genera un rico espacio de diálogo que suele no gustar a los extremistas que quieren presentar a la isla y el orbe como un paraíso o un infierno, según sean sus intereses personales.

En cambio, parece que nuestros difamadores viven en un país donde todos los problemas que aquejan a la gente están resueltos. Y creen que sus vecinos y compatriotas viven también así.

Desde su lógica las dificultades de la vida cotidiana de cada ciudadano debieran subordinarse a los condicionamientos geopolíticos y a la peculiar visión que sustenta una voluble Razón de Estado.

Si hay un brote epidémico, si el agua no llega al barrio o si el transporte empeoró —por mencionar solo algunos elementos del diario bregar— los conspiranoicos consideran que nada de eso es relevante para sus compatriotas.

---

[1] http://www.youtube.com/watch?v=-GZeR0ZXl1_E&list=FLPGsXUcDRtoJax_KwgqDVpA&index=22&feature=plpp_video.

Para ellos, la prioridad de cada cubano será entender como en otros países la gente está peor, como esos problemas son culpa de factores externos y como, cuando ya no sean ocultables, habrá que minimizar su exposición pública para «no dar armas al enemigo».

Amén de debates y valoraciones ideológicas, la propia naturaleza de los *posts* conspiranoicos los expone como productos temáticamente sesgados y, aparentemente, teledirigidos.

En su modelo de prensa, las agendas personales se confunden en un guión donde varios actores interpretan un mismo personaje con casi idénticos bocadillos.

Coro conspiranoico donde la emulación, en los marcos de un plan de producción de injurias, parece nutrirse de los aires de competitividad y eficiencia que vive el país dentro de la llamada «actualización del modelo». Lo cual, dicho sea de paso, nos lleva a preguntar bajo qué criterios se concede, a semejantes chapuceros, el acceso a internet, honorarios y computadoras en un país donde la mayoría de la gente se ve imposibilitada —de forma cotidiana y sin violentar la legalidad— a acceder a esos bienes y servicios.

Si los cultivadores de la conspiranoia persisten en esa cuerda no hay problema; no entraremos en competencia con los cultivadores del chisme. Sí quieren seguir difamando, por corrillos y cuartillas, a quienes ejercemos —como cronistas y ciudadanos— nuestro compromiso para con una verdad siempre personal e inacabada, háganlo.

Pero espero comprendan que enfrentarán nuestras respuestas, personales y concertadas, en todos los espacios y medios públicos y legales disponibles.

EL VALOR DE ANDAR JUNTOS

Por estos días he viajado en el tiempo, hace casi cinco años, cuando algunos locos nos dimos a la tarea de «enredar» al grupo de proyectos autónomos en que veníamos trabajando.

Era la primavera de 2007 y nuestra idea era armar una alianza de colectivos donde pudiéramos compartir recursos, experiencias y, eventualmente, unir fuerzas para acciones mayores y para la solidaridad frente a censuras institucionales comenzaban a arreciar.

Hijos lúdicos de una generación que creció viendo animados japoneses, decidimos ponerle a la red Voltus V, por aquel robot ensamblado a partir de 5 naves piloteadas por jóvenes y cuyo lema de batalla era «Vamos a Unirnos».

Fue una idea bonita, que, sin embargo, quedó a medio camino. Recuerdo encuentros en el parque Almendares o en casa de Luis Eligio, donde nos reunimos místicos y poetas, filósofos y amantes del software libre, ecologistas profundos y militantes comunistas, desencantados de casi todo y soñadores empedernidos.

La prisa por construir agendas y organigramas hasta el detalle no bastó para convencer a todos de la necesidad de la unión.

Alguien dijo «no, esto es político y yo no tengo que ver con eso», logrando poco después cobijo en un nicho de la institucionalidad cultural. Otra voz irreverente dijo algo parecido y al rato se convirtió —lo convirtieron— en un disidente en toda regla. Paradojas del destino.

Si algo saqué de aquella experiencia—que consumió por algunos días mis energías y esperanzas— fue la necesidad de no confiar demasiado en factores racionales para armar semejantes proyectos.

En un mundo de creadores —donde las identidades valen tanto como las declaraciones de principios y los afectos más que los documentos programáticos— el activismo no podía teñirse de los viejos colores de la militancia, la misma de la cual huíamos tras su paso por nuestras vidas.

Y aprendí que las razones, las acciones y esa confianza que nace del conocer al otro —y compartir su suerte— deben ir juntos. Si es que queremos avanzar en medio del ambiente de carencias, cansancios y censuras en que se hace, en la concreta, el activismo sociocultural cubano.

La declaración que el Observatorio Crítico— suerte de legado indirecto de aquellos vínculos y esfuerzos— ha hecho circular por estos días es un ejemplo del parto, difícil, imperfecto pero hermoso, de la confianza.

Como toda postura colectiva no es la visión acabada y coherente de cada uno de sus hacedores; pero es la suma (y el promedio) de todas nuestras ideas y apuestas por un país y mundo mejor.

Es el fruto de un debate diario y total, sin tabúes, prisas o pausas, donde la opinión de quien esta «dentro«—captando las sutilezas y viviendo los sacrificios cotidianos— tiene igual peso y respeto de la mirada de aquel que «fuera» disfruta de otra perspectiva, con mayor acceso a información y menores riesgos personales.

Una postura (la de la declaración misma y la de todo el trabajo de OC), donde los arboles no prevalecen sobre el bosque (ni viceversa); para molestia de quienes se empeñan en dividirnos, etiquetarnos, acusarnos.

Y donde quien escribe estas líneas se felicita por aprender, cotidianamente, de la creatividad, pasiones y luchas de sus compañerxs ambientalistas, feministas, educadores, antirracistas, libertarios.

Creo que incluso aquellos que acostumbran a criticar nuestras posturas han tomado una postura lúcida y respetuosa, ante el valor de esta iniciativa. Al menos me lo anuncian dos mensajes llegados a mi correo apenas 24 horas después de salida la declaración.

Me alegraría que así fuese realmente. Porque al denunciar toda forma de exclusión, represión o censura —desde las miradas y velocidades que nacen de nuestras diversas experiencias— damos otro paso adelante para superar recelos, mesianismos y divisiones.

Para construir con nuestros actos, canciones y palabras ese espacio abierto, plural, libre, público que merecemos. Y es que, como nos recuerda una propaganda oficial «la esperanza no se puede bloquear».

LA VENIDA DEL PAPA A CUBA: ENTRE CONVITES Y SILENCIOS

El Paaaapa, que vino a ver al otro Paaaapa.
Vendedor de periódicos, Parque de la Fraternidad,
La Habana, enero de 1998.

Hay veces que uno sopesa, con mayor cuidado, las consecuencias de sus palabras; sobre todo cuando estas pueden poner en riesgo amistades entrañables, a quienes se admira y respeta por sus valores y actitudes personales. Así, la autocensura no siempre opera como resultado de una presión externa (pero internalizada) basada en el temor o el cálculo de interés, sino también como elección angustiosa que busca preservar afectos, en un mundo cada vez menos pródigo en amigos.

Pero hay ocasiones donde el silencio se parece demasiado a la hipocresía o la complicidad.

Las «tomas» de templos y los preparativos por la visita papal a Cuba han sido noticias en días pasados y me han generado difíciles intercambios con amigos católicos.

En el caso de las ocupaciones, no se trata de personas refugiadas por causa del Terrorismo de Estado —como solía suceder en Centroamérica cuando las guerras civiles de los 80— sino de una táctica desesperada para llamar la atención del máximo líder de la Iglesia Católica y de la Opinión Pública mundial ante la situación de la oposición en la isla.

Creo en lo personal que el recurso ha sido errado, no solo por lo cuestionable de ocupar —sin que estemos ante una situación límite que amenace la vida de los implicados y justifique su acción— un sitio dedicado a la espiritualidad y la fe religiosas, sino por los saldos que estos hechos han dejado para la Iglesia y los opositores.

Aquella queda en deuda con el gobierno —cuyas fuerzas desalojaron los templos— y la oposición, expuesta ante la desinformada población como un «irrespetuoso provocador».

Sin embargo, este affaire se suma a otros asuntos de mayor gravedad. La Iglesia ha dado en las últimas semanas una imagen de parcialidad tan favorable al gobierno que, de continuar inalterable (y ojalá me equivoque) dañará su legitimidad como actor autónomo y relevante en la política isleña. Que la institución les diga a unos ciudadanos que no hay posibilidad para un encuentro dentro de la agenda del Papa y luego el Vaticano plantee que este se reuniría con Fidel aunque ello no esté planificado es un error: no se puede decir que no hay chance en la agenda para unos y declararla abierta para otros.

Como tampoco se puede fraguar un acuerdo donde se garantice el derecho e integridad personal de las Damas de Blanco —cuya lucha uno puede respetar sin identificarse ideológicamente con ella— a sus misas y caminatas, y que ese acuerdo se incumpla cada vez que le da la gana al estado sin que la institución garante, la Iglesia, diga algo concreto y relevante.

En cuanto al papel de la Iglesia como actor mediador y humanitario en Cuba mantengo mi postura: siempre habrá que apoyar lo que disminuya el sufrimiento ajeno y abra canales de comunicación en medio de situaciones de conflicto.

El aporte eclesial —y en especial el de los laicos católicos— ha sido relevante para animar la mejor revista de análisis de coyuntura (http://espaciolaical. org/) producida en la isla, publicación abierta a miradas (incluidas las de izquierda) desterradas por los medios oficiales.

Solo insisto en algo que he mencionado otras veces, en público y privado: que la Iglesia bien podría mirar a la sociedad toda (y no solo al estado) como interlocutor respetable, más allá de las convocatorias evangelizadoras y su loable prédica de reconciliación.

Por parte de las autoridades me parece demasiado impostado el discurso de «amor y respeto» al Sumo Pontífice, en un estado no confesional donde su élite dirigente —que padece la fobia a lo autónomo y lo diverso— parece abandonar velozmente y por puro cálculo el discurso de la laicidad, con convocatorias dirigidas a la población y los militantes partidistas.

Llama la atención la presencia forzada, en número y estilo, de temas religiosos[2] en una prensa normalmente refractaria a esos asuntos. También los gastos de recursos para la visita papal en un país donde las palabras austeridad y efi-

---

[2]   Ver http://www.Granma.cubaweb.cu/2012/03/12/nacional/artic06.html y http://www. juventudrebelde.cu/cuba/2012-03-17/patria-y-fe/.

ciencia se hacen cada vez más presente en los discursos oficiales y los bolsillos de la empobrecida ciudadanía.

También parece excesiva la renovada insistencia en promover una ideología nacionalista a secas — ajena a los aportes bicentenarios del socialismo y liberalismo cubanos— donde la Virgen de la Caridad o el padre Varela ocuparán, de seguir el curso de los acontecimientos, un sitio protagónico dentro de nuestro rico, diverso y plural panteón de mártires y próceres.

Algo que excedería a la íntima veneración de la Patrona por amplias capas de la población y el justo respeto a la magna obra del presbítero criollo. Conviene recordar que en Cuba el catolicismo no es «LA» cultura o religión nacionales (y con ello tampoco sus valores sobre la familia, la sexualidad o el matrimonio son los dominantes) pues hay mucho protestantismo, algún islamismo y judaísmo, y hasta quedamos algunos ateos persistentes en peligro de extinción.

Pero, sobre todo, hay mucha religiosidad de origen africano y anclaje comunitario, la misma que es sistemáticamente ignorada y discriminada por las estructuras religiosas más jerárquicas y estructuradas, y cuyos practicantes suelen ser —en buena medida— los perdedores actuales o potenciales de las reformas económicas en curso.

Lo que sucede se parece cada vez más a una mala telenovela de *realpolitik*, donde se intercambian sonrisas, desaires y galanteos. Mientras, los asuntos reales se van cocinando —y arreglando— entre élites: políticos y militares de la isla, eclesiales de la isla y el Vaticano, políticas y empresariales del exilio. La gente común —como yo, mi familia y amigos —tenemos poco que esperar.

LLAMADO CONTRA LA CENSURA EN CUBA

Cada vez más las redes virtuales o reales van poniendo en diálogo diversas voces en torno a temas que afectan la vida de los cubanos, dentro y fuera de la isla.

Lentamente, superando la desconfianza y las diferencias objetivas de ideología e identidades, ciudadanos de la isla y su diáspora, así como amigos solidarios se suman en causas concretas de activismo social y cultural. En esta ocasión la iniciativa de Ariel Hidalgo, conocido cronista, profesor y hombre de izquierdas residente en EEUU, ha logrado reunir firmas en rechazo a actos de censura cometidos por autoridades de la isla contra proyectos culturales e informativos autónomos.

Con un lenguaje que remite directamente a los hechos, sin el sesgo ideologizante frecuente en los grupos derechistas del exilio o los propagandistas del gobierno cubano, varios amigos hemos decidido incorporarnos a esta iniciativa.

A continuación la carta y la lista de firmas recabadas hasta el momento en que se escribe este *post*: Contra la Censura en Cuba

Los firmantes denunciamos las acciones de censura que en el transcurso de los últimos meses se han estado llevando a cabo contra comunidades y colectivos culturales e informativos de la población cubana, entre los que se destacan los siguientes casos:

- El 25 de noviembre de 2011, en San Antonio de los Baños, es suspendido sin explicaciones y por orden del director municipal de cultura, el Primer Festival Cultural ArtEco: Arte, Ecología y Comunidad ¡Por Amor a la Tierra!
  Desde hacía un mes estaba siendo organizado por el Colectivo La Rueda —grupo que se autodenomina socialista libertario—, en El Paso del Soldado junto al río Ariguanabo, con los recursos personales de los

201

miembros de esa comunidad y había sido incluido en el plan de actividades de la Dirección Municipal de Cultura. Durante varias semanas las familias confeccionaban los disfraces de los niños para vestirlos de piratas, indios, payasos y gitanas, se memorizaban canciones y poemas para ser recitadas y hasta sus perros y chivos eran adornados. En la mañana del 26, día del festival, dos personas en moto arrancaron las promociones realizadas con tanto esfuerzo por la población. Algunos artistas e instructores de arte que habían participado en ese trabajo, así como dos miembros del Colectivo, fueron citados para intimidarlos e interrogarlos, haciendo hincapié en el significado de las consignas: ¡Apoya a tu Comunidad! ¡Únete al Cambio!

- Después de varios meses de advertencias, amenazas e intimidaciones contra participantes, público y amigos de Estado de Sats, proyecto de divulgación audiovisual por internet, «un espacio público de discusión y debate», es saboteado un encuentro programado para el 10 de febrero de 2012 dedicado a la Poesía y el Jazz. El poeta Hank Lazer y el músico Andrew Raffo, comprometidos a participar en el evento, ambos estadounidenses de visita en Cuba como parte de la celebración de diez años de colaboración entre las universidades de Alabama y de San Gerónimo de La Habana Vieja, no se presentaron al evento. Al cancelar su presentación, Lazer confiesa que había sido disuadido para no asistir con la sugerencia de que «restringiera su estancia en el país a las actividades que tenía programadas». Horas después, cuando Estado de Sats divulgó la suspensión, cambió su versión en una nueva llamada: el motivo sería una actividad inesperada, una cena que tendría lugar esa noche. Una declaración escrita de Estado de Sats recuerda que diversos artistas y académicos residentes en Cuba, «han realizado giras y visitado múltiples ciudades norteamericanas con toda la libertad de movimiento».

- Se produce el bloqueo de la dirección electrónica de Observatorio Crítico (observatoriocritico@gmail.com) durante el mes de febrero del presente año. Los mensajes enviados a direcciones del servidor nacional Infomed no son recibidos y son rebotados de vuelta, y han impedido la recepción a direcciones de correo de algunas facultades de la Universidad de La Habana. Varias personas se quejan de haber dejado de recibir los sistemáticos materiales informativos y las convocatorias de Observatorio Crítico.

Tanto Estado de SATS (a lo largo de los últimos meses) como Observatorio Crítico (desde su conocida carta de diciembre de 2009) han alertado repetidamente sobre los intentos y consecuencias de semejantes actos de censura contra el activismo, la información y el debate socioculturales. Considerando estos antecedentes, así como la valiosa y plural labor que espacios como los mencionados —y muchos otros— desarrollan en pos de una nación y ciudadanía más diversa, incluyente y democráticas, los abajo firmantes condenamos enérgicamente estas medidas de censura impuestas por funcionarios y agentes del gobierno. ¿Temen acaso a la autonomía, a la autorganización y a la iniciativa ciudadana? Exigimos que cesen las medidas intimidatorias y las barreras impuestas a proyectos pacíficos que solo se han propuesto dar voz a la gran diversidad de la población cubana.

A los 27 días de febrero de 2012.

Iván Acosta, dramaturgo y cineasta, New York, Estados Unidos.
Pablo Aguabella Valdivia, actor y empresario, Costa Rica.
Guillermo Marcelo Almeyra Cásares, politólogo, México-Argentina
Dora Amador, periodista, Florida, Estados Unidos.
Marlene Azor Hernández, socióloga, Cuba-México.
Elena Blanco García, venezolana, residente en Wisconsin, Estados Unidos.
Juan Antonio Blanco, analista político, Florida, Estados Unidos.
Rolando Castañeda, economista, Washington D.C., Estados Unidos.
Manuel Castro Rodríguez, professor universitario, Panamá.
Raúl E. Colón Rodríguez, editor, periodista y traductor, Canadá.
Edgar Córdova Jaimes, politólogo, venezolano.
Armando Chaguaceda, Politólogo e historiador, Cuba-México.
Haroldo Dilla Alfonso, Sociólogo, República Dominicana.
Samuel Farber, Professor Emérito de Ciencias Políticas, Nueva York, Estados Unidos.
Blanca I. García, trabajadora social, Florida, Estados Unidos.
Helio J. González, ingeniero de telecomunicaciones, Florida, Estados Unidos.
Vicente R. Gutierrez Santos, economista y analista político, España.
Ariel Hidalgo, maestro, Florida, Estados Unidos.
Antonio Llaca, cirujano, Venezuela.
Pedro Ramón López, empresario, República Dominicana.
Alina López Marín, jubilada, California, Estados Unidos.
Rafael López Ramos, artista visual, Florida, Estados Unidos.
Gerardo Martínez-Solanas, economista y politólogo, Florida, Estados Unidos.
Nelson Méndez, professor universitario venezolano.
Marta Menor, Florida, Estados Unidos.
Oscar Peña, activista derechos humanos, Florida, Estados Unidos.

Luis Prat, Ingeniero, Estados Unidos.

Ricardo Puerta, sociólogo, Honduras.

Mario Rivadulla, periodista, República Dominicana.

Mary B. Rivadulla, profesora de diseño digital, Puerto Rico.

Gustavo Rodríguez, periodista y comunicador, México.

Pablo Rodríguez Carvajal, comunicador, Florida, Estados Unidos.

Roberto Ruiz, Florida, Estados Unidos.

Carlos Saladrigas, empresario, Florida, Estados Unidos.

Dora María Téllez, ex comandante sandinista, historiadora y dirigente política, nicaragüense

Rafael Uzcategui, sociólogo, venezolano.

Eduardo Zayas—Bazán, Professor emérito y escritor, Florida, Estados Unidos.

Israel Hernández Ceballos, sociólogo y comunicólogo, México.

(Documento elaborado por el Grupo Concordia. Para añadir su firma dirigirse a Ariel Hidalgo, Infoburo@AOL.com)

LA CONFERENCIA DEL PCC: ENTRE KRIÚKOVO Y EL RUBICÓN

En días pasados, al recibir la invitación del amigo Circles para compartir en *Havanatimes* mis impresiones en torno a la recién celebrada Conferencia del PCC, le respondí que no podría decir mucho.

Las noticias que llegaban del conclave no presagiaban giros dramáticos en la política antillana, y los fragmentos de intervenciones televisados exponían un abuso de la retórica solo recomendable para pacientes aquejados de insomnio.

Sin embargo, la ulterior posibilidad de acceder a los videos y documentos de la Conferencia a través de medios como Cubavisión Internacional y Cubadebate me ha permitido ordenar ideas e informaciones y escribir estas líneas.[1]

Debe recordarse que esta Conferencia llega precedida de las reformas y consultas que acompañaron al VI Congreso, hechos que motivaron un sano y casi inédito debate en toda la isla.

Revistas, foros alternativos de análisis y opinión, y la siempre inquieta voz de la calle sirvieron de canales amplificadores a demandas de la gente en torno a consumos y derechos que pocas veces obtienen reflejo en la televisión y prensa oficiales.

Temas como los ansiados cambios de la política migratoria, la demanda de mayores espacios y garantías al emprendimiento privado, o la necesidad de protección a los desfavorecidos de las reformas fueron configurando, junto a otros asuntos, una suerte de agenda ciudadana no siempre coincidente con los ritmos y rumbos del poder.

---

[1] Para acceder al registro de una parte de los debates y posiciones oficiales ventilados en la Conferencia ver http://www.cubadebate.cu/opinion/2012/01/29/el—espiritu—del—partido—frente—a—la—realidad—nueva/ y http://www.cubadebate.cu/especiales/2012/02/01/ dictamenes—de—la—comisiones—1—y—2—de—la—conferencia—nacional—del—pcc/.

Creo que es en la dirección de un reforzamiento de la agenda específica de los actores dominantes —desconectada del legado de la Revolución y el sentir popular— como podemos interpretar los resultados de la recién concluida Conferencia Nacional del PCC.

En sus «discusiones» ha sido ratificada la nueva división de funciones dentro de la estructura y elite políticas cubanas, donde el poder real (económico y coactivo) descansa en manos de sectores militares y empresariales, encargándose a la burocracia partidista un rol como legitimador de las políticas en curso, muy parecido al aval sacerdotal que recibían en el Antiguo Egipto las decisiones del faraón y los privilegios de sus poderosos generales. Semejante encomienda explica la realización de intervenciones abstractas —y terriblemente aburridas— sobre temas como el debate o la diversidad, sin que sus expositores analizaran los factores estructurales que afectan ambos fenómenos en la sociedad cubana, contentándose con lanzar criticas genéricas a «los funcionarios» o los apabullados periodistas.

Inconmovibles en torno a la idea de que la fuerza de la Revolución está en contar con un Partido que une a toda la nación, los delegados de la Conferencia aprobaron un grupo de directrices que señalan los horizontes de la vida política nacional, mismos que pueden ser resumidos de la siguiente forma:

La primacía de la agenda de cambios sobre la política partidista tradicional; situación que fue sancionada al insistirse en el papel que deben desempeñar las organizaciones de base y organismos del Partido en los asuntos relacionados con la implementación y cumplimiento de las políticas aprobadas por el 6to Congreso.

Fue enjuiciado críticamente el papel que el propio Partido desempeña en esta actividad, anunciándose el propósito de eliminar definitivamente la interferencia y suplantación partidista en las funciones y decisiones gubernamentales y administrativas.

El acotamiento del poder partidista, lo cual quedó en evidencia al hablarse de la necesidad de ajustar la estructura local del PCC a las necesidades y características de cada territorio, y de liberar a los núcleos zonales —integrados por jubilados y que constituyen suerte de tropa de choque partidista— de todas aquellas actividades que no se corresponden con el contenido de su labor en la comunidad.

La persistencia de un modelo de participación y debate ciudadanos acotados y controlados por las agendas y estructuras estatales; pues solo desde esas coordenadas pueden interpretarse los llamados a acrecentar la participación consciente, protagónica y transformadora del pueblo en la implementación de los Lineamientos de la Política Económica y Social aprobados en el 6to. Congreso, el ejercicio de la crítica y la autocrítica en el lugar adecuado, en forma correcta y oportuna, y la debida atención a los planteamientos formulados por la población.

La decisión de los dirigentes de mantener bajo control el malestar social y la de prevenir el crecimiento del disenso entre los nuevos actores; factores estos que motivaron los llamados a transformar la labor política e ideológica con los jóvenes, realizar la evaluación sistemática de los impactos que resulten de las medidas económicas y sociales y alertar sobre sus desviaciones, la demanda de proteger los bienes del Estado, luchar contra la corrupción y las indisciplinas, así como—en un mensaje dirigido a los nuevos empresarios y trabajadores privados— fortalecer el trabajo político e ideológico con quienes se desempeñan en las diversas modalidades de gestión económica no estatal y combatir los prejuicios existentes en torno a ellos.

Así que la Conferencia no trajo, en sí, nada nuevo y sustancioso para quienes aun apuestan por una reforma pacífica, democrática y de contenidos socialistas del orden vigente.

Sin embargo, resulta inédito el conjunto de voces críticas que, dentro de la isla, expusieron desde antes de su realización los límites del documento base que sustentaba la convocatoria.

La realización del encuentro se encargó de corroborar la pobreza de palabras y hechos que se condensan en el reformismo de sobrevivencia de lo más rancio de la burocracia cubana, y en su percepción desenfocada del tiempo disponible.

Ante tal curso de acontecimientos, vienen a mi mente dos famosas anécdotas de la historia universal. La primera, cuando Julio Cesar, venciendo la resistencia de sus hombres, pronunció la famosa frase «La suerte está echada» y cruzó el río Rubicón para marchar rumbo a Roma en franco desafío al poderoso Senado.

La segunda, cuando un puñado de soldados soviéticos detuvieron a los tanques nazis en la aldea de Kriukovo, a escasos 41 kilómetros de Moscú, al grito de «No hay donde retroceder; tenemos la Patria a nuestras espaldas». Hechos que nos recuerdan que en la historia hay situaciones límites donde solo la decisión de los gobernantes para avanzar hacia lo desconocido y la firmeza de los ciudadanos al defender sus intereses hacen posible un futuro decente para los hijos de una nación.

CRITERIOS: ENTRE ACOSOS Y CONVOCATORIAS

En estos días ha circulado dentro y fuera de la isla —por redes de *e-mails* y *posts* en la Web— la denuncia de Desiderio Navarro sobre la retención en el Aeropuerto de La Habana de los ejemplares del número 37 de la revista *Criterios*, editada por el Centro Teórico Cultural homónimo.

Este llega con aportaciones de destacadas figuras del mundo intelectual como Zygmunt Bauman y Chantal Mouffe, en torno a tópicos como la relación Estado-Mercado-Creador, los nexos ética-política, y la esfera pública, temática esta última que atraviesa de forma transversal el número y las actividades de *Criterios*. Será, como en otras ocasiones, un nuevo «insumo» para la reflexión sociocultural que nos regala el valioso proyecto habanero. *Criterios* es un proyecto agónicamente sostenido, casi en exclusiva, por los aportes de Desiderio —quien es un escritor y traductor de reconocimiento mundial— y un reducido grupo de colaboradores y entidades amigas.

Privándose hasta de recursos necesarios para su sustento personal, la voluntad de Desiderio ha permitido la edición de los números de la revista, y los diversos libros y CDs con textos de teoría cultural y social, además de aupar la realización de conferencias y debates prácticamente ausentes (o desterrados) en otros espacios.

Por semejante «osadía», *Criterios* ha debido sufrir una permanente labor de zapa, ninguneo, e incluso el sabotaje físico a sus instalaciones y equipos; algo públicamente denunciado por su director con sólidas evidencias que encaran el silencio cómplice de los funcionarios.

Se trata de una lamentable ejecutoria que liga el modus operandi de la camorra napolitana y el atentado — legalmente punible— contra la propiedad social.

Como si eso no bastara, la persona de Desiderio ha sido, en los últimos años, objeto de chismes, difamaciones y acosos que se han estrellado contra su calidad intelectual, compromiso militante y, sobre todo, ante su extraordinaria calidad humana; avatares en los que ha contado con la solidaridad de no pocos y el silencio de otros tantos, tanto colegas como funcionarios. En la información que circula por la red se anuncia también la celebración, el próximo 28 de febrero, del 40 aniversario de *Criterios* con una mesa que lleva como título El sentido de la esfera pública en Cuba.

La composición del panel es más variada que lo que acostumbramos a ver en otros foros, reuniendo la mirada normativa de teóricos gramscianos (Jorge Luis Acanda/Rafael Hernández) con las voces de valiosos activistas/ cronistas de izquierda como Mario Castillo y Yazmín Portales, y laureados escritores como Arturo Arango y Leonardo Padura.

En la mesa no solo aparecen los machos, blancos, cultos y urbanos de siempre, con sus discursos plagados de abstracciones y con escaso aterrizaje empírico, sino que se abre la posibilidad de escuchar voces y testimonios alternativos a la nueva hegemonía de un sector ya dominante en los circuitos no estalinistas de la academia cubana.

Tampoco se repite la práctica de restringir el acceso al foro, que viene siendo fenómeno recurrente en otros espacios de debate, frente a la cual *Criterios* mantiene una digna posición defendida desde los debates del Quinquenio Gris en 2007, cuando Desiderio y una pléyade de intelectuales y artistas pugnaron por una expansión temática y espacial de las discusiones.

Sin embargo, en la convocatoria divulgada por las redes sociales se echa de menos la presencia en el panel de voces como las de los gestores de *Espacio Laical* y Estado de SATS, activos representantes de lo que se hace y debate en ese campo en la Cuba actual.

Está claro que ningún foro puede satisfacer todos los intereses e incluir todas las perspectivas, pero con semejantes ausencias dos identidades importantes de la esfera pública criolla —católica y liberal— quedan fuera del panel.

Aunque siempre es esperable que todos posibles participantes (sean panelistas o público) sean incluidos en la expresión «entre otros», que aparece en el texto.

Por ello, ante la nueva zancadilla puesta a *Criterios* —y a toda la intelectualidad cubana que sea digna de tal nombre— creo necesario expresar total solidaridad con tan esforzado proyecto y su animador.

Y desear que el foro conmemorativo de su cuadragésimo aniversario se constituya en un nuevo ejemplo de los modos virtuosos de relacionarnos entre cubanos, mismos que sustentaran la nación del futuro cuando los mutuos recelos y torpes exclusiones sean solo un mal recuerdo de viejos tiempos.

LA MUERTE DE UN JOVEN CUBANO

Hace algunas semanas, en un foro de debate virtual, un viejo camarada escribió —en respuesta a las aseveraciones de un incisivo polemista— un contundente y claro comentario:

«Yo creo que uno bien puede solidarizarse con personas, en especial cuando estas son víctimas de determinadas prácticas. (…) Creo que toda la solidaridad que practicamos tiene mucho que ver con saber poner las ideologías a un lado (en la medida en que sea esto posible), (…) a raíz de la solidaridad. (…) Y más que las ideologías, son importantes a la hora de la solidaridad las prácticas: puedo bien solidarizarme con alguien que no piensa como yo, pero me es difícil solidarizarme con alguien que piensa como yo, pero hace cosas para mí inaceptables».

Si ahora rescato esta cita es para escribir el *post* más incomodo de toda mi experiencia como columnista digital.

A veces la conciencia —emplazada por imperativos categóricos— nos deja pocas opciones y este es uno de esos casos. La muerte en Santiago de Cuba del joven Wilman Villar Mendoza, tras casi dos meses en huelga de hambre, pone a cualquiera ante la disyuntiva de mirar a otra parte —permitiendo la repetición de estos hechos— o alzar la voz para denunciar la incompatibilidad de los mismos con el más elemental sentido de humanidad.

Situación que en Cuba se agrava cuando vemos que quienes más sufren y se rebelan contra el *statu quo* —o quienes sostienen, en silencio las múltiples formas de protesta y resistencia cotidiana— son negros, mujeres y pobres, habitantes de zonas rurales o barrios marginales, a los cuales los sambenitos de pequeños burgueses o mercenarios del Imperio —administrados por el discurso oficial— no parecen quedarles muy bien.

La huelga de Wilman no fue un acto ofensivo, que exigiese al gobierno concesiones susceptibles de considerarse desmesuradas o inaceptables. No pedía modificar el régimen político ni exigía la dimisión de sus máximos dirigentes: solo se demandaba la rectificación de un apresamiento que, según diversos testimonios, tenía visos de ilegalidad y retaliación política.

Era, por tanto, un acto de autodefensa perfectamente compatible, incluso, con una bien ejercida razón de estado. Porque sobre los estados pesa el mandato legal, político y moral de velar por la integridad física de sus detenidos, y cuando no lo hacen merecen el repudio que la comunidad internacional dispensó a Margaret Thatcher y George Bush al dejar morir, indistintamente, a presos irlandeses o combatientes afganos.

Hace casi dos años —y en circunstancias similares— murió Orlando Zapata; entonces escribí un artículo cuestionando la interpretación de asesinato que algunos daban a la inacción del gobierno cubano que acompañó el fatal desenlace.

Alegué que las complicaciones derivadas del hecho eran algo que La Habana (por elemental realismo político) habría querido evitarse y que aun cuando fuera censurable el tratamiento dado el huelguista no se trataba de un acto consciente y premeditado de las autoridades.

También repudié —como ahora hago— las cobardes campañas que buscaban rebajar la estatura moral del fallecido, presentándolo como delincuente común o débil mental.

Sin embargo, en esta ocasión, el deceso de Wilman tiene todos los visos de una «crónica de muerte anunciada», donde la soberbia gubernamental fue directamente corresponsable del fatal desenlace. En esta ocasión, además, hubo tiempo suficiente para rectificar el fatal curso de los acontecimientos.

Durante estas semanas se conocieron reiterados pedidos a proteger su salud, liberando al joven, o trasladándolo a un hospital. Cuando hicieron lo segundo —y barajaron como opción lo primero— era tarde y el prisionero no tenía salvación.

En cuanto a la otra causa —la propia decisión del reo— aun cuando no comparto tan tajante método de lucha, comprendo que su elección es fruto de la impotencia de reivindicar derechos en un entorno de arbitrariedad institucionalizada y desamparo ciudadano. Y como nadie pone en riesgo la propia vida salvo cuando sus convicciones son claras y firmes, no queda otra opción que ofrecer mi respeto a alguien cuyos principios lo llevaron a morir por aquello que creía, aun cuando su ideología no coincida con mi propia visión del país deseado.

Se ha expresado que el occiso era un recluso común y que había tenido comportamientos violentos, los cuales habían provocado la atención de las autoridades. También se señala que la madre, la hermana y la suegra del disidente fallecido son partidarias del gobierno, que mantienen compromisos con agentes del misterio del Interior y que tenían conflictos con Wilmer por su postura política.

Más incluso si asumiéramos como ciertos los anteriores argumentos, creo que las sombras en la vida de cualquier persona no deben bastar para emitir un juicio público e inapelable, sobre todo cuando el aludido no puede defenderse.

En un país donde la ilegalidad es práctica común y generalizada y donde las crónicas de nuestras luchas pasadas hablan de la coexistencia de miserias cotidianas y actos excelsos —propios del alma humana— en la vida en campaña, valdría la pena recordar aquellas estrofas de Silvio Rodríguez, cuando expresó «tomando en cuenta lo implacable que debe ser la verdad, quisiera preguntar —me urge tanto—, qué debiera decir, qué fronteras debo respetar. Si alguien roba comida y después da la vida ¿qué hacer?».

Por todo eso, como le decía esta mañana a una amiga, hay ocasiones en que uno sencillamente enmudece ante el horror inesperado, cuando las esperanzas se esfuman y la creatividad se aletarga.

Tras semanas de fructífero intercambio y promoción de miradas y propuestas de izquierda como opciones necesarias frente a la reforma/crisis del orden vigente siento que ha llegado el tiempo de hacer, momentáneamente, un alto.

No porque la razón lo dicte sino porque, simplemente, hay veces que filosofar pierde su sentido y la poesía se convierte en un lujo inasible frente a la fragilidad de la vida humana y la obscena impunidad del despotismo.

«DIME HERMANO, CÓMO ESTÁ LA COSA»

Los ojos cansados, la mano engarrotada de tanto teclear una tesis que parece interminable. Husmear un poco en Internet antes de irme a dormir y, de repente, la incómoda noticia: se ha ido Julio García Luis, Decano de la Facultad de Periodismo, cubano y comunista honesto, buena persona.

No soy bueno para obituarios, sobre todo ante alguien que no puedo imaginar sino riendo, con ojitos adolescentes, y una voz franca y calma de guajiro bonachón.

Además, estoy seguro que sus numerosos discípulos, desde todas las edades, credos y coordenadas geográficas, le regalarán mejores homenajes, llenos de lirismo.

Yo solo puedo aportar el testimonio de un joven profesor encargado de impartir Historia del Pensamiento en una facultad desconocida, que guarda el buen recuerdo de las charlas que en cinco años, compartimos.

Y a quien siempre dejó experimentar, compartir, dudar con total libertad en los predios bajo su «mando», ayudando a la cosecha de esa maravillosa generación de egresados que, algún día, tendrán un mejor escenario en el periodismo de la Cuba futura.

En su desempeño como maestro rural, o en el Sindicato de la Educación; como dirigente electo por —y no impuesto a— sus colegas de la Unión de Periodistas de Cuba (UPEC) y en su cátedra en la Escuela de Periodismo, Julio siempre defendió la necesidad de hacer un periodismo de investigación que reflejase la realidad y diera voz a las demandas de la población.

En sus artículos y tesis doctoral no dejó de cuestionar las trabas que el aparato partidario imponía al ejercicio de los periodistas cubanos. Y fue capaz de decir públicamente, frente a Fidel, los problemas que aquejaban al gremio, asumiendo los costes de tal «osadía» sin volverse un adulador ni pedir perdón por lo hecho.

Lo peor que podemos hacer es santificar a alguien que, de tan humano, debe haber sentido las mismas dudas, temores y desencantos de cualquier alma noble.

Es cierto, Julio nunca renegó de su idea de Revolución, la misma que buscaba hacer realidad en cada acto cotidiano. ¿Y qué?

Quienes lo conocimos sabemos que nunca fue chivato o censor, aun cuando —aprovechando su arraigo entre los estudiantes— desestimuló alguna protesta de los muchachos de la facultad, echándosela encima para tratar de encauzarla sin «daños colaterales».

Así sentía que los protegía de los sabuesos del Comité Central, siempre alertas ante una facultad estimada como «conflictiva». Una vez lo discutimos; ahora no importa quien tenía (si eso existe), la» razón.

Con una decencia a prueba de bombas, y una limpieza en el trato que solo puede emanar de alguien convencido de sus ideas, Julio aventajaba —por años luz— a aquellos simuladores, cobardes y oportunistas que acechaban sus pasos y ambicionaban sus cargos.

Por ellos nadie verterá una lágrima ni escribirá una línea, a Julio hoy muchos le dedicamos nuestros mejores recuerdos y esperanzas.

Y aunque a él sí le corresponde, como a pocos, la socorrida frase «descansa en paz» prefiero saludarlo como siempre lo hacíamos, en medio de carreras, en el rinconcito entre su oficina y el mostrador del café: «Dime, hermano, ¿cómo está la cosa?».

ANTE LA VISITA DEL PAPA A CUBA: LAS IGLESIAS Y YO

Roque Dalton, en *Un libro levemente odioso*, nos presenta a tres comunistas que hablan de sus experiencias con el partido y la iglesia.

El primero insiste en la ferocidad de la ortodoxia partidista: «A mí me expulsaron del Partido Comunista mucho antes de que me excomulgaran en la Iglesia Católica».

El segundo añade: «Eso es nada: a mí me excomulgaron en la Iglesia Católica después que me expulsaron del Partido Comunista».

El tercero concluye: «A mí me expulsaron del Partido Comunista porque me excomulgaron en la Iglesia Católica».

Sea o no auténtica, la deliciosa viñeta expone a la luz los dilemas que pueden estar atravesando, ahora mismo, el corazón y la mente de más de un compatriota.

Son de sobra conocidas las semejanzas entre partido e iglesia que refiere en su texto el inmortal escritor salvadoreño: ambas son entidades jerárquicas, verticalistas y autoritarias, que limitan y marginan a sus disidentes; suelen presentar una cara pública virtuosa mientras desarrollan prácticas que no lo son tanto.

En las dos aparecen, de época en época, espacios y grupos (sean padres jesuitas o marxistas críticos) que llevan el análisis y la acción social más allá de donde se marca la «línea de peligro», lo que provoca la vigilancia o reprimenda del «Cuartel General».

Y ambos abrigan en su seno personas honestas y decentes, que nos regalan cada día su integridad y afecto personales, dándole sentido y legitimidad al cascarón que los cobija.

Algún buen católico podría objetar —como respuesta a mis críticas— que «la iglesia somos todos y no solo sus malos ejemplos» lo cual es parcialmente cierto.

Sin embargo, en un orden tan rígido y meticulosamente estructurado las decisiones y responsabilidades suelen descansar en la cúpula que instaura dogmas y aplica la disciplina.

Por lo cual, sería coherente que líderes y burocracias asumiesen las responsabilidades por aquellos fenómenos y comportamientos que, estructuralmente, atraviesan corrompiendo y afectando a su comunidad organizada.

Alguien que (por trece años) ejerció la militancia en organizaciones comunistas, sin poner por ello en duda su creencia en el marxismo como cosmovisión y en el socialismo como proyecto de sociedad, se siente con todo el derecho a expresar esta opinión sin ofender a sus amigos creyentes. Recuerdo que precisamente de teólogos de la liberación como Giulio Girardi aprendí la noción de «compromiso crítico» que he aplicado a mis reflexiones y actos, dentro y fuera de las organizaciones donde participo. Y pude conocer, en tres años de acompañamiento a organizaciones progresistas cristianas de la isla, las luces y sombras que acompañan su actuar.

Cuando vino Juan Pablo II a Cuba

En debate con mis nobles amigos les he expuesto las razones por las cuales no acudí en 1998, siendo dirigente estudiantil, a la bienvenida a Juan Pablo II.

Entonces desobedecí las indicaciones oficiales de recibir «con cariño y respeto» al Sumo Pontífice, dejando a cada uno de mis compañeros de aula la decisión de ir, previa explicación del historial del párroco polaco.

Ahora que Benedicto XVI hará sendos viajes a México y Cuba, en marzo próximo, lamento haberlos contrariado con mi falta de entusiasmo respecto a la tan anunciada visita.

Wojtyla y Ratzinger significaron un giro a la derecha en una Iglesia que había avanzado mucho en lo social y político desde Juan XXIII y su encíclica Pacem in Terris (1963) y desde la II Conferencia General del Episcopado Latinoamericano en Medellín (1968).

Ambos fueron activos protagonistas del acoso a la Teología de la Liberación, de la cual he estado cerca por el estudio de sus ideas y por mi amistad con varios de sus seguidores en Cuba y Latinoamérica.

Este asedio fue sistemático y coordinado desde el Vaticano, justo cuando las dictaduras latinoamericanas masacraban a los practicantes del cristianismo popular y las Comunidades Eclesiales de Base.

Sin embargo, como sabemos, la realidad no es de un solo color.

El ejemplo de Samuel Ruiz, en su diócesis de Chiapas, defendiendo a los indígenas y denunciando las causas que llevaron al alzamiento zapatista de 1994; la obra y legado de Ernesto Cardenal, impulsor de la cultura popular nicaragüense y luchador contra los autoritarismos de Somoza y Ortega; o el martirologio de sacerdotes, monjas y laicos salvadoreños y chilenos víctimas de los sicarios de Roberto d'Aubuisson y Pinochet son parte del acervo de sacrificio y bondad que el catolicismo atesora, en bien propio y de la humanidad.

La labor de la Iglesia católica suele tener varios rostros, los que también se revelan en la actual coyuntura cubana.

Estratégicamente —y sabemos que en eso tiene una experiencia y paciencia milenarias— va en procura de incrementar su influencia en la sociedad, con una lógica de *realpolitik* que sustenta cada uno de sus actos y declaraciones.

Paradójicamente —o no tanto, pues uno siempre prefiere como interlocutor a alguien semejante — el gobierno cubano le está otorgando o avalando el espacio (acceso a los medios, inauguración de edificaciones y foros, protagonismo político) que no poseen otras espiritualidades y cultos, sean afrocubanos, ortodoxos, hebreos, musulmanes o protestantes.

En el caso de estos últimos, lo irónico es que he conocido quejas de varios líderes que resienten haber sido relegados, a pesar de haber mantenido una agenda demasiado acrítica y plegada a las del gobierno.

Es en la dimensión de su actuar cotidiano, donde pesan las personas y decisiones concretas, en la cual encuentro las mayores (y agradecibles) coincidencias entre la acción católica y las esperanzas de millones de cubanos.

Llamados a la reconciliación y los cambios como la Carta Pastoral El amor todo lo espera (1993) o esfuerzos como el de mediar —y lograr— la excarcelación (2011) de decenas de presos políticos son dignos de reconocer y acompañar, más allá de las posturas ideológicas que cada quien profese.

Tanto en los hogares para ancianos atendidos con amorosa devoción por monjas —verdadero ejemplo para sus contrapartes estatales— como en los espacios y revistas de formación y debate auspiciadas por laicos católicos, existe un tejido social que se vincula con las más nobles virtudes y potencialidades del pueblo cubano y comulga con ideales de soberanía, justicia y libertad que han sostenido la nación cubana por siglos y medio de agitada existencia. Para con ese catolicismo muchos nos sentimos cercanos y en gratitud.

UN REFERENTE DE «ORDEN Y VIRTUD»

Sin embargo, me inquieta pensar que, frente la paulatina expansión de la ola conservadora que vive la sociedad cubana, la Iglesia esté convirtiendo su proyecto en referente de «orden y virtud».

Hace unos meses, amigos en La Habana me comentaban de la oportunidad que ofrecían los espacios y actividades de la juventud religiosa (católica o protestante) para sacar a sus hijos del foco de violencia, marginalidad y consumismo en que se habían convertido sus barrios.

Quienes así hablaban —blancos, profesionales y clase media— no dejaban de tener razón en su angustia, aunque enseguida uno pensaba en como status, raza, clase y credo pueden configurarse para restructurar las relaciones sociales en un contexto de crisis.

Otra colega periodista me testimonió las dificultades subrepticias puestas a la realización de su aborto por autoridades hospitalarias, cumpliendo —le decían en privado— instrucciones de aumentar la natalidad en el envejecido país. Y aunque al final logró interrumpir su indeseado embarazo me comentó que nunca había creído que cosas así estuvieran pasando.

Cuando conecto semejante experiencia con cierta prédica antiabortista cristiana y recuerdo que en sociedades donde la mujer había logrado avances— Nicaragua o Polonia— estos han visto un retroceso por la incidencia religiosa en la vida pública, la cosa es para alarmarse.

La Iglesia es, como el partido, una institución de hombres —aunque no necesariamente humana— con objetivos pragmáticos, donde la retórica y los actos no siempre van de la mano. Su historia está llena de capítulos oscuros y también de aportes a las luchas libertarias de nuestros pueblos.

En los primeros ha primado, en buena medida, la inercia de la institución, mientras que en lo segundo ha sido decisivo el compromiso social de sus fieles.

En Cuba es deseable que este aporte continúe —por legítimo derecho y en comunión con el resto de la ciudadanía— en la construcción de un país mejor, que no puede regirse por botas y sotanas, sino mediante el concurso, laico y democrático, de todos sus hijos.

EL OMBLIGO DE LOS ÁNGELES

Cuentan que durante el Medioevo, ante el peso de los dogmas y castigos de la Inquisición, muchos sabios se entretenían en discusiones tan «sugerentes», como la presencia (o no) de ombligos en los ángeles.

Aunque algunos colegas desafiaran el *statu quo* y ardieran víctimas de su valor (o ¡¿tozudez?!) y se avizoraran los contornos luminosos del Renacimiento, numerosos teólogos y filósofos elegían polemizar sobre asuntos que permitieran salvar el pellejo y mantener, aun en la precariedad, ciertos artes y rituales de la profesión intelectual.

Semejante ejercicio de la palabra —en sus versiones oral y escrita— y de su empleo en verdaderos torneos de retórica puede parecer, a la luz del presente y en comparación con los aportes del mundo clásico, del pensamiento musulmán o de la explosión científico—humanista de la Modernidad, francamente sombrío y ridículo.

Pero nos recuerda que las ideas, pese a las imágenes poéticas que las equiparan con el vuelo libre de un pájaro, resultan presa (junto a sus portadores) de las estructuras sociales, políticas y culturales de una época y lugar.

Y que solo cuando quiebran las cadenas que le sujetan a legitimar el orden vigente y a reproducir su normalidad y cánones éticos, estéticos y sociopolíticos en la vida cotidiana, se convierten en un pensamiento auténticamente renovador, radical, revolucionario.

En estos días, cuando tanto revuelo se ha levantado en Cuba en torno al difundido tema de reggaetón El Chupi Chupi me pregunto si no estaremos ante otro debate similar al de los sabios medievales, inflado por las circunstancias peculiares que vive nuestra isla, por los cánones y (pre)juicios de un sector de sus elites culturales y políticas y por el creciente abismo que parece abrirse entre estas y, en frente, nuevas elites ligadas al mercado trasnacional y la cultura de nuevo rico, cuya imagen de éxito es reconocida por un vasto sector de la población crecientemente empobrecida.

Por otro lado, me interrogo porque en un contexto donde algunos ensayan hasta el cansancio una sofisticada epistemología del retozo o una hermenéutica de la paja se estanca o represa, verbigracia de la apatía institucional y la nueva hegemonía mercantil, el desarrollo de reflexiones, experimentaciones e intervenciones artísticas —en los terrenos de la música, las artes escénicas, la plástica o el audiovisual— capaces de rescatar la hermosa y vital cópula creador—público de los transgresores años 60 y 80.

En lo personal, reconozco que no me gusta el polémico tema —en cuyo video clip abundan las imágenes machistas y el encumbramiento de Lolitas kitsch y Papitos fisiculturistas— del mismo modo que en estas páginas disentí frente a obras del género que reúnen cierta estética Made In Miami con un discurso fascistoide y adulador del poder.

Comprendo (y comparto) la molestia de una amiga feminista y de un destacado escritor y crítico de la isla ante la pésima factura del audiovisual y la canción misma, y celebro en ambos su decisión de lanzarse al ruedo del debate sin recibir señales ni pedir permisos.

Sin embargo, como hice cuando critiqué a Creo, defiendo —frente a censuras verticales e inapelables— el derecho del creador a compartir su mensaje con su público. Reconozco como un hecho (que creo positivo) la plural apropiación y resignificación populares de cualquier género, que llevó a la Cátedra Haydeé Santamaría a dedicar un evento a analizar el fenómeno reggaetón en sus tempranas incursiones en la isla, hace ya varios años.

Y llamo la atención sobre la necesidad de un análisis y debate más profundos en torno a las condiciones que hacen socialmente posible (y que en buena medida favorecen) el arraigo y expansión de este «arte».

Porque, además, me parece que en los vastos terrenos de la cultura (y en su interpretación letrada) tenemos problemáticas más graves que la factura de un reggaetón, situaciones estas que merecerían reflexiones profundas desde las páginas del *Granma* y de las más altas instancias culturales de la nación.

Si desde no pocas instituciones se fomenta una cultura de la pasividad en la ciudadanía y se aúpa o tolera el éxito mercantil, la neutralidad o el (falso) compromiso celebratorio en los artistas, si se satura a la gente (y a nuestros niños) de mensajes ideologizados (y tan violentos como los del Chupi Chupi) como los de la propaganda nacional o los gritos de los Actos de Repudio, si la oferta recreativa y cultural se concentra en ciertos circuitos metropolitanos (notablemente en la zona de Miramar o el Vedado) dejando para la masa juvenil el muro del Malecón y las cisternas de Alamar, semejante ofensiva sobre estos pobres muchachos reúne, desde mi modesta apreciación, un poco de oportunismo burocrático y algo de mojigatería intelectual, ayudando a apartar la mirada de otros temas urgentes.

En cuanto al gremio, me sorprende que hayan tantas energías dispuestas a romper lanzas en torno a este affaire y tan pocas comprometidas no ya con un ambicioso rediseño de la política cultural de la Revolución (para lo cual el reciente y simbólico medio siglo de Palabras a los Intelectuales fue un momento magistralmente desaprovechado) sino al menos con la exigencia de un mejor cumplimiento de varios acuerdos del último congreso de la UNEAC, por ejemplo, en lo referente al estado de la información, debate y educación públicos.

Para no hablar de los mutismos, públicos y privados, de una parte del campo intelectual, frente a las sanciones y censuras a colegas, el cierre de eventos o las suspensiones de foros de debate públicos, ocurrido en los últimos meses.

Espero que el debate en torno al affaire Chupi Chupi no motive una epidemia de (¿falsos?) agraviados, y que cada quien se ubique frente a este en el sitio que, por derecho o afinidad, realmente le corresponde.

Tal vez, la dialéctica de lo urgente (contrarrestar las manifestaciones de descomposición social y cultural que atentan contra la convivencia en nuestras comunidades) y lo importante (repensar que estamos haciendo los creadores en esta hora de cambios nacionales y, sobre todo, como interactuamos con el resto de la población y su sentir) nos esté jugando otra mala pasada. Pero no importa, pues siempre queda, a «elección del consumidor», la oportunidad de «perrear» un reguetón políticamente correcto.

PostData: Cuando terminaba este artículo, el crítico Joel del Río publicó en el diario *Juventud Rebelde* un lúcido análisis de los premios Lucas, con alusiones al polémico video y sus críticos. Recomiendo su lectura.

LA *PRAVDA* DE NOSOTROS

En una entrega anterior abordamos la existencia de un arte crítico y comprometido con las realidades de la Cuba actual, en la figura del dúo de Hip Hop Los Aldeanos. En esta ocasión nuestra mirada se dirige sobre el trabajo de Eduardo del Llano.

Del Llano es un, reconocido guionista y escritor cubano, quien (bajo el lúdico y autogestivo sello de Sex Machine Productions) encabeza un grupo de artistas comprometidos con la creación de audiovisuales críticos, satirizando de forma reflexiva sobre la realidad nacional.

Toda la serie gira alrededor de las peripecias del personaje Nicanor O'Donnell, un intelectual cubano, crítico y patriota, quien debe lidiar indistintamente con los conservadurismos familiares, la mercantilización de la vida cotidiana, la simulación pública, la censura de prensa y las visitas de los agentes policíacos.

En uno de sus últimos trabajos, titulado *Pravda* (término ruso que significa verdad y alude al periódico del Partido Comunista, publicación principal de la URSS de 1918 a 1991) Nicanor es un admirador de la gesta del Moncada, génesis de la revolución cubana de 1959.

Nicanor es apresado y sometido a un interrogatorio kafkiano por hacer «pintadas clandestinas» con banderas y consignas revolucionarias del Movimiento 26 de Julio. El corto[1], musicalizado con un tema del dúo de *hip hop* Los Aldeanos es un reflejo excelente de las relaciones entre arte, activismo y poder en la Cuba actual.

Los diálogos reflejan la apropiación del nacionalismo y el patriotismo como patrimonio estatal:

—Nicanor: Yo soy un patriota.

—Agente: Sí, eso es lo que dicen todos, como si hubiera una patria para cada uno.

---

[1]   Puede verse en http://www.youtube.com/watch?v=w7irxBbHFEc.

—Nicanor: ¿Y no la hay?

—Agente: No, es una para todos, la que te toca.

La sospecha oficial respecto a cualquier manifestación de autonomía y la arbitraria clasificación de las iniciativas ciudadanas, al margen de lo que formalmente reconoce la ley:

—Agente: ¿Por qué llevas varias noches saliendo a escondidas a pintar banderas y vivas al 26 en los muros del Vedado?

—Nicanor: Ya le dije, me interesa mantener vivo el significado primigenio, el ritual del acto.

—Agente: El modus operandi…

—Nicanor: Si así lo quiere, aunque el término me parece un tanto viciado por el uso. Mire, esas consignas siempre aparecieron clandestinamente.

—Agente: ¡Antes de la Revolución!, para protestar contra la dictadura. Siguiendo su lógica, usted las pinta porque es un disidente, porque establece un símil entre…

—Nicanor: ¿Un disidente que hace grafitis con las consigna del régimen que se supone detesta?

—Agente: ¡A nadie le entran esos ataques patrióticos a las tres de la madrugada!

—Nicanor: A mí sí.

—Agente: Pues no es normal.

—Nicanor: Que no sea normal no lo hace subversivo.

—Agente: Eso lo decido yo.

—Nicanor: ¡Vaya, yo creía que lo decidía la ley!

A quienes desconocen las dinámicas internas de control político vigentes en Cuba por medio siglo puede parecer surrealista el diálogo. Sin embargo, este expresa de manera casi exacta los argumentos de agentes del poder al confrontar activistas y creadores autónomos.

Cualquiera que tenga una experiencia de interacción con esos agentes (y con su cultura política) testimoniará que sostener una propuesta critica desde la izquierda puede conllevar el calificativo de ser «agentes subversivos» o , cuando menos, «manipulados por el enemigo».

Las iniciativas autónomas son «acciones desestabilizadoras de la CIA» o los llamados a un socialismo participativo y la autorganización popular una «cosa que está bien para otros países, pero aquí no, porque aquí la Revolución ya se hizo. Y si alguien osa defender su pertenencia sincera a alguna corriente de izquierda, los agentes le contestarán que «ser de izquierda en Cuba es defender las ideas de Fidel y Raúl» cerrando de forma poco dialógica tan amable conversación.

Pero la gente suele ser terca cuando, además de creer en la causa que defiende, percibe orfandad en la postura que le confronta.

Como colofón, en un acto de transparencia transgresora frente al poder, Nicanor le anuncia al interrogador: «El sábado que viene voy a hacer otro grafiti, de hoces y martillos, con la frase 'Todo el Poder a los Soviets'».

Creo que en esa frase se condensa la voluntad, libertaria y patriota, de un arte crítico empeñado en insistir, a despecho de aquellos «palos que nos dio la vida» anunciados por la lírica criolla.

Y que por esta apuesta, como por muchas acciones cotidianas decentes y solidarias de médicos, maestros y gente común, permanece vivo (aunque herido) el legado de una Revolución, a despecho de las fuerzas oscuras que lo asesinan con sus actos.

DE CUBA: ARTE CRÍTICO, Y PATRIOTA

Cada vez mayor frecuencia y beligerancia el mundo artístico cubano produce voces lúcidas que defienden la autonomía, la justicia social, la soberanía nacional y la libertad personal como parte de una promesa emancipatoria para Cuba.

Aunque quizás sin todo el alcance e impacto deseables —dada la fragmentación de la esfera pública criolla y los mecanismos de control y censura informativos— músicos y teatristas, *performers* y realizadores de audiovisuales, ensayistas y artistas plásticos van construyendo discursos que cuestionan aquellos problemas del *status quo* que se alejan de la promesa, originaria y liberadora, de la Revolución Socialista.

Y lo hacen tendiendo puentes solidarios entre distintas manifestaciones artísticas, públicos y creadores, valiosos para proteger la existencia del creador y la difusión de su obra. A estos artistas a menudo les cuestionan no ser suficientemente revolucionarios o disidentes, anticastristas, reclamos que emanan desde una poltrona de burócrata acomodado o las cavernas de un anticastrismo de Guerra Fría.

Y muchas veces no reciben apoyo de aquellos colegas que destierran de su obra cualquier compromiso social (o sencillamente, el abordaje de la dura y compleja realidad) para dejarse seducir con prebendas materiales, permisos especiales y otras formas de cortejo del poder.

En la cultura underground destaca el dúo de *hip hop* Los Aldeanos, ampliamente conocidos dentro y fuera del país por su postura contestataria y su rechazo a las manipulaciones de la institucionalidad oficial (que ha vetado varias de sus presentaciones).

La postura y discurso de Los Aldeanos —como la de creadores contestatarios como Escuadrón Patriota y Silvito El Libre— se distancian de otras agrupaciones (Ej. Porno para Ricardo) que tienen una orientación política diferente, vinculada con posturas y personalidades del exilio cubano como Willy Chirino.

Los Aldeanos forman parte de una red de colectivos creadores (Real 70) que se reúnen para producir arte (en estudios artesanales creados y gestionados por ellos mismos), intercambiar experiencias y establecer solidaridades, así como para convocar un público creciente.

Su obra es reflejo de las contradicciones más álgidas de la sociedad cubana. En su tema «Viva Cuba Libre»[2], Los Aldeanos abren con una «Especial dedicatoria a todo el pueblo cubano y a la memoria de los hombres que lucharon por una Cuba verdaderamente libre» para decir más adelante «soy de un país que tiene tradición de lucha por su soberanía y se oponía a la desigualdad» lo que no impide denunciar «vivimos encerrados en la frase todo es del pueblo pero todo lo controla el estado».

Los problemas de la libertad de expresión y debate públicos los sintetizan en una frase que refleja su experiencia personal con instituciones «Si crees en ellos eres bueno si discrepas malo; en otro lado fueras compositor aquí eres un gusano».

Reflejando la precaria situación material de los sectores populares (expresadas en el debate de Lineamientos y las medidas que buscan corregirla) los creadores nos recuerdan «Que alce la mano un cubano sin problemas económicos; tener los pies en la tierra es un problema ideológico. Nuestro sueldo es una burla y los mandados una falta de respeto».

Cuestionando el desempeño de las instituciones refieren el sentir popular al decir «Solo burocratismo veo, el pasatiempo nacional no es la pelota es el peloteo», para luego denunciar que «se habla mucho de democracia participativa, nuestra opinión para una decisión no cuenta allá arriba».

Como se aprecia, el discurso de Los Aldeanos está íntimamente vinculado a su compromiso con sectores populares y la soberanía nacional:

«Fajao como Maceo represento la isla entera, hay que matarme pa quitarme la bandera», recurriendo a invocaciones a Che Guevara, «comandante de verdad» y la defensa de la Revolución como «cambiar lo que debe ser cambiado».

La obra de los Aldeanos tiene la capacidad de condensar agudos problemas y miradas analíticas, haciéndolo con un lenguaje llano de cubano de a pie y con una toma de partido que desmonta las más burdas manipulaciones.

---

[2] Para conocimiento más abarcador de su obra, así como de otros colectivos afines, ver http://emetreceproductions. com/.

PEDRO PABLO OLIVA Y LA SUMA DE TODOS LOS MIEDOS

Hace más de 10 años, mientras estudiaba en la Universidad, vi en un programa de la TV cubana una imagen que me cautivó. Sin especiales conocimientos de la plástica cubana contemporánea pero con una especial sensibilidad al arte y sus mensajes, me di a la tarea de hallar el nombre y autor de aquella pintura.

Pronto supe que se trataba del óleo «La extraña historia de un niño que dormía con un pez». de Pedro Pablo Oliva, Premio Nacional de Artes Plásticas; pero cariñosamente llamé a la obra «El niñito» y no descansé hasta tener colgada una reproducción de la misma en mi dormitorio.

Con los años seguí intermitentemente la trayectoria de Pedro Pablo, asistiendo a exposiciones y leyendo reportajes de prensa. Lo consideré, por sus declaraciones, un cubano sencillo, con dotes de pinareño bonachón y una extraña capacidad de dedicar, en tiempos huérfanos de épica y lirismos, su obra al Comandante Fidel Castro con una carga visible de íntima y sincera devoción.

Contrastaba su pintura con cierto arte adulón y por encargo que se expandía en los decorados de las Tribunas Abiertas organizadas cada sábado en las provincias del país, al calor de la Batalla de Ideas.

Semejante combinación de ternura e ingenuidad me provocaba reacciones encontradas pero «bueno, pensé yo, al artista no se le puede pedir un tratado social y si el ejercicio de su libertad creadora lo lleva a esos puertos, bendita sea».

Hoy leo que Pedro Pablo ha sido despojado de su puesto en la Asamblea Provincial del Poder Popular de Pinar del Río, acusado de mil cargos graves e infamantes. Que su Casa Taller cerrará por una decisión que, si bien es tomada por sus animadores, tiene directa relación con el ambiente de presiones institucionales que se ha desarrollado en torno suyo.

Releo sobre los malabarismos de quienes buscan en las palabras del pintor argumentos para convertirlo en acusador de disidentes, mientras ocultan las razones esenciales de la crisis y su desenlace. Veo los comentarios que pretenden arrimar al artista a mil y una brasas ideológicas de toda raigambre. Pero Pedro Pablo ha hablado, con una voz alta y clara de cubano de a pie, en un ejercicio responsable de la libertad, insistiendo en su deuda con la Revolución y su derecho a pensar con cabeza propia, lo que pone cada hecho (y conciencia) en su sitio.

En casos como estos apenas puedo hilvanar palabras. Solo pienso en las personas que rodeaban al «maestro» prodigando elogios interesados, en sus colegas del gremio que seguramente no lo abandonarán en el infortunio, en los funcionarios que organizaban ceremonias a la «Destacada Personalidad de Nuestra Cultura» y ahora arman tribunales (y chismes) inquisitoriales, en los vecinos que no podrán disfrutar su arte comunitario pero seguirán viéndolo como uno de los suyos.

Me alarma como parece ser ya una tendencia el poner a aquellos creadores que animan espacios autónomos de la cultura en el dilema de convertirse en policías que cierren a ciertos «indeseables» el acceso al sitio, con lo cual lo condenan a una lenta e indigna muerte.

Porque, como he dicho demasiadas veces, no es posible mantener con vida un foro de arte y pensamiento, si se teme o bloquea el debate (intrínsecamente plural) de estéticas, poéticas y políticas.[3]

Cuando en 2007 varios compañeros planteamos los problemas estructurales de la relación entre política y cultura en Cuba insistimos en que no se trataba de los colores de un pasado remoto sino en las sombras que flotaban sobre un presente lleno de incertidumbres.

Nuestros reclamos los hicimos (para utilizar una fórmula en boga en la burocracia cubana) «en el lugar, forma y modo» que nos correspondía como intelectuales de la Revolución y el socialismo, sin hacer caso a ademanes postmodernos, convites de la prensa extranjera o cálculos de conveniencia.

Fueron momentos memorables en la Casa de las Américas y el Instituto Superior de Arte, donde la transparencia y esperanza de los participantes y la voluntad de diálogo de las autoridades (con mérito especial en la figura del ministro Abel Prieto) alcanzaron su clímax, y también su ocaso, pues el siguiente

[3]   Ver al respecto «La campana vibrante. Intelectuales, esfera pública y poder en Cuba: balance y perspectivas de un trienio (2007-2010)» en http://www.uv.mx/iihs/documents/ Cuaderno37.pdf.

Congreso de la Unión Nacional de Escritores y Artistas de Cuba (UNEAC) se convirtió en una suerte de torneo de celebridades y discursos, cuyas repercusiones prácticas se fueron diluyendo en la casi nada. Esa situación se mantiene (agravada) hasta hoy.

Cualquier comunidad humana tiene, entre sus metas básicas, el proporcionar a sus miembros un espacio para la libertad, la solidaridad, el desarrollo y la protección mutua. Si estas no se cumplieran, entonces la familia, las asociaciones y los gremios no tendrían razón de ser, y los individuos quedarían, en cualquier sistema social, inermes ante las fuerzas salvajes y rampantes de la política y el mercado.

En ocasión de las tristes noticias en torno al pintor Pedro Pablo y su proyecto, pienso en si será posible que abandonemos, en aras de la verdadera autonomía del campo intelectual cubano, las guerritas gremiales, las envidias mutuas y los silencios cómplices. O tal vez que la suma de todos nuestros miedos nos dé el mínimo aliento para permanecer juntos y firmes, aunque sea un instante. Me permito soñar.

UN «POQUITO» DE DIVERSIDAD

Esta nota es corta, porque nace en los resquicios de mi descanso dominical y porque cada vez creo más que lo bueno es aquello que se logra decir en pocas palabras.

Además lo que la motiva (la actual Campaña contra la Homofobia) ha provocado suficientes y diversas miradas.

Es probable que mi opinión no guste a algunos amigos involucrados en dicha iniciativa, aunque estoy convencido que aquellos que me conocen sabrán por dónde viene el sentido de esta crítica. Y espero la acompañen o respeten.

Valoro positivamente cualquier iniciativa que busque eliminar las múltiples formas de discriminación que existen en nuestra sociedad, e insisto en el término existen y no subsisten porque no se trata solo de «rezagos del capitalismo». Se trata de expresiones de una cultura de la dominación (machista, patriarcal, militarista, adultocéntrica, urbanocéntrica, etc.) heredadas desde la colonia, que adquieren nuevos sentidos en el socialismo de estado criollo.

Por la importancia de discutir el tema con seriedad considero particularmente bueno el panel realizado sobre la presencia del tema en los medios masivos, un foro donde las intervenciones de los participantes (que leí en http://www.ipscuba.net/) me parecieron bien argumentadas, críticas y objetivas.

Ahora bien, respecto a la marcha por la Rampa lamento no ser tan entusiasta, pues no solo se trata de una iniciativa limitada en espacio y alcances sino que todo indica que se pudo realizar gracias al especial protagonismo de la directora del CENESEX, Mariela Castro en dicha acción, la que como todos sabemos es hija del actual presidente.

No escatimo sus bien ganados méritos (pues podría ser otra hija de papá en lugar de una mujer de ideas y acciones avanzadas) pero pregunto ¿por qué se le permite a ella y sus ahijados lo que a otros jóvenes no?

¿Por qué otras acciones también opuestas a la dominación (como las del Observatorio Crítico) y marchas como la de la No Violencia no reciben semejante apoyo e incluso son objeto de recelo o (re)presión? ¿No es muestra ello de que en nuestro país la autonomía societal sigue siendo fundamentalmente ausente (y temida) en un entorno de «derechos» prestados y espacios tolerados?

Además, no comprendo que hacían consignas por el retorno de los Cinco y vivas a los dirigentes del país en la marcha. Creo que corearlas es asunto de cada cual, pero me parecen inorgánicas dentro de esa marcha.

¿Acaso la comunidad LGTB tiene en Cuba tantas oportunidades de manifestarse cada día y tan pocas cosas que reclamar de forma sustantiva como para traer aquí a colación agendas políticas de otros foros?

Podemos solo suponer las razones de la presencia de semejantes consignas, porque uno nunca sabe si fueron netamente impuestas como condición para la marcha, o si (como creo), simplemente jugaron con eso como factor de legitimación o incluso si fue una iniciativa espontánea de algunos, en todos los casos el saldo me parece simplemente patético.

Por demás creo que seguimos perdiendo tiempo (con un país culto y donde no hay que cabildear con la Iglesia y gremios conservadores) en los avances legales que muchos homosexuales reclaman, cuando ya México DF y Buenos Aires nos han tomado la delantera y pronto pueden seguirles otras ciudades y naciones.

Además se necesitan señales claras que la homofobia será castigada cuando, por ejemplo, esta se traduzca en comportamientos lesivos a la dignidad como los que cometen con frecuencia agentes de orden público contra parejas o individuos de esa orientación sexual.

Si ello no sucede, la colorida marcha por la Rampa bien puede quedar como un día de festejo en medio de tantas semanas y formas de discriminación.

Ello me recuerda el Cabildo que celebraban los negros esclavos, con la mirada benefactora de las autoridades coloniales y la rabia (temporal) de sus dueños, que sabían que al día siguiente los exprimirían en la plantación o casa señorial.

Aunque me alegra que algunxs puedan sentirse «Reinas por un Día» creo que lo que debemos lograr es que todxs seamos ciudadanxs para siempre.

CONVICCIÓN Y DESENCANTO

Esta puede considerarse, con toda justeza, mi primera crónica del 2011. No solo porque las anteriores nacieran de experiencias vividas el pasado año, sino porque en esta ocasión abordaré un tema actual de mi país y, dentro de este, de gente cuya suerte y destino me importa.

Resulta que a raíz de los cambios en curso varias personas me han escrito para contarme su mirada respecto al impacto que viven —o prevén sufrir— en su vida cotidiana, sobre el balance de su vida y los rumbos de la nación.

Lejos de la asepsia del analista o el mero testimonio cotidiano, se trata de palabras que resuenan en mis oídos con una inmensa carga de razón y sentimiento, reuniendo una mezcla confusa de orgullo y resignación; consecuencia y desencanto.

Son palabras que brotan de quienes han entregado sus vidas a un proceso redentor y hoy, en el ocaso de estas (y de este) sienten que algo (igualdad, justicia) se les escamotea o, simplemente, que les abandonan.

Pero no se arrepienten de lo hecho, con un orgullo que les mantiene en pie y se me antoja admirable. Por eso, por confiar en mí para desahogar su sentir y por el cariño y respeto que por ellos siento, dejo hoy mi espacio en *Havanatimes* a sus estremecedoras voces.

«Soy de la generación perdida que escribiera Padura, me tocó ir a las fiestas con botas de cañero o militar, posponer muchos sueños personales en bien del colectivo, tener un jean en mi tiempo era símbolo de corrupción o debilidad ideológica, para no hablar de una grabadora, etc. Hice las misiones internacionalistas o de trabajo voluntario sin beneficios económicos, y pase por todos los periodos difíciles, con los consabidos reclamos de sacrificio de cada momento, incluido el Período Especial. Sin embargo, a diferencia de otros que hoy se lamentan por lo que no hicieron, lo que podrían haber tenido etc., yo estoy convencido de que lo hice entonces por convicción y no renuncio a ello, porque fue —como todo en mi vida— una decisión personal, no por seguir la corriente».

—

«Temo que los cambios que se requieran hacer y que de hecho son inevitables, estén marcados por el «cubaneo» y termine en una mueca de lo que requiere nuestra patria. Lo que hicimos muchos en mi generación estuvo antecedido de una generación que lo dió todo, algunos hasta su vida sin poder disfrutar nada. Eso fue lo que siempre me movió al sacrificio de las pocas cosas que podrían satisfacerme. La única propiedad que todos tenemos y que nadie puede privatizar es la vida, y esa la empeñé en lo que he hecho hasta hoy.

»Sí me duele ver que de los que sobrevivieron de aquella generación de la que yo heredé sus valores, los que sobrevivieron del sacrifico extremo, no todos se unieron al pensamiento que el Che pidió del hombre nuevo, como humilde revolucionario que se sacrificó como la inmensa mayoría en el trabajo diario. Una parte de aquellos se fue convirtiendo en lo mismo que ayudaron a derrumbar, en una clase de funcionarios que devengan las posibilidades que la inmensa mayoría no tiene, y eso es lo que tenemos que cambiar».

—

«Tristemente ninguna obra social es pura, todas tienen sus manchas, y la vida me dice que ningún ismo(esclavismo, feudalismo, capitalismo, socialismo, cristianismo, etc.) fue ni será perfecto, porque siempre tendrá una clase, cúpula o grupo que tendría todas las oportunidades y asume el derecho de dirigir a la inmensa mayoría .En muchas ocasiones nunca se sabe de donde salieron, quién les da la autoridad o cómo llegaron a ella. Como antaño los reyes o los señores, en el capitalismo surgió la burguesía y, en el socialismo, la alta dirigencia.

»Lo que sí me duele es que siempre he rechazado el fraude y el desengaño, y veo que nuestros ideales han comenzado a cambiar poco a poco, que una clase de funcionarios se ha ido adueñando de las mismas casas que le quitamos a la burguesía, que se casan y relacionan entre ellos mismos, que sus hijos y familiares que no se sacrificaron por esta obra humana hoy manejen autos nuevos con chapa amarilla, viajes a lugares turísticos prohibitivos para los que lo dimos todo. Y que se sucedan en los cargos personas con apellidos parecidos a otros dirigentes, y eso si me preocupa porque nos lleva a un camino que no quisiera ver».

—

«Hoy Cuba, para mí que me gustan tanto las parábola y los simbolismos, es como un cuerpo humano, donde su cabeza (la burocracia dirigente y los funcionarios de alto nivel) se soporta en un cuerpo (nuestro pueblo) cuyo estómago y órganos (la economía) alimenta a unos brazos grandes y deformes (gastos sociales) sustentados en unas endebles piernas (capacidad de producción real del país) que perdió las muletas que lo sostenían (campo socialista) y hoy se tambalea.

»Se ha detectado que tiene un cáncer en el estómago y estamos en la disyuntiva de cómo operamos: o cambiamos todos los órganos de una vez, con el costo de impacto social que esto tiene a un corto plazo o cambiamos órgano a órgano para hacer más tolerable el dolor, pero con el peligro de que se reproduzca el cáncer por otra parte. Cada una de las decisiones tiene un costo social y estamos en la encrucijada de cuál decisión tomamos».

—

«Desgraciadamente, como bien refleja Padura, soy un vívido reflejo de esa generación y sus decisiones, con mi edad y salud tengo que seguir trabajando para sostener una familia necesitada, en un drama con el que lucho día a día. No tengo el don de la escritura, pero escribo con la sabiduría de la vida y la fuerza del corazón».

—

No sé que provoquen en ustedes estas palabras, pero cada vez que recibo un mensaje me hacen enmudecer y solo atino a caminar sin rumbo por las orillas lacustres de esta ciudad. Así puedo ahogar mi rabia en llanto, sin que nadie me moleste.

DISPUTA SOBRE DERECHOS EN CUBA

La coyuntura abierta por la muerte del opositor Orlando Zapata Tamayo ha puesto en tela de juicio la situación de los Derechos Humanos (DDHH) en Cuba, de la mano de amplias campañas de satanización y atrincheramiento, desplegadas fuera y dentro de la isla.

Los críticos llegan al extremo de acusar al gobierno cubano del asesinato premeditado del disidente, cosa impensable no solo por el historial del estado cubano en la esfera, sino también por la evidente complicación de las relaciones internacionales y domésticas que un desenlace de este tipo puede generar, algo conocido por las experimentadas autoridades cubanas y cuyos nocivos efectos presenciamos hoy.

Los defensores del gobierno, por su parte, recurren a campañas de deslegitimación que niegan la dignidad del difunto y sus posturas, mediante el empleo selectivo y distorsionado de hojas de vida y argumentos políticos. Y vuelve, pese a su generalizado rechazo social después de los sucesos del Mariel de 1980 y el Maleconazo de 1994, el uso de civiles movilizados por las autoridades —con fachada de «espontaneidad popular»— para repudiar o reprimir manifestaciones de madres y esposas de opositores presos, con el consiguiente daño de la imagen del país y el civismo de sus nacionales.

Abordar este asunto sigue siendo hoy, básicamente, un tema tabú dentro de Cuba. Es obviado por buena parte de la academia (salvo contados análisis de académicos como Hugo Azcuy y Dmitri Prieto) y solo algunos medios como la prestigiosa revista Temas, de forma meritoria, han llevado el problema a debate, aunque con cierto desbalance que combina un exceso de miradas teóricas foráneas y escaso aterrizaje empírico en el contexto cubano.

Y se desconoce la existencia de dos corrientes dentro de los DDHH, una liberal que apela a los derechos individuales dentro de las instituciones y garan-

235

tías de una democracia representativa; y otra popular que acompaña la lucha por el respeto a la persona con reivindicaciones comunitarias y el accionar de movimientos sociales de cara al autoritarismo del estado y los poderes empresariales.

Por otra parte los DDHH son identificados por el estado, sus agentes y —gracias a la desinformación, la propaganda y la cultura política oficiales— por una parte de la población como mero «instrumento de las campañas enemigas».

No existen legalmente inscritas organizaciones defensores de estos derechos dentro del Registro de Asociaciones del Ministerio de Justicia de la República de Cuba. El tratamiento de los DDHH en la isla parece obviar la variable claramente emancipadora del fenómeno, que emerge como resultado de luchas sociales contra los autoritarismos proimperialistas de las Dictaduras de Seguridad Nacional en Latinoamérica, o los gobiernos de Ferdinando Marcos o Suharto en Asia.

Y en cuanto a su aporte al derrumbe de los regímenes de Europa del Este, a los DDHH se les reduce a ser un componente de la estrategia desestabilizadora de Carter, Reagan y Bush padre, y no expresión de movimientos ciudadanos, que muchas veces combatieron las políticas privatizadoras de aquellos burócratas convertidos en burgueses.

En este campo existe un evidente doble rasero.

El estado cubano reconoce a las Madres de la Plaza de Mayo y los activistas del Foro Social Mundial, pero niega la posibilidad de que sus nacionales ejerzan dicha militancia.

Aplaude (y utiliza en sus argumentos) los informes de Amnistía Internacional que denuncian las reales y constantes violaciones cometidas en el brutal sistema carcelario de EEUU, las expresiones de racismo y xenofobia de dicha sociedad, así como el apoyo que sucesivos gobiernos gringos continúan dando a Israel y los regímenes despóticos en Oriente Medio.

Pero desaprueba y silencia los argumentos que esas mismas organizaciones ofrecen a las violaciones en naciones aliadas como Zimbawe, Irán, Rusia, China o en la misma Cuba, presentándolas entonces como «agentes del Imperio».

A los ciudadanos cubanos se les hace virtualmente imposible (y punible) la acción misma de testimoniar, vigilar y denunciar, de forma organizada, las violaciones cometidas —a veces contra la propia Constitución socialista de 1992— por funcionarios e instituciones estatales, dada la capacidad de control social del estado y la subordinación de los medios masivos a las directrices gubernamentales.

Se trata de una actividad condenada a priori, lo cual genera que se meta en idéntico saco a activistas autónomos, vinculados a sus comunidades u ONG internacionales de reconocido desempeño, o simples personeros mantenidos por las embajadas occidentales.

El tratamiento de los DDHH debe ser, se ha dicho, integral y no selectivo. Ello supone reconocer al mismo tiempo, los considerables logros sociales de la nación caribeña, en materia de salud, educación, deportes, seguridad social, acceso a la cultura. Conquistas que garantizan la base social y legitimidad del proceso revolucionario y han sido compartidas con decenas de pueblos hermanos a lo largo de medio siglo.

Pero también dar cuenta de las limitaciones a derechos de expresión, reunión, asociación, movimiento y autogestión económica y comunitaria existentes en la isla, verbigracia una concepción monopólica y colonizadora del Estado, de cara a la sociedad y sus capacidades de organización autónoma.

El problema es, como en otras esferas, estructural, y se puede resumir gráficamente contraponiendo a la precariedad del Estado de Derecho — donde los ciudadanos pueden hacer uso de atribuciones para ejercer los derechos garantizados por su Constitución y proteger esta de abusos burocráticos—, una amplísima, arbitraria y cotidiana ejecutoria de los Derechos del Estado, carentes de control y retroalimentación.

Solo con una expansión de la participación popular, con instituciones democráticas, eficaces y controladas por la ciudadanía organizada y con el establecimiento del derecho como principio rector del funcionamiento estatal y la convivencia social se podrá perfeccionar el proceso cubano, deteniendo la deriva autoritaria y la restauración neoliberal, que amenazan desde el trasfondo de una grave crisis social e ideológica. Y ello no equivale, como nos quieren hacer ver, a restaurar la burguesía ni rendirnos a EEUU. Desde una visión de izquierda, que reúna las alertas de Lenin sobre la necesidad de acotar la arbitrariedad estatal (incluida la de sus órganos policíacos), la sentencia de una Rosa Luxemburgo que defendió la libertad aún para el que pensara diferente, o la ética de un José Martí que ponía en un pedestal los derechos y la dignidad de todos los hombres y pueblos, hay que impulsar en Cuba otra mirada sobre los DDHH.

Una que torne inconcebible el silencio, disfrazado de solidaridad, de un sector de la izquierda, para con la coyuntura de nuestro país. Y que rechace la adscripción —mecánica y oportunista—, a las campañas orquestadas desde las cancillerías occidentales y los centros de la derecha internacional.

Uno y otro deben ser superados, por el bien de todos los cubanos y el futuro del socialismo, la soberanía y la justicia, en la isla caribeña.

LA VOZ AUSENTE

La agencia Prensa Latina ha informado que más de 450 cubanos emigrados en 42 países (entre ellos 200 residentes en EEUU) celebrarán a partir del próximo miércoles el Encuentro contra el Bloqueo de Estados Unidos a Cuba y en Defensa de la Soberanía Nacional en La Habana.

En representación de 106 asociaciones de cubanos residentes en naciones de los cinco continentes concertarán acciones a partir de sus áreas geográficas y buscaran proponer temáticas de interés común y de importancia para el estado cubano.

Es muy bueno el intercambio entre cubanos de todos los rincones, y en particular de los emigrados con su nación. Forma parte de un proceso de normalización, dilatado y accidentado, que comenzó a fines de los años 70 y se aceleró con el aumento de la emigración (y su peso económico, remesas mediante) a raíz de la crisis de los 90.

Me hace recordar la melosa canción «unidos, unidos a pesar de todo siempre amigos unidos» que se radiaba en Radio Progreso en 1994 y 1995 anunciando los primeros de estos encuentros, y que sonaba tan extraña a muchos oídos (incluidos los míos) acostumbrados a la demonización del emigrante.

Si esta conferencia se traduce en un verdadero diálogo y no un monólogo u conciliábulo de privilegios, el foro deberá discutir temas de normalización migratoria que atañen a la mayoría de los cubanos y cuya modificación es tema de exclusiva competencia (en sentido de atribución y capacidad) del estado cubano.

Debería discutir, por ejemplo, porque aunque en Cuba existe una Ley de Inmigración y Extranjería, esta resulta tan laxa y es sustituida en la práctica por una Política Migratoria, de visos desconocidos e inapelables para el común, decidida y modificada ad hoc a partir de las coyunturas políticas.

Lo cual deja en la mayor ignorancia e indefensión a la ciudadanía que pretenda salir temporalmente de visita o emigrar hacia otro país.

O por qué se mantienen leyes otrora justificables, diseñadas para redistribuir socialmente las propiedades de burgueses emigrados tras el triunfo revolucionario, que hoy se aplican personas nacidas en el nuevo orden y ajenas a la contrarrevolución.

Por concepto de las cuales, si alguien emigra legalmente, pierde sus posesiones y derechos (incluido el de herencia) e incluso quienes convivían en el domicilio deben comenzar a pagar de cero el importe del mismo, aun cuando haya sido propiedad familiar. Exceptuándose de este despojo los casos del cotizado Permiso de Residencia en el Exterior, que no posee la mayoría de la población migrante, incluida la que habita en los EEUU.

Personas temporalmente en el exterior, que desean regresar y hoy tributan al bienestar de su familia, sufren el orden vigente. Una amiga, actualmente becada en una universidad extranjera, perdió la posibilidad de retornar a su país al carecer del dinero para pagar los permisos de estancia en el exterior, que superaban incluso el coste del boleto de avión.

Los costes se elevaron más de lo previsto y de lo permitido por sus ahorros, extraídos de su manutención y del monto destinado a la ayuda familiar. Como conclusión perdió sus derechos y propiedades y deberá esperar 5 años antes del retorno.

Otra amiga deberá abonar por el mismo concepto el doble del precio de una computadora de escritorio, que pensaba regalar a su tía, comunista ejemplar e investigadora emérita de una institución estatal.

Además los nacionales que regresan al país, a contrapelo de los extranjeros, tienen que pagar sobrepeso una vez desembarcados, algo irracional ya que dicha tasa se cobra antes de abordar por las aerolíneas a partir del gasto de combustible y espacio que el exceso de carga provoca.

El vicecanciller Dagoberto Rodríguez dijo que la reunión dará continuidad al intercambio franco y directo entre la emigración y las autoridades cubanas para seguir avanzando hacia relaciones cada vez más estables y normales de los emigrados con su patria.

Eso sería positivo, si esa franqueza se tradujera en alguna explicación de porque se encuentra ausente del discurso y las acciones en curso la demanda del fin del llamado Permiso de Salida, tema discutido en los debates populares nacionales desde 2007 y que ha motivado hasta un grupo de facebook integrado por cubanos de dentro y fuera.[1]

Rodríguez explicó que el gobierno cubano reconoce, valora y cuenta con la labor de los cubanos residentes fuera del país y los cuales mantienen una acti-

---

[1] Ver http://www.facebook. com/group.php?gid=235298112982&ref=ss.

tud activa en defensa de la Patria. Y añadió que el componente fundamental de la relación de la nación con la emigración es el diálogo directo, sin intermediarios, con quienes, en su mayoría, apoyan la lucha del pueblo cubano contra el asedio estadounidense y aceptan la independencia nacional.

Existen imprecisiones y omisiones en ese comentario. ¿Acaso el estado cubano no se erige como intermediario y representante de la nación, crisol sociológico, cultural, identitario, que rebasa las fronteras de una institucionalidad particular? ¿Acaso se reduce a la necesaria solidaridad antimperialista y la defensa de una Cuba independiente la agenda que quieren y deben impulsar nuestros compatriotas emigrados?

¿Acaso la política migratoria vigente no muestran una desvalorización y desconocimiento a los derechos del pueblo que decidió anclar su proyecto de vida a los destinos de la isla y su Revolución? ¿Y no sigue ofreciendo flancos vulnerables a la propaganda ideológica capitalista?

El insigne Historiador de la Ciudad de La Habana Eusebio Leal, en el pasado congreso de la UNEAC, expresó refiriéndose a nuestra patria «Cuba es así, y el que trate de modificarla separándola, dividiéndola y convirtiéndola en extrañas representaciones, pone a Cuba sin el legado de Martí.

Si se defiende una nación soberana hay que defender el derecho a una ciudadanía soberana, la existencia de la primera sin la segunda es, cuando menos, una incongruencia.

Hoy a estos emigrados les ha sido dada, por decisión política, una tribuna que muchos compatriotas no poseen para ventilar sus demandas de cara a la dirección del país. Esperamos que sepan utilizarla para el bien de la inmensa mayoría de quienes están ausentes.

LA SAGRADA VOLUNTAD POPULAR EN CUBA

El venidero 25 de abril los más de 8 millones de cubanos mayores de 16 años que residen en la isla tendrán la posibilidad de elegir y ser elegidos a sus órganos municipales de Poder Popular.

Realizados cada dos años y medio, estos comicios se caracterizan por ser el elemento más democrático del vertical sistema político cubano. Selección en asambleas vecinales en base al mérito y elección mediante el voto sancionador del vecino, más ausencia de prebendas y goce de un íntimo vínculo del elegido a la comunidad y sus problemas, son ingredientes claves de ese proceso electoral. El abandono de las campañas politiqueras y la existencia de un espacio de interpelación y remoción de elegidos (asambleas de rendición de cuenta) son parte del mismo.

En este proceso, el grado de profesionalidad y compromiso de los nuevos delegados, (así se denomina a esta suerte de «vocero—gestor» barrial) depende de su cualidades personales y las del equipo que integra el Consejo Popular, demarcación territorial superior a la cuadra e inferior al municipio.

Hay ejemplos positivos de verdaderos liderazgos, beligerantes ante las instituciones, empeñados en atajar los salideros, conseguir la ruta de ómnibus, mejorar la oferta del mercado local, mejorar su comunidad. También de oportunistas repetidores de consignas o personas que confunden el mandato popular con la vida militar y se dedican a cumplir, en exclusiva, órdenes y campañas «venidas de arriba».

La legitimidad del delegado ha sufrido erosión por la vocación centralista del estado cubano (que le niega recursos y prerrogativas al concentrar estos en niveles superiores), por la escasa autonomía de los poderes locales (gobierno municipial y grupos comunitarios) y por la vocación intervencionista del Partido Comunista de Cuba en todos los espacios de la vida pública.

No importa que la legislación vete su injerencia en los procesos del Poder Popular, en ocasiones los núcleos zonales del PCC, integrados por ancianos de probada fidelidad a la Revolución, reciben «órdenes misteriosas» de promover el voto por un candidato. En otros casos se trata de inducir, previamente, a las Comisiones de Candidatura, conformadas por las Organizaciones de Masas, a vetar alguna propuesta salida de las bases, a partir de una supuesta «confiablilidad ideológica».

Pese a ser una violación de la legalidad, este hecho demuestra que quedan espacios donde la burocracia no se ha atrevido, so pena de perder legitimidad, a imponer directamente su lógica instrumental, distorsionando el poder popular.

Desde mi infancia, nuestra familia siempre ha ocupado sitio voluntario en las mesas electorales del barrio; personalmente, al arribar a la edad permitida, he participado en los procesos electorales y en la apertura de urnas previa al inicio y cierre de la jornada electoral. En dos ocasiones conocí de intentos injerencistas sobre la candidatura popular; en una de ellas fue impedido, con valiente y callado civismo, por los miembros de la comisión.

Pero es previsible que, con el aumento de la apatía ciudadana, se apele a formas de compulsión que van desde la propia convocatoria a las cada vez más anémicas asambleas de nominación, hasta la mayor injerencia del aparato partidario y los órganos del orden interior encargados de evitar la participación de candidatos de la oposición política de derechas, vinculada a los intereses estadounidenses.

Ahora cuando miembros de un denominado Partido Liberal de la República de Cuba (PLRC) anuncian su intención de presentar 50 candidatos a las elecciones, es previsible la reacción de órganos políticos sobre la vecindad.

Si el deseo es obtener cambios respetando la legislación vigente no habrían hecho semejante anuncio. Si la idea es provocar los poderes del estado y lanzar, con ello, un show mediático, resulta evidente que optaron por una buena estrategia.

De suceder tales actos (candidatura y coacción) estaremos en presencia de acciones violatorias de la legalidad socialista, que excluye los partidos del proceso electoral.

Mantener fuera a ambos partidismos, oficial y disidente, y evitar la injerencia policíaca en la comunidad, no es solo una muestra de respeto a la voluntad ciudadana y a la legitimidad de —quizás— el único espacio donde la participación popular deviene aún protagonismo (y no mero adorno) en la nación.

Es también coherencia con lo expresado por Ricardo Alarcón y Fidel Castro en numerosos discursos y entrevistas: que en Cuba hay elecciones sin partidos, sin barreras y con total respeto a voluntad popular. Otra cosa sería una burla al «fortalecimiento de la institucionalidad» declarado, por el gobierno de Raúl Castro, como prioridad. Esperemos el desenlace.

LA *OMNI*POTENCIA DEL AMOR

Cuando los conocí hace varios años, en nuestra comunidad de Alamar, no acertaba comprenderlos.

A mi mente, entrenada para los rigores de la academia, el arte contemplativo y la militancia tradicional, le parecían medio locos aquellos «negros hippiosos» vestidos de túnicas, con faldas y a veces con turbantes o cascos de constructor en sus cabezas que paraban el tráfico y a los transeúntes, con sus *performances* irreverentes, sus meditaciones dentro de aquella multicolor casa-taller y su entrega al caos creativo, justo a la vista de todo el mundo.

«Qué aspecto tienen», decía una anciana vecina. «Sí, están raros pero hacen cosas por los jóvenes de aquí, que no tienen nada que hacer, solo sexo, reguetón y ron», señalaba su sobrina, activista comunitaria. Desde esos días los OMNIs irrumpieron en mi vida como una aplanadora de prejuicios.

Siempre agradeceré a una amiga habernos presentado. Poco a poco fuimos construyendo una amistad intermitente. Juntos compartimos la espera del Año Nuevo en un Festival capaz de desterrar, poesía mediante, los hatos marginales de nuestro barrio, juntos «le entramos» a simposios de *hip hop*, coloquios de pensamiento, talleres literarios.

Con ellos comprendí, entre refresco aguado y panes indescifrables, los «otros ritmos posibles» de la articulación y el diálogo entre proyectos culturales, de las formas alternativas de gestar el consenso y aliviar los conflictos, sustentadas en un canto de paz silente, íntimo, que deriva de un profundo sentido de compromiso con su comunidad y la tierra toda. Sentí admiración por su cubanía, huérfana de declaraciones de lealtad y manifiestos rimbombantes.

OMNI-Zona Franca es un grupo artístico autónomo, de larga y fructífera trayectoria en el trabajo cultural comunitario, en Alamar y en otros territorios de Cuba. Han organizado (junto a varios colectivos e instituciones culturales) el Festival Internacional Poesía Sin Fin, que toca todos los años en la segunda semana del mes de diciembre. Tenían su taller en el edificio de la Galería Fayad Jamís, anexa a la Casa de Cultura de Alamar.

El pasado día 11 de diciembre, producto de un conflicto con el Ministerio de Cultura, OMNI-Zona Franca perdió el amparo de la institucionalidad oficial. Frente a su Taller, en la Galería de Alamar, se congregaron policías, ambulancias y personas excitadas, que estaban todas ¿convencidas?, ¿confundidas? de que OMNI-Zona Franca es un grupo «político».

Los artistas transmitieron por teléfono una declaración donde enfatizaban que su única política era la poesía, la amistad y el amor. No obstante, frente a las autoridades se declararon herederos de los mártires revolucionarios cubanos de 1953: «por eso para sacarnos del taller, habrá que matarnos primero».

Conminados bajo presión a abandonar el local, los integrantes decidieron salir voluntariamente y sostener un diálogo posterior con las autoridades sin aceptar desmovilizarse ni clausurar su festival.

Este lunes, 14 de diciembre de 2009, el poeta Luis Eligio PM Cafria — uno de los coordinadores del proyecto OMNI-Zona Franca— confirmó telefónicamente que el Festival se inaugura a las 5 p.m. en los espacios privados (casas, garajes) de los miembros del colectivo. Asistirán poetas de La Habana y de otras partes de Cuba.

Según reportes vecinos de la comunidad no entiende las acusaciones contra el grupo y mantienen su reconocimiento a los mismos. Las actividades deben culminar como siempre el día 30 de diciembre. Llegue este texto saludo de quienes permanecemos en vigilia solidaria ante los destinos de esta hermosa experiencia.

Por todo eso hoy me estremece tanto su destino, y no puedo eludir acompañarlos. Porque lo que nos une es el destino de sueños compartidos en torno a una patria y un mundo mejor, donde quepamos todos, acosados por sombras perversas y cobardes y defendidos —tan solo— por nuestra solidaridad y la omnipotencia del amor.

NUESTRO PROPIO COPENHAGUE

Toca ya a nuestras puertas la Cumbre de Copenhague, sin haber alcanzado los consensos previos necesarios, por la fundamental irresponsabilidad de las grandes potencias (imperiales o emergentes), principales emisoras de gases contaminantes.

Como correlato, los indicadores del calentamiento global apuntan a un escenario peor que cualquiera de las variantes presentadas, hace dos años, por el Panel Internacional de Cambio Climático.

Si el actual modelo de crecimiento económico persiste, para 2050 la humanidad necesitaría consumir los recursos naturales equivalentes a dos planetas Tierra. Todo ello es sin duda preocupante para naciones como Cuba: pobres, insulares y ubicadas en regiones de proverbial inestabilidad climatológica. Una mezcla funesta.

Es un hecho que la isla ha hecho grandes contribuciones a la sostenibilidad global. Es el único país clasificado como sostenible por World Wild Fund, en su informe bianual presentado hace tres años en Beijing. Según la prestigiosa organización, Cuba cumple los criterios mínimos para la sostenibilidad, combinando ciertos índices de calidad de vida (altos niveles de alfabetización y esperanza de vida) con una modesta 'huella ecológica', derivada de su bajo consumo de energía».

Las agencias del sistema de Naciones Unidas y las de la Cooperación Internacional han reconocido los avances del país caribeño en agricultura sostenible, fuentes alternativas de energía, reforestación y fomento de programas de educación ambiental. Además, tanto en el universo de las organizaciones no gubernamentales como en los ministerios de Agricultura; Ciencia, Tecnología y Medio Ambiente, y Cultura, encontramos a personas sensibilizadas y comprometidas con la defensa ambiental. Hay allí un potencial (y resultados) a preservar.

Sin embargo, de eso a considerar que los cubanos poseemos una solida conciencia ambiental va un largo trecho. Más de una vez he discutido estos temas con amigos funcionarios de las agencias de cooperación o militantes de grupos de solidaridad con Cuba. Nuestra mentalidad mayoritaria es, al menos en los espacios urbanos (donde reside un 85 % de la población) tendencialmente consumista, factor influido por las escaseces y la influencia del cercano modelo estadounidense de sociedad.

Ante la crisis del transporte, por ejemplo, son escasas las voces que reclaman (y creen) en un servicio público eficiente como posibilidad viable y apuesta de futuro. «Si no pasa la guagua, ahora yo quiero tener un almendrón» es una demanda que escuchamos con frecuencia en las atestadas paradas, ofreciendo una «solución» privada e insostenible, un sálvese quien pueda del que no se puede culpar, esencialmente, a la «inconsciente población».

Lejos de lo presentado por voces idealistas, la sociedad cubana no es regulada por valores postmateriales. El cubano sufre en su cotidianeidad un subconsumo acumulado de cosas elementales (como papel higiénico o lácteos), que alcanza a una mayoría de sectores populares e incluso medios. Estos viven en muchos casos en peores condiciones que sus homólogos de la región, lo que condiciona con frecuencia posturas ambientalmente reaccionarias.

Nuestra población ha vivido durante 50 años en una frugalidad impuesta, simultáneamente, por el bloqueo estadounidense, las ineficiencias internas y las trabas burocráticas al emprendimiento colectivo. Los promotores de estas últimas han preferido pactar, ante las presiones de la crisis, con fórmulas potencialmente individualistas (cuentapropismo, pequeña empresa privada) antes que fomentar cooperativas (entre ellas las de reciclaje y demás servicios ambientales) que articulen lo comunitario y ambiental con una noción sostenible de consumo personal y colectivo.

Una frugalidad estatalmente administrada puede operar como paliativo temporal a la contaminación y el desamparo mayoritario que, conviviendo con islotes de derroche, abrazan a las sociedades del tercer mundo. Es un piso básico a sostener y mejorar en políticas concretas: seguridad social educación y salud universales, empleo digno. Pero ello no basta para generar un cambio civilizatorio ni construye ciudadanía ambiental.

Ante un «maná» de recursos, venga de la mano de proyectos neodesarrollistas conveniados dentro del ALBA, o de una miamización (neoliberal o china) de nuestra sociedad, podremos ingresar a la «normalidad» suicida que nos rodea.

No basta esperar que nuestros campesinos vuelvan a enamorarse de los tractores (chinos, bielorrusos o iraníes) desechando las promisorias prácticas agroecológicas, que las hortalizas orgánicas de los organopónicos se conviertan en un lujo de los nuevos ricos de Miramar o que La Habana Vieja se nos llene, sin freno, de tiendas Sears, Wall Mart y concesionarias de autos.

Al menos no deseamos ese futuro (ni un mustio y estancado presente) para nuestros hijos quienes impulsamos o acompañamos procesos de participación socioambiental, tema que será el foco de nuestra próxima mirada.

BUENOS COMUNISTAS

En estos días que el vigésimo aniversario de la caída del Muro levanta tantos lamentos, silencios y conmemoraciones, vale la pena re-visitar otras tramas, íntimas, de la utopía comunista.

Hacerlo desde la existencia de personas que han entregado su vida al proyecto de una sociedad decente. Sí, decente, porque este término, aparentemente «desideologizado y burgués,» cuando se traduce en actos cotidianos, privados y públicos, representa un valladar contra las censuras, cansancios y fanatismos que han envuelto la épica anticapitalista en estos 92 años de socialismo de estado, y en particular, en su medio siglo de capítulo cubano.

Hace unos años caminaba por el boulevard de Obispo en La Habana Vieja y sentí una palmada sobre mi hombro. Al voltearme encontré a un viejo amigo que, acompañado por su esposa, me abrazó mientras le decía: «mira amor, este es un comunista bueno».

En este caso el elogio personal y la ofensa ideológica eran comprensibles: el chico había sido sancionado tres años antes, mediante pretextos de «fraude» que ocultaban los dogmatismos, prejuicios antirreligiosos y la inhumanidad de algunos profesores.

El caso: había hecho un ensayo evaluativo asumiendo todo el trabajo y poniendo, por solidaridad, el nombre de un colega de bajo rendimiento docente. Descubierto el asunto, se había propuesto expulsarlo de la universidad, pero la férrea oposición de compañeros y dirigentes estudiantiles (que armamos carteles, cartas de protesta y una comisión de diálogo) logró conmutar la pena por la reprobación de la asignatura y el alargamiento, por un año, de su egreso.

Pero la decepción sufrida (sufría además el fuego de la jerarquía de su templo evangélico que lo acusaba de comunista) sumada a la difícil situación familiar (dos ancianos y una madre casi demente en absoluta pobreza) lo hicieron rendirse y abandonar los estudios para ponerse a buscar dinero, con la idea de que «toda la política es una mierda».

Traigo la anécdota —que siempre me estremece— porque esta semana he compartido con varios «comunistas buenos».

He hablado en sueños con mi abuelo materno, comunista sin carné, fidelista sincero y no incondicional, amigo de abakuás, crítico de locuras como el fin del Mercado Campesino y miembro del Colegio Electoral del barrio, cuya muerte en 1993 me privó de insustituibles consejos.

Conocí una excelente profesora cubana, cuya historia de rebeldía ante la mediocridad y el oportunismo —que nos privaron de su presencia— es leyenda en la Universidad de La Habana.

He compartido con un compatriota de medio siglo de prolífica y accidentada trayectoria dentro del estado y la academia cubanas, que ejerce su fundamentada autonomía intelectual —no a pesar de su militancia sino precisamente por ello— y comparte mi terca esperanza en que construiremos una democracia deliberativa y una sociedad transparente donde los derechos de la gente no sean administrados discrecionalmente por la burocracia o el mercado salvaje.

Acompaño, en la distancia, el empeño de varios hermanos que, dentro de la isla, debaten, marchan y sueñan con «cambiar todo lo que debe ser cambiado,» a pesar de zancadillas y bloqueos internos.

A ellos quiero, con mis palabras, rendir homenaje, pues no saben cuánto les debo. Me han hecho un ser más pleno y feliz, dándome fuerzas para desterrar temores y egoísmos, para seguir creyendo en empeños colectivos. Creo que la suma de sus actos, muchas veces callados y pequeños, han sostenido las zonas de decencia existente en nuestra vida pública, cada vez mas urgida de aquella «aspirina del tamaño del Sol» que nos prometía Roque Dalton, el inmortal bardo salvadoreño.

DEFENDIENDO NUESTROS *TEMAS*

Esta noche, al volver a casa, un estremecedor llamado de un camarada me impulsa a escribir. Llevo varios días siguiendo, itinerante, el desarrollo de debates y acciones en torno a dos sucesos recientes de la esfera pública cubana: el debate del pasado Último Jueves sobre el Internet, y la marcha por la No Violencia del viernes 6 de noviembre.

En ambos casos, el bloqueo al acceso de blogueros opositores, más allá de cualquier sospecha de manipulación mediática, se tradujo en un uso injustificable de la violencia y una distorsión de los propósitos de ambas acciones.

Todo lo cual propició lo que se quería evitar: llevar agua al molino de la agenda de la derecha internacional y sus adláteres internos. Favoreciendo una situación crítica que, en manos perversas, podría dar al traste con espacios y esfuerzos de diálogo y perfeccionamiento dentro de la tradición socialista.

No me sumaré a la denuncia fácil y perversa de las supuestas «complicidades oficialistas» de *Temas* y su esforzado equipo gestor, cuya labor trasciende a la persona(lidad) de Rafael Hernández y sus debatibles sentencias. Porque, en mi propia experiencia, numerosas voces críticas dentro de Cuba (que no solo brotan a partir de permisos o disidencias) han contado en las páginas y foros de la revista con plataformas de proyección, a pesar de los disgustos de quienes sueñan con eliminarlos y dirigir el país con la marcialidad de un campamento. Por eso merecen ser defendidos, al tiempo que compartimos ideas y evaluamos los saldos de estos actos.

Los medios (como *Temas*) y espacios (como Último Jueves) de explícita vocación de debate públicos, se constituyen y operan a partir de ciertas reglas mínimas que sus organizadores y participantes deben garantizar y defender ante saboteadores internos o exógenos, sencillamente porque otorgan razón a su existencia.

En el contexto y coyuntura cubano el mero sostenimiento coherente de esos principios es suficiente; no se necesita sobredimensionar el actuar y los objetivos de dichos proyectos. La experiencia agónica y valiente del Centro Criterios, selectivamente dispuesto al diálogo, la sinergia y la confrontación con los diferentes tipos de comportamientos estatales marca, a mi juicio, una pauta de decencia entre los extremos del amaestramiento ante la soberbia institucional y la ruptura protagónica.

Son las personas concretas las que, autónomamente, pueden garantizar la existencia viva de estos espacios —de rol necesariamente acotado— y, trascendiéndolos, incidir en espacios públicos con vocación transformadora. Sea esta acción hija de grupos culturales que realicen *performances* callejeros o aquellos potencian la reanimación socioambiental y cultural en nuestros barrios con métodos de educación popular, por solo mencionar dos ejemplos.

Los espacios deben existir en su diversidad sin fusionarse o solaparse, aunque tendiendo a una solidaridad articulada que amplifique los efectos aislados de cada uno y los defienda (opinión pública mediante) de las clausuras institucionales.

Podemos comenzar con pequeñas actitudes. La renuncia y denuncia de la agresión que busca acallar las voces del otro (mientras este no sea explícito portador de violencia va de la mano) al rechazo a la política de exclusión física de los espacios deliberativos, a la descalificación personal como sustituto del debate y la represión político administrativa de ideas y portadores.

A veces, tan solo mencionar algunos de los nombres o temas «malditos» del momento torna objeto de espanto para los funcionarios y llevado al extremo puede propiciar el bloqueo y cierre de una iniciativa deliberativa. Los aires que corren son poco halagüeños. Los extremos parecen tocarse cuando, de repente, alguien ataca por la diestra a *Cubaencuentro* (el alter liberal de *Temas*) y se convierte en fuente citable en la misma www.rebelión.org que hace poco endilgaba al acusador los peores epítetos. Y cuando los intolerantes «defensores de la libertad y la democracia» descalifican, con dosis monstruosas de envidia macarthista, un diálogo respetuoso desarrollado por intelectuales cubanos (socialista y liberales) en un centro cultural de Barcelona.

Mientras eso pasa, en la isla, militantes de la izquierda libertaria son sancionados laboralmente por marchar en nombre del socialismo o difundir el debate revolucionario vía internet, y se riegan rumores intencionados que les acusan como «activistas de los derechos humanos».

Al tiempo, jóvenes periodistas que creen en los llamados a debatir en «lugar, forma y modo correctos,» no tardan en enfrentar la presión institucional por sus frescas miradas, sabiamente descalificadas como «comunistas» por la prensa de derecha. Algunos pasan, sintiéndose a solas con la comprensible pasión de su mocedad, de la utopía al desencanto, ante el triste llamado al acomodamiento de sus colegas envejecidos.

El problema de fondo es la falta de transparencia de nuestros espacios deliberativos, así como las reglas de juego que consagran la asimetría de recursos, poder y medios de difusión de ideas, entre una sociedad porosa, diversa y creativa, por un lado, y una mayoría de agencias estatales ignorantes de la lógica política y comunicacional del siglo XXI.

Hoy, aunque la pluralización de medios de difusión de ideas y el creciente poder simbólico favorecen tendencialmente a la primera, asistimos a espacios precariamente defendidas (mediante una combinación de auto— silenciamiento y beligerancia) por verdaderos comunistas y otros ciudadanos, en contra de las provocaciones mediáticas de las derechas criollas, para usar un término prestado por amigos.

Falta por ver (se conocerá, como hoy los archivos de la Stasi) el expediente de presiones, acosos, vigilancias y estigmatizaciones fascistoides, metódicamente planificados, con que se ha desarrollado una guerra de baja intensidad contra la esfera pública cubana, por parte del pensamiento estalinista y su correlato de ultraderecha.

Ciertamente los desafíos son enormes pero creo que nuestros gestores y movimientos socioculturales deben evitar «mantener los espacios» vaciando sus sentidos. Porque sostener un foro estéril no sirve sino para legitimar los autoritarismos, exclusiones y decorar la censura al pensamiento crítico, aparentando lo inexistente: pluralidad, respeto y diálogo.

La fe en la rectificación futura de los «errores» por una «Revolución» capaz de premiar cierta «lealtad» tiene claras fronteras generacionales; sostenerla puede ser legítimo y honorable para militantes sesenteros, a menudo nuestros maestros ejemplares. Aconsejarla y enjuiciar en base a ella los actos juveniles puede ser, cuando menos, tan irresponsable como impulsar al barranco sin siquiera asomarse a la cornisa.

EPÍLOGO

BREVES PALABRAS

En alguna página de este libro denuncia el autor (a quien todavía debo el abrazo amistoso) que... «La Academia es también Mercado»... y añado yo, que la presentación/adelanto de cualquier obra artística/cultural es —por antonomasia— acto de inelegante *marketing.* Dicho el hecho bipartito, dividiré mis parrafadas en dos, aunque no me aseguren ni un tantico así en la jugada exponencial. Porque al final, todo es dualidad e ironía.

I

Leí las cosas provocadoras de Armando —sin llegar a sublevarme— desde que tuvimos «uso de internet». ¡Eso ocurrió por benevolencia súbita y oportunismo descarado —de la prelacía que aún mangonea nuestros destinos— durante el segundo lustro de la primera década del corriente siglo! Sí hubo una batalla, entonces, pero para entronizar ideas ajenas. No existió antes posibilidad en mi (nuestras) recóndita(s) vida(s) de enterarnos de que existía un cubano con miras periscópicas por razones obvias y desiguales: en Cuba el silencio acrítico en torno a temas tabúes o personajes espinudos ha sido siempre de férreo/ dosificado control, bajo el mutante/falaz/ e imprevisible colono/inversor/apparatchik de turno, por demasiado tiempo (¡la bicoca de toda la historia patria que abraca/abarca cinco siglos y pico de trompicones, intervenciones y pujas ulteriores por el almirantazgo puñetero, acaecido en 1492!), o quizá estábamos —en masa cárnica/cerebraloide/en fin; lerda— amodorrados y dóciles, enternecidos y con la vista fija en el piso, mirando el lento paso de los días «felices» junto al suelo, es decir: comiendo mierda en el supuesto paraíso que nos regalaron nuestros padres (fueran los naturales o impuestos, anteriores o posteriores

255

al magnánimo 1959). Por tanto, cero quejas frente a inconfesas cobardías. Una larga tradición de luchas, en muy corta gente.

Desmenuzar el intríngulis cubano no es —ni será— tarea de bobos. Requiere de una dosis exuberante de concentración, desgaste y búsqueda del extraviado meollo insular. Porque hablar de vergüenza propia ninguna cosa buena suscita. Si el ilustre antropologuita y filósofo «provinciano» Jorge Mañach (Sagua La Grande, 1898 - Puerto Rico, 1961) describió el choteo («*Indagación al...*», 1928) nacional como alternativa/respuesta a la neurosis recurrente en casi todos los naturales —y digo «casi» ya sabrán Uds. porqué Darwin no anduvo con paños tibios al desmangarse la selección— frente al ripiado concepto de república, Armando Chaguaceda (La Habana 1975) se embarca en esta aventura del pensamiento con la obsesión también disputadora de la razón intentando remozar el desprestigiado socialismo ¿in?-actualizado/¿im?-popular/¿mágico tal vez como el enyerbado realismo macondiano?, metiéndolo en suerte de crisol donde amalgamar —sin rubores— las grandes y pequeñas corrientes humanitaristas que aún quedan vivas, quiero decir: solo por el soplo en la oreja del sobrio brío redentor.

Su defensa altruista de la esperanza es también conmovedora. Aún para los eNe@migos que a menudo se (nos) disfrazan de ovejas y a quienes solemos amontonar sobre el atrio cual si fueran candelabros verdinegros escurriéndose el empape, los que dormitan juntos un sopor pos-pandrial rezumando antigua ingesta, hasta que se nos vuelven cómodos y cociditos (desde adentro y sin quemarse), como si ya estuviesen hechos. Entonces: a darles batalla. O reciclarlos.

[Me sorprendo incitando a la beligerancia, aunque sea la verbal, siendo un tipo (y una tipa) pacifista/consumado/patidifuso. Enfermo hasta el tuétano de inmodestia y con el fuel rocambolesco que nos ha tocado en horma, la diafanidad no es definitivamente nuestro frente fuerte].

Quizá sea esta la lógica resultante del empecinamiento grupal en plan disfrute sicosomático. Porque Armando, que se ha leído media enciclopedia universal para adosar sus cuitas —incluso hasta el diario «Abuelita» que ni hojean quienes lo 'arman' fidedignamente—, se sabe acompañado/flanqueado hasta el paroxismo por aculebrados detractores, o sea: es normal en hombre equilibrado/equidistante sentirse observado y algo más por tirios y troyanos. Porque no siempre son los admirables compas del Observatorio Crítico Cubano —sus camaradas de luchas utópicas y/o gratificantes—, propietarios de esos ojos cercanos/lejanos. El tercer-posicionismo ¿aliado? del caos cotidiano ha terminado entre los temas (in)debatibles de los jueves, pero ha constituido aseguramiento salarial a espías, y no solo comidilla panfletaria en *La Gaceta*, su contraparte oficial. (El 'centrismo' al que se acusa tan de moda, parece —a tod@s luces y sombras— objetable).

Los diarios/textos que aquí se deslizan son en resumen «muy» atemporales, y lo digo apelando al peor sentido de 'atemporalidad', pues se cae de la mata —o la cesta— un superlativo que deploro: son ríspidos, locuaces, deslíanse suaves, porque tanteándoles el prurito que provocan se experimenta un vertiguito azas sabroso, unas ganas inmensas de gozar del placer de surfear sobre una masa dispendiosa que se nos antoja regular, pero que puede tragarnos de un tirón si falla la pericia, embrollándonoslo todo. Proporcionando con ellos suficiente energía cinética ¿desarrollista? que acarrean a su vera fuerza centrípeta extra, la que no estriba en la superficialidad acerada del contacto engañoso, sino en el acuoso sifón —escindido pero palpable— que la sostiene. Consecuencias del querernos fabricar la arena que sostendrá los pies, calculando los golpes de oleaje contra el cabrón farallón.

El Chagua no ataca a nadie, incluso responde a esbirros muy calmo, porque tiene el don de la mesura y la contención, pero yo no. Llamo y catalogo a los transgresores del derecho por su nombre, les increpo a expensas de todo, nombro culpables porque no aprendo ni a puñetazos a aguantarme la pluma (nunca mejor dicho) ni a morderme la lengua. Esos tiempos ya están para mí sobreseídos. Él, en cambio, hace como el apóstol: soba con mano piadosa la mancha que oscurece la obra bella. Brama por sentirse oído. Tampoco suelo ofrecer dosis pulposas de falso entusiasmo a nadie por muy revolucionario que me parezca hacerlo. Le caigo a palos a la obra y al autor del entuerto, igual que hicieron antes conmigo: no consigo brindar siquiera escasa miel a quienes abundante hiel (nos) dieron a beber. Apenas aprendí de aquel mesiánico ejemplo (de)mostrando —que guardo— otra mejilla.

Conservan estas ¿Crónicas? ¿Artículos? ¿Reseñas? en modo general —¡no comandante!, ¡Francisco nos libre de tamaño retroceso!— cierta vigencia conciliadora que trasciende las meras diatribas epocales, porque de alguna manera subyacerían —de ser debidamente publicitadas y alcanzables— en el inconsciente (oh! paradoja) del ser pensante —y también en los estribos del profano por simple contagio: ese conglomerado que solemos calificar de «apolítico» ¿iletrado?, como si tal categoría existiera— empleando las parcas herramientas para la sobrevida que aireamos solo en caso de desastre/contingencia.

Si la eficacia de lo aquí (d)escrito —a la que todo autor aspira— se pudiera sintetizar, pues bastarían alabanzas a este manojo de puntos de vistas (o 'puñado de opiniones', como diría una hipotética cocinera que desgranara contenta caras cebollas y ajos) tras los cuales uno debiera atrincherarse/abanderarse, haciéndonos sentir «útiles y necesarios» —cual reza impertérrito el misal fantasmagórico que blande *Espacio Laical*, en su afán por sobrevivir a la entelequia gubernativa que se desdice —y que se dice— constituyentemente 'irreligiosa'.

Porque estos ejercicios intelectuales invitan en conjunto poblacional a nuevo ejercicio de introspección sobre los conceptos/actitudes que del sano gusto intelectivo se deshoja. Eso, en una era en la que el viejo vicio/oficio de ojear letra virtual o impresa se degrada a residual/infiniti/vigesimal, en tanto es desde mucho, suceso obsoleto frente a la tecnobasura de hoy día, camino ya al vertedero de las delicias, pues ni leedores quedan en tabaquerías que fueran matrices de revoluciones. ¿Podremos decir lo mismo de ariscos escribidores?

Por desandar sendos senderos escriturales es que me remito de un tirón al Capítulo IV. El dedicado por entero a la maldición cubinski, aunque la isla emerja omniscientemente en cada punzada inscrita de punta a cabo. De ahí, cualquier similitud con el materialismo/costumbrismo es puramente intencional. Desde Alamar hasta Santiago, salpicando en brinco cabal a Copenhague... Sin faltarnos la carnavalería LGBTIHQ&Z.

El símil (que es mío) de la cocinera colada arriba (¿Ma' Concha?, ¿tal vez Pepe-Pan?, arduos comen-sales-&-azúcares ¿Vigilados por el generalizado Tolomío?)— cucharón en mano y otras alucinaciones des-(g)-astronómicas—, pudiera ser la imagen procelosa de un pantagruélico platonismo tropical, ese en que la maldición de comer y cagar nos acompaña camino a la eternidad en cada jornada cubana. Porque la solidaridad con los del patio aflora... y se enraíza, naturalmente. Como si en un rito/rictus-afrocubensis floreciera.

Los entes (dependientes hasta matar) de esa cosa amorfa/inconseguible que con/sus/tituyen los alimentos «indivisables» en esta ¿imperiosa? dualidad monetaria para el físico sostén, dejan espacio reservado —el menor— a la fría 'calculadera' supra existencial, más que al de los soportes culturales/adictivos con los que flamearse finamente la mollera. El 'no-pan, no-nuestro', deviene al punto impuro simbolismo.

La parábola escolástica del coche sin gas o la ducha sin agua (también mío, a colación —y no-es-café—, consecuencia de disociaciones/inaniciones alucinógenas) no se puede equiparar con un sonado apagón en pleno estío. Lo dicen quienes a pata suelta y boca cerrada lo han «vivido», y reclaman el aire acondicionado como un derecho humano, a incluirse en la vetusta declaración del 48. Aunque sea en exclusiva de islas magulladas para a-pagarse el desfogue a cualquier precio.

Será tarea de casa entender los porqués de estas cuestiones. Si el muro del malecón o la expulsión universitaria. El apaleo policial o el deceso del amigo. La revista circunscrita o el osado circunspecto. El disentón o el «ambia». «Ismos» bipolares irreconciliables que asolan: nada más parecido a un comunista cubano que un cubano anticomunista: ambos simétricamente dogmáticos, tendenciosos, torpes. Hijos de la ira y del daño antropológico ocasionado por demasiadas dictaduras. Treta de espejismos sado-maso en feria circense de ilusiones: contemplarnos solazados en la auto-desfiguración.

II

La cita intitular nos remite de inmediato a un reino quimérico, subidos en lezamianas (a la sazón, spilbergianas) nubes, eras imaginarias del virtuosismo dúplex traslapadas en las épicas/feudo-koljosianas ex repúblicas soviéticas que tanta poesía fusilada con pólvora + plutonio arrostraron en silencio. «Krakozhia» es —de cualquier modo que se mire— la ubicua/surrealista «terminal» adonde todos los sin tierra llegamos a parar. Un día, por carambola, y de la que —paranoias aparte— jamás escaparemos ilesos.

Los tiempos de La Habana (Ojo: no *Havana Times*) no conciben una asunción exitosa en el drama coyuntural en un tal Viktor Navorski, ignoto, desembarcado, atrapado sin suelo —ni suelas— en muy custodiado aeropuerto, porque la respuesta consular que se daría al ciudadano de un país defenestrado e innombrable, preso momentáneo en él bajo gobierno (pene)insular, sería hacerlo brincar de inmediato —ultraje incluido— a cualquier territorio socio-listo, puesto que zafarse del problema ajeno con holgura ha sido nuestro fado (con o sin garbo). A no admitir más que bienaventurados en casa.

Así seguirá siendo en siglos por venir, aunque el castrismo se acabe ¿por lo pronto? (agazapándonos bien adentro el tiranuelo respectivo) porque esto no será nunca Nueva York ni suerte de carajo caritativo. Habrá de demostrarse colaboracionismo de antemano, si vía ICAP (Instituto Cubano de Amistad con los Pueblos), mejor. ¡Que pa' eso tuvimos un presidente nombrado Sergio Corrieri, quien corrió el mundo de la mano de un Titón (Tomás Gutiérrez Alea) en Desnoe-izadas *Memorias del Subdesarrollo*! (Eso, cuando la ORWO-film estealemana apenas producía ni diapositivas). Por tanto, con el antihéroe dispuestito de paso a la limpia de bandidos en el villano/villareño Escambray —muy a lo Slavoj Žižek—, otro celuloide fue el empleado: El más y más joligudense del que se disponía en el crucial 68.

La condición del 'ser-ser' exiliado en ninguna parte —la no-persona Arenera— es otra de las prevaricaciones estigmatizantes de Armando, sus crónicas consuetudinarias en el Diario 'La Razón' en Méjico, no hacen más que mirar en-torno, el ¿miedo? ambiente con esa agudeza suya que falta a quienes aún no hemos tenido una vida fuera del albergue deshollinado. (Bajo un cariz de mundanales pertenencias).

Recuerdo que el Chagua alguna vez celebró —mirando de refilón mis ditirambos en las redes marañeras— que yo tildara de «conserjes» a impolutos camaradas del Partido (léase; guarapitos-sacudidores/cejijuntos-descerebra-dos por el siempre disgustado Dpto. Ideológico) Comunista de Cuba, los que a pesar de bazas de fracasos continuados investidos de Sancti Victorius, perse-veran a su aire en la misión alertante/aletargante de mantener «la casa alegre y bonita» [y ese slogan impreso, difundido/calcomaniatizado hasta la saciedad —en hirsuta so(u)ciedad—, fue empleado por la mani-pati-puladora Federa-ción de Mujeres Cubanas [FMC] que fundó, hizo marchar y presidió Vilma Espín Guillois —amantísima hasta la tumba, cuelliperlada de rancia estirpe gala—, esposa recién partida del General-Presidente Raúl Castro Ruz], con el aséptico propósito de erradicar lo feo, la mugre Circu(s/n)Dante, donde el ama de casa/emancipada, trabajadora y rondada para ser denunciada en caso de infidelidad conyugal al esposo dirigente, internacionalista o combatiente, re-dilase sin pudor su satería, trepándose contenta a un rabo de nube. Pero sin dejar(nos) ridículo querube. Otra cosa fuera que la 'tarreada' hubiese sido ella aunque fuese militante: jamás se enteraría. El patronazgo protege con revolu-cionario fervor a sus alfa-beta-congéneres.

Mariela Castro, hija de ambos, pedagoga que arrastró con ímpetu escolar, regla regañona, tiza en mano y pizarrón, cual borradora «de un pasado que no se puede borrar», el encargo pre-mortem del clan artero/altanero de regalar-nos unas «liberalidades» coartadas a un pueblo enfermo de ramplona miopía, como destinatario urgido al que correspondiera compensar con detallitos el estropicio: a esa clase social bajita (digamos acaso; «diversa») la misma que mi-nuciosamente cercenó/aprisionó/expulsó/expedientó/pateó/difamó siguiendo las pautas/ proformas/dictámenes seguidas a título de zares, su precoz/pre-claro núcleo familiar. ¿Fueron además ellos, en cohorte racionalizadora, los inventores de la OFICODA (Registro de Consumidores & Libreta de Abas-tecimientos ad-hoc) que jamás padecieron? ¿Cómo es que esta mujer puede convertirse junto a la pandilla que representa en decisora de los destinos del país, al punto de asegurar al mundo que con su padre terminará la dinastía? ¿Qué le habrán hecho saber tras bambalinas? ¿Qué el estado-gobierno ya no será un pelado-prelado/apéndice partidista en lo adelante? ¿Qué el camarada secretario general será un monigote?

La infanta, pasado el trance enmendador, se dedicó a las modas (electas de maricones), decoraciones de interiores —afín al gramaje perfilado de odalisca en pirueta esteticista— y a casarse (otra vez) con….extranjeros. Ahora, del bra-zo de un italiano fotógrafo que ni por asomo trasluce permeabilidad a la ilus-tración o dechado de la adusta hegemonía gramsciana. Poniendo fin a su saga marital con la estirpe de vástagos-guerrilleros ascendentes desde el sur. Europa sin dudas, es lo neo-ideal. Norteña ella. Allí estudiaron, en verdad, sus primos.

Una anécdota 'injerencista' agrego, para rabia de Avi-cena y Ave-rroes. Durando la primera mitad del pasado siglo, atestada la isla de marines yanquis ávidos de templarse hasta la madre patria, en el puerto costero donde nací (al centro-norte de Cuba), solían gritarle desde los bares a las «chicas de la vida» camino a sus bayúes los amables borrachos despechados: «Mujeres de Caibarién que andan con americanos, recuerden que los cubanos tenemos pingas también».

Su tío, el Comandante Indemne, jamás asumió las rémoras del desastre que su machismo visigodo/autoritario causó a la vida del cubano simple, profiriéndole —a diestra-siniestra— sutiles amenazas con currucucuses o fieros zarpazos, ni explicó el archiconocido porqué de la eterna dependencia/preferencia por los hijeputas petro-rublos, paliándonos en grupo —humano/bestial e inconsulto— la férrea «amistad» con el desaconsejable/oxidado 'bloque' al que nos metió, llamado Consejo de Ayuda Mutua-Económica, martillando (con hoces) interminables peroratas, recitales insufribles reiterados hasta el asco por cuanto canal/estación tuviera, de igual manera los derroteros del país empobrecido terminaron apropiados por el mangante en el nombre de nadiesabequiéncojones. ¿Qué debíamos esperar, pues, de un tiratiros sin rasguño que jamás empleó una curita sobre la piel, sino la piel en sí de muchos curitas? Hay gente que sabe comportarse sumamente tácita e intacta.

La historia cubana de los últimos tiempos no amerita tanta lata. Ha sido funesta y punto. Incapaz de generar reales riquezas porque instruir masivamente no ha resultado bastante. Como no lo fue el pastoreo Voisin ni el cruce destutanante de vacas rebautizadas con toros Fifo-1. Las bondades del proyecto que en origen/conquista e implementación sedujo a un pueblo masacrado por constantes dictaduras, son islotes/naufragios del ayer presentes. Las comparaciones huelgan, así que hagamos mutis sobre temas recurrentes. Ha transcurrido un siglo desde la seudorepública y seguimos en las mismas.

La otrora ensalzable avidez por el conocimiento humano, se ha torcido en pos de una postura impúdica con que esquivar ojerizas. En el subsuelo de la mente del ágil cubano-medio, florecen el mal y la envidia. Ya Martí advirtió sobre esa triste cosecha de miserias.

Hoy, una generación de muy poca gente valiente/empecinada en discutir y conversar civilizadamente, en buscar salidas loables, no ha trasmutado en oportunistas y mediocres milagrosamente, en persecutores de las controversiales fortunas que adoran las mayorías. Igual nos sonara en voz del otrora-lazarillo/callejero-actualizado: ¡Tan pobres sois, que solo tenéis dinero!

El deslumbre por la necesidad de implementar los derechos inherentes a la fragilidad humana en cualquier parte del globo, llevado en son de macronización social con los argumentos debatidos en microforos y demás estrategias que puedan aplicarse, conforman el corolario del analista.

Probado está que la democracia (neo-o) liberal no existe, resultante del intento indemostrable de restablecerla desde esta subjetividad antropomorfa. En su lugar, prevalecerá el dedo mandón, sempiterno o enjoyado. Dúctil o cruel. Real o ficticio. No es asunto de opciones, sino de falta de voluntades para cercenarlo. Siquiera el anarquismo obtuvo frente al desmadre periódico logros contundentes que no fuesen 'digitales', o sea: dixi-tales.

La revolución cubana —tema central de estas crónicas y soma raigal de extensibilidades latinoamericanistas en decreciente influencia mundial— ya no adolece de la inopia deconstructivista del ayer reciente (¡pobrecito el estructuralismo muertos Descartes y Derridá!), si no que celebra su dislate negador de la entropía con cierta afasia más o menos desidiosa, mejunjeando la rumba criolla con un toque de flamenco y yanqui-jazz. ¿Intercambio pseudocultural o penetración foránea? De la interpretación deriva un sisma: si terminaremos convertidos en pueblo emulable o execrable.

No en balde, en su última nota, Armando clausura esta selección con un texto visceral, 'insidioso', bajo la típica carga permisible a cualquier insomne/impelido de matar bardos bribones:

«Falta por ver (se conocerá, como hoy los archivos de la Stasi) el expediente de presiones, acosos, vigilancias y estigmatizaciones fascistoides, metódicamente planificados, con que se ha desarrollado una guerra de baja intensidad contra la esfera pública cubana, por parte del pensamiento estalinista y su correlato de ultraderecha. Ciertamente los desafíos son enormes pero creo que nuestros gestores y movimientos socioculturales deben evitar «mantener los espacios» vaciando sus sentidos. Porque sostener un foro estéril no sirve sino para legitimar los autoritarismos, exclusiones y decorar la censura al pensamiento crítico, aparentando lo inexistente: pluralidad, respeto y diálogo».

«La fe en la rectificación futura de los «errores» por una «Revolución» capaz de premiar cierta «lealtad» tiene claras fronteras generacionales; sostenerla puede ser legítimo y honorable para militantes sesenteros, a menudo nuestros maestros ejemplares. Aconsejarla y enjuiciar en base a ella los actos juveniles puede ser, cuando menos, tan irresponsable como impulsar al barranco sin siquiera asomarse a la cornisa».

Para resumir estas nostalgias que suscitan el coraje inmemorial de la especie pervivida a pesar del desastre climato(i)lógico más el mandón, nos llegue el abrazo cálido/sudoroso/apestoso del inf(l)amado obrero/campesino, patrón de los manuales, propietario del aire y trastornado en proletariado-chillón/plebe-plagada/siervo-de-la-gleba/esclavo-rastrero/homus-neanthertalicus/simio-arborecente/protozooario-unicelular; en oda a los oprimidos, jodidos y resi(g)n(g)ados ahistóricos, que apelan afónicos a lema parangonador:

¡Movilizar a las masas (no las de res; caquita, Código Penal, sino en la red) será digna tarea de tod@s!

Esperemos, por el bien común (sin-ismos, ni aspavientos) que algo funcione. Como esa Pena de Código, y que no se vaya la luz. O acabemos por fin, mirando pa'arriba sin pedir ni esperar permiso. Adivinando el fulgor fulminante de la estrella.

Caibarién, Villa Clara, 26 de julio del 2017

Pedro Manuel González Reinoso
(& su alterego La Rusa Roxana Petrovna Krashnoi y Vladivostova)

ÍNDICE

www.ingramcontent.com/pod-product-compliance
Lightning Source LLC
Chambersburg PA
CBHW020606270326
41927CB00005B/203